仓央嘉措诗传

我就在这里

马宁川◎著

长江出版传媒 | 长江文艺出版社

目录

引子

少年

005 一 或曾相逢

008 二 追寻之缘起

010 三 触摸

013 四 灵童，或是其他

017 五 别离曲，开始亦是结束

021 六 入寺

024 七 慈悲

028 八 初见

032 九 在那东山顶上

目录

十 情人的容颜 036

十一 金刚舞 039

十二 除非死别 044

十三 中阴之殇 048

十四 命运之手的拨弄 052

十五 转世活佛 057

十六 印戳，刻在心房上 061

十七 凝望，那未曾出现的身影 065

入宫

一 回到拉萨 071

二 甘丹、色拉、哲蚌寺 074

078 三 坐床

081 四 布达拉宫

084 五 祸根

088 六 辩经

091 七 当时明月在

093 八 雪登节之遇

097 九 离殇

100 十 如果不曾相见

104 十一 错心

108 十二 浪子宕桑汪波

114 十三 只为

十四 一种相思，两处闲愁 119

十五 相对如梦寐 123

十六 琼结，一个美丽的传说 126

十七 神的悲伤 130

十八 高城望断 134

十九 比丘戒律 138

二十 换我心，为你心 141

二十一 比爱情少一个字 146

二十二 拒受戒律 148

二十三 爱别离，求不得 152

二十四 真正的慈悲 155

158 二十五　存在即为意义

罢黜

163 一　圣者体征
166 二　玉山将倾
170 三　徘徊的灵魂
173 四　我笑世人看不清
178 五　乌云袭来
181 六　温柔的悲伤
184 七　另一种永生
188 八　勘破、放下、自在
190 九　只有等待

195 十 哲蚌之痛

200 十一 青海湖边

203 十二 那一夜，那湖水

206 十三 梦魂俱远

211 十四 别了，青海湖

215 十五 无常如梦幻泡影

远行

221 一 重逢

225 二 不要问我从哪里来

228 三 因缘不虚

231 四 悲伤都一样

235 五 世间事莫不是苦

238 六 北京诀别

241 七 一叶一菩提

247 八 爱过的终究失去

250 九 你一直在我的伤口幽居

254 十 从此关山梦远

256 十一 不是结局

后记

附录 仓央嘉措诗歌

引子

1706年5月，夜，如是的静。

青海湖犹如一块巨大的墨玉宝石，在月光的映照下泛出青凛的光，湖水在微微地泛动，仿佛情人的呼吸，若有若无，勾人心魄。

几只鸟儿以极快的速度掠过湖面，仿佛一道黑色的剪影，霎时消失在黑暗里。

仓央嘉措坐在湖边，一动不动，这样也不知道几个时辰了。甚至有愚笨的鸟儿把他当成了固定的雕像，试图怯生生地落在他的膝盖上。但不知为什么，鸟儿刚飞到他身边又打着旋悄悄离开了。

“大师！您该决定自己的出路了！”身后一个低沉的声音响起来了。

仓央嘉措依然一动不动，他凝视着湖面，那仿佛是一块巨大的屏幕，所有的记忆画面在上面一一上演。在那里，他看到了自己的童年，疼爱他的父母，他成为活佛之后的荣耀与凄凉，他的百万信众，因为不舍他的离去，每一张脸都泪流满面。最难忘的，当然还是他心爱的姑娘，她的笑靥如花，她离别时哭泣的眼，都成了他最清晰而又最心痛的记忆。

“当一个人死去的时候，留有记忆是多么痛苦的事情，”他在喃喃自语，“因为，这代表你不想遗忘，不愿遗忘，而这不愿，亦会成为你转世的因缘。”

“大师，您想最后说什么么？”身后的声音有点不安。他似乎不明白，为什么一个人死的时候居然如此宁静，如此从容。

仓央嘉措抬起头，黑夜里，一只白鹤冲霄而上，它的长鸣使得湖水也为之震动。

他回头微笑：“这也是你我的因缘，你就记好这首诗吧。”

洁白的仙鹤
请把双翅借我一飞
不会远走高飞
只到理塘一转就回

吟罢，他撩起袍襟，从容地走向了湖水深处……

史书记载，1706 年，仓央嘉措在被押解北京途中，卒于青海湖畔。

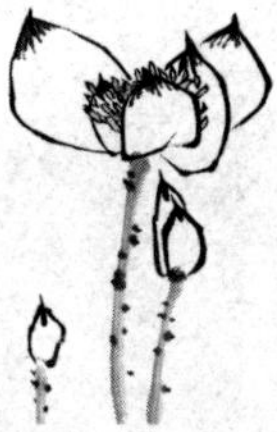

Chapter 01

少年

那一刻我升起风马 不为乞福 只为守候你的到来
那一日垒起玛尼堆 不为修德 只为投下心湖的石子
那一月我摇动所有的经筒 不为超度 只为触摸你的指尖
那一年磕长头在山路 不为觐见 只为贴着你的温暖
这一世转山 不为轮回 只为途中与你相见

Chapter 01

少年

一 或曾相逢

昨夜做了一场梦，梦见我的好骏马，天亮了，马蹄声还留在耳边。昨夜做了一场梦，梦见了我的好情人，天亮了，情话声还留在耳边。（西藏民歌）

读过很多关于仓央嘉措的故事，但所有的结局几乎都是到此戛然而止。仓央嘉措，历代达赖喇嘛中最桀骜不驯，却也被最深刻地怀念的一位活佛。1706年，他被迫离开拉萨，从此身世不详。但他的子民却没有忘记他，整个藏地，几百年来都传唱着由他诗歌改编的歌谣，他的灵塔不在布达拉宫，信众们却为他奉上了几百尊长寿佛，不管他身在何处，只求他如意，平安。

青海湖一别，别了六世达赖喇嘛与藏地信众们最后的牵连，却未必隔开了他与人世间的缘分，他在哪里？

从别后，忆相逢，几回魂梦与君同。1706 年之后，我的活佛，你走到了哪里？

那一年，当我来到拉萨，正是冬天。

深夜的布达拉宫，像一个身形伟岸的巨人，守候在拉萨城最高的山顶。墨蓝的天空，依稀点缀着微微的星光。

我长久地凝视着布达拉宫，那座穿越了几百年历史的巨大宫殿。布达拉，梵语意为普陀，即观音菩萨居住的地方。几百年来，曾有多少历史、传奇在这里上演，又悄无声息地落幕。

下雪了，漫天的雪花纷纷扬扬，却也如这夜空般沉默静寂。我看着布达拉宫的边门，它就掩藏在白色宫墙的一角，斑驳的木门，死寂般沉静。但是，我知道，它隐藏了多少的秘密。300 多年前很多个夜晚，那位怀揣着如火般情意的爱人，一次又一次地从这个边门走出来，去寻找他的情人。

这纷扬的雪花让我的心穿越到了 300 多年前。

哦，是他，真的是他。那个正小心打开边门，轻手轻脚走出来的年轻人，他穿着藏红色的袍子，推开门的那一刹，他似乎被漫天的雪花惊住了。但是，这丝毫没有停住他的脚步，他把袈裟披在头顶，围住脸庞，匆匆地离去。他的样子看起来就像一个普通的小喇嘛。但是，我知道他不是。因为，红袍内纯黄色的衣角泄露了他的秘密。

他走得如此匆忙，连飞扬的衣袂轻轻地拂到了我的脸上也毫不在意。哦，我差点忘记了，对于他来说，不管我存在与否，都只是一个影子，他的心里，只有他的爱人。

可是，我知道你，我在心里深深地仰慕着你，即使在几百年之后。仓央嘉措，仓央嘉措！我的口中说不出话，但我的心却在一遍一遍地狂喊：仓央嘉措！

他停住了脚步，我心中的活佛啊，他一定听到了我的呼唤。即使这呼唤来自于几百年后，他回头，尽管只有依稀的星光，我依然能看清他的脸庞，我看到他微笑的双眼：请不要叫我仓央嘉措。走出了布达拉宫，我就是宕桑汪波。

我也微笑。是的，是的，我记得你的诗歌，你早就告诉过每一个世人。

夜里去会情人，
破晓时大雪纷纷；
保密还有何用？
雪地上留下了脚印。

人家说我的闲话，
我自认为说得不错；
我那轻盈的脚步，

到女店主家去过。

住在布达拉宫，
是日僧仓央嘉措；
住在宫下面时，
是浪子宕桑汪波。
休道日僧仓央嘉措，
约会情人去啦！
他所寻求的，
不过是普通人的生活。

我站在原处，微笑着看他的身影越来越远。这是他苦难一生中最快乐的时候，我怎忍心打扰片刻。我回头望向那小小的边门，惊讶地发现，不知道何时，有一只老朽不堪的黄狗也趴在那里，它也望着仓央嘉措远去的方向。

我的心几乎跳出来，如果它在此时大叫，将会引来多少怀疑的目光。但是，我显然是多虑了。黄狗的沉默更甚于我，当仓央嘉措的身影消失在了拐角的时候，它安静地低下头，重新进入梦乡。

几百年前，它就曾被郑重地嘱托：

胡须满腮的老狗，
比人还要乖；
别说我夜里出去，
天明才回来。

夜色复归于寂静，纷纷扬扬的雪花似乎见证了刚才那难忘的一刻，似乎又掩藏了所有的一切。我把手伸向夜空，雪花温柔地落在我的掌心，又瞬间沦入毁灭。

二　追寻之缘起

我一生向你问过一次路，你一生对我挥过一次手，远远地我为你唱一首歌，静静地你露出天边的笑容。（西藏民歌）

我久久地站在飘舞的雪花中，却舍不得离去。我不知道，刚才那一情形是真切的，还是幻象？如果是真切的，我为何倏忽间就失去了他的踪迹？如果是幻象，为何又如此真实地映入我的眼帘，我的脑海？

夜太深了，我几乎整个人都要冻僵，踩在厚厚的雪地上，我艰难地向一个叫做“玛吉阿米”的酒馆走去。它就位于大昭寺的一侧，是幢小小的二层楼小楼。在周遭的房屋中，只有它大胆地把围墙涂成了黄色。这意义只有一个，在这里，曾经有一个女人是活佛的最爱。

我踩着狭窄的楼梯费力地攀上二楼，心想在300多年前，仓央嘉措是否有过和我同样的抱怨。哦，他一定不会的。因为，他和爱人会面的时间如此珍贵，来的时候是甜蜜，走的时候是期待，哪还有什么时间去抱怨楼梯的狭窄呢？

大约是下雪的缘故，酒吧的人很少。不过，甜茶很可口，那个藏族的服务生很帅。

我一本正经地发问：“我以为，玛吉阿米的服务生应该都是女人。”

藏族男孩在微笑：“不一定，因为现在再也不会有仓央嘉措了。”

我沉默：“我很想知道，他真的死在了青海湖畔么？”

藏族男孩也沉默，过了良久：“其实，我们也很想知道。”他看着我，“你也喜欢他?”

我点头，不是没有羞赧的。

“为什么?”

我茫然地想，为什么？大约很多爱仓央嘉措的人都没有深层次去想过这个问题，就仿佛你爱上一个人，没有原因。如果一定要问，我会告诉自己，只有他，触动了我灵魂最深处的疼痛。

我疼惜他，更尊敬他。

藏族帅哥微笑着看我，似乎已经懂得了我没有说出的话语：“如果你那么爱他，为什么不沿着他曾经走过的足迹，追寻他，了解他，找到一个别人从不曾认识的仓央嘉措。”

“从不认识的?”我愕然。

“是啊是啊!”他热切地回答，“去门隅，去错宗那，去一切他去过的地方，然后回来告诉我，你是否真正找到了心中所爱着的那个尊者。”

我听得呆住了，一时两人竟默默无语。

窗外，雪花正静静地飘过。

三 触摸

那一刻我升起风马／不为乞福／只为守候你的到来。那一日垒起玛尼堆／不为修德／只为投下心湖的石子。那一月我摇动所有的经筒／不为超度／只为触摸你的指尖。那一年磕长头在山路／不为觐见／只为贴着你的温暖。这一世转山／不为轮回／只为途中与你相见。

（仓央嘉措情歌）

这是我看到的第一首署名仓央嘉措的诗歌。和很多人一样，当我看到它的时候，就已经沦陷了。然而，随着我越来越多地了解到仓央嘉措的诗歌，我发觉，关于这首歌的作者是谁，还有过一番激烈的争论，有些人坚持认为，这就是活佛的诗句。有些人则说，这是一首现代人的歌词。

唉，多么让人扫兴的争论啊，因为，我相信，包括我在内的很多人，都情愿相信，这就是活佛的亲笔之作。因为，这是我们爱上他的最初证明。

春天的时候，我走了很远的路程，来到了西藏山南那个叫察隅的地方，这里距离仓央嘉措的故乡门隅已经非常近了。门隅，位于雅鲁藏布江的下游，海拔才两千多米，一大片的平整之地。这在西藏是非常好的农区，雨量充沛，土地肥沃。当然，要进入这些地方，路途艰险。但是，那一片土地现在是中国与印度的争锋之地，所以，暂时无法进入。

察隅县属喜马拉雅山与横断山过渡地带的藏东南高山峡谷区。梅里雪山位于云南迪庆藏族自治州德钦县和西藏的察隅县交界处。地势险峻，山峦重叠，峡谷深邃。透蓝的天，明净的水，巍峨的雪山，这里正如天堂般美妙。

但是，进入天堂通常都是非常困难的，因为，你要走过一条异常泥泞的道路。

当我颠簸在路上，一面欣赏着如画般的美景，一面忍受着道路的崎岖，不禁在感慨：几百年前，到底是哪一个神秘的声音，指引着来自布达拉宫的使者，不远千里也要找到他们的转世灵童？

我真的站在了这片土地上，呼吸着这一辈子都没感受过的清新空气。这里，没有高原缺氧的稀薄，空气里满含着青草和花香的味道。阳光暖暖地照着我，我看到一个穿着破旧藏袍，头发蓬乱的孩子飞快地从我身边跑过，口中还在含糊不清地唱着一首藏族歌曲。

我想喊住他，却不知所措。

他看到了我期待的眼神，停住了小马驹一样飞快的脚步，慢慢地向我走过来。

我看到了他的小小脸庞，面颊处有黑红色的阳光印记。他的眼睛又大又亮，仿佛这透蓝的天空和澄碧的湖水。

我忽然不感觉陌生了，他的眼睛是那样温暖可爱。让我一见如故：“可以让我知道，你刚才唱的是什么歌么？”

孩子看着我，似乎还不太懂我的语言。过了一会，他忽然用含糊不清的汉语重新唱了一遍：

深谷里堆积的白雪，
是巍峨的高山的装扮，
莫融化啊，请你再留三年。

深谷里美丽的鲜花，
是秀美的深谷的装扮，
莫凋谢啊，请你再盛开三年。

家乡俊美的少年，
是阿妈心中的温暖，
莫离开啊，希望长聚不散！

孩子的歌唱完了，我看着他，默不作声。他晶亮的大眼睛里有一丝疑惑，显然，他不懂得，为什么眼前这个女人的眼睛忽然充满了泪水。

我无法告诉他，即使在这童稚的歌声里，我也听到了那温柔的凄凉。

时光穿越到300多年前，仓央嘉措就出生在这里，那个时候，他的俗名叫阿旺嘉措。

父亲扎西丹增是一位出色的红教教徒，母亲是一位普通的民间女子。后来的《仓央嘉措秘传》里这样赞颂他的父母，种姓纯正，贤能，聪慧，正直……明察因果之目光如天空般广阔……当然，这样的赞美之词有些夸张，然而，阿旺嘉措的父母的确都是非常善良而智慧的人。他们是一对很奇特而又恩爱的夫妻，说他们奇特，是因为当他们结合的时候，双方的年龄相差了20多岁。不，这一段婚姻里没有任何金钱的利益。扎西丹增除了有高洁的品行外，一贫如洗。他的妻子正是出于对他的仰慕，才毅然决定嫁给他，出嫁时，她只有18岁。

藏族人这样形容贫穷：除了两只碗，什么都没有。当时，阿旺嘉措的父母就是在这样窘迫的环境下结婚的。没有朋友的帮忙，没有亲属的援助，所有的一切，都要靠自己的双手。

几年的艰苦生活，他们攒下了更多只碗，铜锅，毯毡，甚至盖起了自己的房子。1683年，阿旺嘉措出生了。据说，那是一个下着大雨的天气，产妇在屋内痛苦地挣扎，屋外雷声大作，雨点稠密地打在房顶下，窗户上。振聋发聩的雷雨声让村里的人都惴惴不安：难道，现在降生的是一位了不起的大人物？

事实证明，他们当时模糊的猜测变成了现实。几年之后，当两位来自雪域中心拉萨的大人物，经过一番艰难的跋涉，终于找到这个低矮的住所，他们惊奇于未来达赖喇嘛为什么竟出生在这样寒微的环境。因为前几世的达赖喇嘛都出身不凡，比如四世达赖喇嘛云登嘉措，父亲是蒙古王爷。五世达赖喇嘛，也是西藏山南琼结一个古老的贵族家庭的公子。但事实就是事实，不管达赖喇嘛选择了哪里作为他的出生地，他的身份永远最为高贵，不容置疑。

这当然是后话，因为谁也没有想到，六世达赖喇嘛的认证，居然会有那样一个艰辛曲折的过程。

四 灵童，或是其他

太阳刚升起的时候，乌云从左边来挡，从右边来挡，但谁也不能阻挡！我要是不能冲开云彩升起来，那我就算不上是宇宙的骄子，那我就算不上是温暖的太阳。（西藏民歌）

对于一个孩子来说，贫穷不会对他童年的快乐产生多少影响。当然，会少了许多乐趣。比如，会比富人家的孩子少了许多口福，也穿不起漂亮的衣服。事实上，对于小阿旺嘉措来说，能吃饱即是快乐，能穿暖更是莫大的福分。

后来，曾经有人问过活佛，你对幼时的记忆有多少？仓央嘉措微微地笑："岂止是儿时的记忆，如果让我仔细思考，我会想起前世乃至很多个前世之前的回忆。好吧，我就说说我尚在襁褓时的生活吧。自己还是个婴儿的时候，家里非常穷，父母都出去种地，没有人照看我，只有自己躺在摇篮里睡觉，醒的时候饿了，却没有人喂我，不禁大哭表示抗议。但是，还是没有。于是，我哭着哭着又睡着了。等到很晚父母劳动回来才发现，我睡着的小脸上还满是泪痕。我依然记得那时，母亲在劳累了一天之后，惊觉她的爱儿还在忍受痛苦，不禁又痛又悲，抱着我大声哭泣。"

贫困，始终是困扰这个家庭的大难题。阿旺嘉措四岁那一年，家里来了两个神秘的陌生人。两人衣着普通，但气度不凡，一看就不是寻常百姓。不过，阿旺嘉措的父母心地纯善，并没有想太多，依旧以藏族人善良好客的传统招待他们，奉上最香的酥油茶和最好的饭菜。很可惜，即使这样，也并不能入对方的法眼。他们只是象征性地喝了一口茶，就迫不及待地问阿旺嘉措的父母：

“你们的孩子出生时可有奇怪的征兆？”

老实的父母互相看了看对方，疑惑地摇头。来客非常失望，只好看着在墙角玩耍的小阿旺嘉措发呆，嘴里还是嘀咕：“没有错啊，就是这里呢。”这个时候，小小的阿旺嘉措忽然抬起头，声音清晰地说：“阿妈，你不是告诉过我，生育我的时候，满屋子都是香气么？”

来客一听这话，顿时大喜：“没错，没错，这是吉兆，还有什么？”阿旺嘉措的母亲经过儿子的启发，也渐渐地回想起来：“是的，当时，外面在下着很大的雨，雷声大得吓人。”

来客听到这里，更加心花怒放：“没错没错，满室香气，那是天雨神花降落到你们的房子，打雷下雨，是因为这个孩子的出生震动天地，雷声隆隆，并降下风露花雨。就是这样。”

阿旺嘉措的父母面面相觑，孩子出生震动大地？那意味着什么呢？难道说，自己的孩子是宁玛派的一位转世活佛？

在藏地，有这样一个传统，当一户人家生下孩子，并出现了各种奇怪的征兆，比如天边会有彩虹，山谷中会有持续不断的海螺声。对于前来探访的人们，这个灵童会表现出独特的气质。比如，会认识他们，或者认识他们所带来的东西。而这些东西，据说都是他前世曾经用过的。

阿旺嘉措的父母是宁玛派的教徒，他们自然非常清楚喇嘛的转世制度。当父亲的也自然而然地相信，自己的儿子或许是一位宁玛派高僧的转世。但是，这一次他错了。他打破脑袋可能也想不到，他家里降生的是一位格鲁派的最大活佛！

很多人对藏传佛教的教派制度感到迷惑。就他们所知，有黄教格鲁派，红教宁玛派，白教噶举派，花教萨迦派以及觉囊派，苯教等等。他们之间是什么关系呢？都是藏传佛教么？

没错，应该如是说，除了苯教，其他的都是藏传佛教的分支。苯教是西藏地区最古老的本土宗教。在佛教进入西藏之后，双方还进行过激烈的斗争。苯教教徒善使巫术，但是，红教的创始人莲花生大士在密法方面更胜一筹。在一次又一次的较量中，使得苯教教徒彻底臣服。由此，佛教才在西藏广为传播。而苯教只保留了很小一部分的根据地，目前苯教在川北一带有不少的信徒及法师。

那么，格鲁派、宁玛派、噶举派、萨迦派以及觉囊派又有着怎样的关系呢？事实上，他们有着不同的祖师。比如，格鲁派的宗师是宗喀巴大师，宁玛派以莲花生大士为首，噶举派的祖师是阿底峡尊者。但是，他们都有一个共同的师尊，那就是释迦牟尼佛。大家学的都是佛祖时代传下的佛经。但问题就是，佛祖留下来的学问太广博了。而且，有八万四千法门，适合不同的人采用不同的方法进步。这些高僧们，或者说成就者根据学经所得，总结了自己的经验，也形成了不同的信众门派。比如，你对噶举派的大手印法有心得，那么，这就是适合你的修行法门。而他，非常热衷于宁玛派的秘法修持。那么，这就是你摆脱轮回，求成正果的不二之路。

不管这些佛教徒们修持哪一种法门，目标只有一个，摆脱轮回，最终成佛。

但遗憾的是，有人的地方就必有争斗。当藏传佛教不声不响地分出了如此多的门派之后，争斗也悄悄发生，有人在争自己的教法更高明，还有人争自己的教派能够一统雪域。于是，一场场明争暗斗就此展开了。

这都是大人物之间的事情，乍一看与阿旺嘉措的父母没多大关系。事实则不然。当时，在西藏宗教与政治领域，占最上风的莫过于格鲁派。在他家里，居然诞生了一位格鲁派的最大活佛。那岂不是翻天覆地的变化么？按照常规，一个贫苦农家遇到了这样天大的幸事，不要说从此乌鸦变凤凰，至少也要摆脱贫困，过上吃饱穿暖的好日子吧？可惜，阿旺嘉措生不逢时，他虽然是一位转世活佛，但是，他的前世却给他安排了一条异常曲折的道路。

来使很快离开了，没有留下任何话语。阿旺嘉措的父母带着满肚子的猜疑，莫名其妙地送走了他们。难道什么也不是么？看他们的样子明明是欣喜若狂，为什么走的时候却像闷了嘴的葫芦一样，一言不发？

没关系，反正，日子也要过，阿旺嘉措也要成长。生活就是这么一回事。小阿旺嘉措把这件事告诉了他唯一的一个朋友——玛吉阿米。她是邻居的女儿，比他还要大一岁。在阿旺嘉措孤独的童年，她是他唯一的朋友。

“啊？”小玛吉阿米瞪着大眼睛，“难道说你是个大人物？”

小阿旺嘉措很疑惑地挠着脑袋：“他们让我看一幅唐卡，问我是谁，我说那是我，他们就开心得不得了。可是，问完他们就走了，什么也没说。”

“这样啊！”小玛吉阿米真心实意地替他感到惋惜，“那好吧，我们接着玩吧。忘掉这件事。”

他们真的很快忘掉了，在泥巴和草地之间。

五 别离曲，开始亦是结束

家乡俊美的少年，是阿妈心中的温暖，莫离开啊，希望长聚不散！（西藏民歌）

事实上，来使是多么希望马上把这一喜讯告诉给这户人家啊。他几乎用尽了全身的力气才管住了自己的嘴巴："你们的儿子，是六世达赖喇嘛，是雪域最大的王！"

但是，他不敢。他怎么敢说呢？当时，布达拉宫对外的口径是，五世达赖喇嘛罗增嘉措虽然身体欠安，但并未圆寂。现在，代理他处理所有事务的，是他最亲信的宠臣，第巴桑结嘉措。

五世没有圆寂，谁敢说六世就出生了？所以，他一定要忍。把这个天大的秘密生生地吞到肚子里。

可是，为什么不能够宣布五世已经圆寂的消息呢？这依然是个秘密。直到现在，仍有人为此争论不休。我们之后再慢慢地谈。现在，我只想关注那个正在努力成长的阿旺嘉措。

虽然他的未来将是活佛，但是，命运对他相当苛刻。7岁的时候，唯一的伙伴玛吉阿米一家搬到了远方，两个小伙伴洒泪而别。阿旺嘉措因此哭了两天。他父亲看着他直摇头叹气："这个孩子，天性善良敏感，会有很多苦头吃啊！"母亲则微微笑，在她的心里，儿子永远是最出色的，她想不出任何批评的话语。

十岁的时候，阿旺嘉措的父亲去世了。去世的时候不到六十岁。事实上，这在藏人来说，已经是高龄了。住在高原的人们，饱受恶劣的气候加之贫穷生活的折磨，寿命很少有七十以上的。是真正的“七十古来稀”。

这桩美满的婚姻只保留了10年便以阴阳相隔而告终。因病去世的丈夫不舍地离开了心爱的妻儿，只留下年轻的妻子带着幼儿在生活中苦苦挣扎。不过，对于一直饱受着生活苦难的藏族女人来说，任何事情都打垮不了她们的意志。不管是贫穷，屈辱，还是死神的光临。

她们是顽强的，因为苦难的生活早就磨硬了她们的意志。即使现在，如果你拜访一个藏族家庭，你会发现，这些家庭的生活支柱永远是女人，而她们沉重的活计让我这个为做饭都头疼的都市女人感慨不已。春天来了，她们要播种耕地，4月的时候要去挖虫草，8月去草原挖贝母，收割的时候要天天在地里劳作。除去这些大活计，每天她都要很早起来挤牛奶，打酥油，做饭，照顾一家老小的生活。

对于母亲来说，如果儿子陪在身边，那将是莫大的安慰。但是，一个突如其来的指令，却夺走了她唯一的希望。

村里寺院的堪布亲自来拜访，声称要接收阿旺嘉措做和尚。在藏地，一个家庭中如果有一个出家人，那是无尚的光荣和自豪。阿旺嘉措的母亲只犹豫了不到五分钟，就马上点头应允。但是，对方又马上提出，阿旺嘉措是一个难得的好苗子，不能在这里学习，要送到很远的错那县巴桑寺。

母亲惊讶地张大了嘴巴，难道，从此之后，她就要与唯一的儿子天各一方了么?

没错，其实事实比她想的还要糟糕：他们将一直分离，直至生死相隔。

最凄凉的是，在阿旺嘉措离开家乡的时候，包括他的阿妈在内，没有一个人知道他为什么会走。谁也没有想到，这个小孩子就是未来的活佛。大家都以为，阿旺嘉措是因为聪明灵秀而被寺院选作了喇嘛培养。阿旺嘉措也和其他孩童一样，为这次远行开心得不得了。对于孩子来说，还有什么比新鲜事的出现更能吸引他的目光呢?!

在村边那棵老树下，阿旺嘉措与母亲告别。这位勤劳而坚忍的藏族女人，岁月的沧桑已经无情地在她的脸上留下了刀刻般的痕迹，往日那白皙的皮肤如同苍老的树皮。她的腰，因为时常要背负木柴、奶桶等重物，已经再也直不起来。但是，在儿子眼里，母亲是多么的美丽啊，她的眼睛，永远对他闪耀着温柔的光芒，她的怀抱，永远是这样的温暖。

母亲也深深地凝视着儿子，哦，他长大了，马上就要变成一个英俊的小伙子了。你看他，虽然和其他孩子一样，日日在草原上疯跑，但是，他的皮肤是那么白皙，眼睛是那么的明亮。他的头发柔软而服顺，在阳光下略微有一点金色的光芒。他是那么的温和，从没有对母亲发过任何脾气。即使在母亲生气发火的时候，他也永远只是温柔地回答："好吧，阿妈，都听您的。"

可是，他今天要走了。母亲的心中一阵绞痛，她抬眼看到太阳，这一瞬间刺得她满眼的泪光，哦，我不能哭泣。我不能让孩子知道我内心的不舍。留在我身边，固然能陪伴我的孤单。但是，让他去更远的地方闯荡，那才是他的方向。

阿旺嘉措手足无措地看着阿妈："哦，阿妈，你在哭？"

阿妈深深地吸了一口气："我亲爱的儿子，没有，我只是被阳光刺痛了双眼。"她再一次拥抱住儿子："快上路了，你看，天色已晚。"

阿旺嘉措走了，但是，他几步就要回头望望，远山之外还有远山，云朵之外还有云朵，不管他走了多么远，当他回望村口的时候，都能看到母亲伫立在那里，一动不动，简直幻化成了另外一棵老树。母亲啊，你知道吗？"黄昏时刻的树影拖得再长，也离不开树根"，我无论走得多远，也走不出你的心。

他一步一步地走啊，家乡越来越远了，而那首家乡的歌却在耳边越来越清晰……

深谷里堆积的白雪，
是巍峨的高山的装扮，
莫融化啊，请你再留三年。

深谷里美丽的鲜花，
是秀美的深谷的装扮，

莫凋谢啊，请你再盛开三年。

家乡俊美的少年，
是阿妈心中的温暖，
莫离开啊，希望长聚不散！

六 入寺

圣人所在的地方，有谁重视其他学者？天空太阳升起的时候，有谁会看见星星的光芒？（萨迦格言）

从地图上来看，错那县位于喜马拉雅山南麓的娘江曲河谷上游，东北以波拉山口为界，南邻玛麻乡，向西翻越夏拉山通至不丹，这里是西藏通往印度、不丹的门户，属于边陲地区。距离拉萨大约有410多公里的距离。阿旺嘉措被安置在错那县的巴桑寺。

阿旺嘉措被当成一个神秘的贵宾寄住在这里。在他离开前的那段日子，没有人知道他的身份，但是，寺院派来了最博学的老经师担任他的老师。

十岁进入寺院，对一个藏族男孩来说正当年。只不过，他还不需要学习什么经论，只要把老师布置的经文背熟即可。

这不是一件简单的事情。我曾经认识一个年纪不大的小僧人。看到他时常拿着一摞厚厚的长版书，坐在寺院墙根下，摇头晃脑地念个不停。

“哦，你在背什么啊？”

他腼腆地笑：“我也不知道。”

我目瞪口呆：“你不知道自己在背什么，为什么还要背？”

他还是笑：“老师说了，让我们把这些背熟了，然后才可以在他那里了解到意思。”

我惊叹：“也就是说，你是把这些根本不明白任何意思的词语硬塞到脑子里？那需要多久呢？”

他依旧笑："一上午时间，大约能背下三行字吧。"

我偷偷瞄了一眼他手上的经书，哦……大约也就是三寸厚吧。

"你将花多少时间学习这些经文呢?"

"我想，大概是十年吧?"

"那么，你希望花多少时间学习佛法呢?"

"哦，到我成佛为止，我想，那不止是几辈子的事情了吧?!"

记得当时的我，长叹一声之后，落荒而逃。

幸亏，阿旺嘉措并不是一个普通的僧人。即使没有被认证，他依然表现出了惊人的天赋和智慧。旁人需要三天才能背完的经文，他只需要几个小时即可。这使得教授他学习的老经师们赞叹不已。

"将来的你，一定是一位了不起的格西!"一位老喇嘛这样对他说。

阿旺嘉措垂下头，谦虚地接受了这样的赞美。他知道，这对于老喇嘛来说，已经是最高的赞美。事实上，这也是几乎所有僧人学习的目标。

格西，意为"善知识"。是藏传佛教寺院的学位。僧人经过二三十年刻苦学习后，精通了佛教的五部经典著作，（包括因明学，般若学，中观论，俱舍论，戒律学）通过层层严格的辩经考核，便可申请格西学位了。当上格西的喇嘛，在宗教领域有很好的晋升机会，比如，在格鲁派可以担任三大寺或其他黄教寺院的住持，特别优秀的，最后可以升到甘丹寺法台，这是西藏僧人的最高荣誉职位。

我曾经去过拉萨的三大寺院之一——哲蚌寺，看到有的康参（僧人住的宿舍）房顶竖着白色的法幢，有僧人告诉我，这个含义就是，这间屋子里曾经出了一个尊贵的格西，而有的房顶竖了两个甚至三个法幢，那意思就是，这屋子的风水太好，接二连三地出了好几个格西。

"可是，"阿旺嘉措提出他的疑问，"请问，老师，我什么时候可以正式皈依佛门，我还没有受戒。"

老喇嘛怔了怔，是的，和阿旺嘉措一般年纪的孩子早就受了沙弥戒，皈依佛门了。只有他，一直还处在半僧半俗的尴尬身份。在藏地，如果你没有受戒，即使穿了僧衣，也不是一个真正的僧人。

如果不受戒，如何在寺院里继续学习下去，又如何攀上僧人的最高学位——格西呢？

老喇嘛也对这一安排似懂非懂。他只知道，这是上面的意思，只要阿旺嘉措学经，受戒一事暂且不提。他只能安慰阿旺嘉措："缘分到的时候，自然水到渠成。"

是啊，只是谁也没想到，命运早就为阿旺嘉措安排了另一条道路，充满荣耀，然而也是充满泪水与痛苦的一条道路。

七 慈悲

> 在美好的初恋阶段，我还是第一次尝到甘甜，恋人啊，我请求你，千万别将我的爱情折断。（西藏民歌）

在这里有必要提一下，幼年仓央嘉措学经的巴桑寺其实是一座红教的寺院。在当时的西藏，虽然黄教格鲁派实现了政教统一。但在藏区的某些地方，依然是某种教派大行其道。比如，整个错那宗地区就抑制黄教，盛崇红教。红教就是人们所称的宁玛派。宁玛的意思即“古旧”。这也是藏传佛教中最古老的宗派，传承于公元 11 世纪的莲花生大士。宁玛派与西藏原来的本土宗教——苯教有着千丝万缕的联系。修习宁玛派的教徒们，多注重密法修行，修行者多为在家居士。所以，不像格鲁派那样，戒规要求异常清严。在错那地区，生殖崇拜盛行，男女相爱自由，即使在寺院附近，也可以听到情歌对唱，僧人和女子通婚，在人们看来也是很正常的事情。

很多时候，阿旺嘉措学习结束了，就坐在窗口，远眺窗外的风景，那里有高耸入云的神山，葱茂的密林，遍地怒放的格桑花。在某个午后，他会听到那若有若无的悠扬的歌声在山林响起。

在那碧波荡漾的河面
我还是第一次放下小船
风儿啊，我请求你
千万不要将我的小船打翻

在美好的初恋阶段
我还是第一次尝到甘甜
恋人啊，我请求你
千万别将我的爱情折断

这歌声随着风儿传入耳畔，就仿佛情人的呼吸一样撩动心弦。阿旺嘉措有点坐不住了，他站起来，想听这歌声来自哪一位美丽的女郎。怎奈山林悠悠，他只看到一个动人的身影，像精狐般在树丛花影中闪过，留下一串魅人的笑声，那笑声似在挑逗，又似在叹息，为什么她的情郎还没有出现？

说实话，每当读到少年阿旺嘉措的这段经历，我都在感慨，这一切仿佛就是宿命的安排。首先，阿旺嘉措出生的家庭就是一个红教世家。长大之后，又被安排在一个红教寺院学习。说到这里，不能不提一下五世达赖喇嘛与红教之间的关系。公元 17 世纪，宁玛派在五世达赖的支持下，在西藏地区得到进一步的发展。西藏地方政府，每遇战乱、灾害、瘟疫等，都要从桑耶寺请宁玛派僧人进行占卜、作法禳解，可以说，五世达赖喇嘛大大提高了宁玛派在社会上的地位。因此，布达拉宫安排阿旺嘉措在这样一个红教寺院学习经文，并未觉得有任何不妥。只能说，之后的发展，都是宿命的安排了。

这个午后，注定是一个不平凡的午后了。似在听从命运的召唤一样，阿旺嘉措放下书本，拿起早就准备好的经幡，准备到寺院的后山走一走。

门口遇到了他的老经师："阿旺嘉措，你要去哪里？"

阿旺嘉措恭敬地低头："我到后山，为三年未见的母亲挂上经幡，祝福她老人家身体康健，不要太思念远方未归的儿子。"

老经师点头叹息："快去吧，不过不要久留，你最好还是待在寺院里。"

巴桑寺的极远处，有一座雄伟的大山，那是著名的苯日神山。在这座神山上，有一棵巨大的神树，高耸入云，神树上挂满了各种各样的经幡和祭品。这也是藏人传统的朝拜习惯，一座神秘壮阔的雪山，辽远无际的湖泊，都是他们祭拜的神灵。在他们看来，这山，这水，这树，它们超乎寻常的壮大，一定是某位山神的居所。而对于山神的尊敬与崇仰，一定会带来风调雨顺，合家安康。

这是一个再好不过的天气，阿旺嘉措走出沉暗的房间，多日的苦学让他的脸色有些憔悴。他披着红色的袈裟，慢吞吞地走在去后山的路上。风儿轻轻地在衣袂边徜徉，仿佛在恭谨地护送他。

几个老人下山了，看到他走过，微微地行礼示意。他也谦虚地微微还礼，停在路边，让出道路。一位老人抬起头，忽然惊讶地呆住了，他说什么也不肯接受阿旺嘉措的让路，而是把腰弯得更低了，坚持要他先走过去。阿旺嘉措有点窘迫，只好快步抽身而过。

他没有听到，当他离开时，那位老人惊叹的话语：那样好，那样庄严的相貌，一定是位最了不起的仁波切（活佛）。我何德何能，竟然敢接受他的让路呢？

这位老人或许和刘邦的岳父一样，有些慧眼识英雄的超能力。不过，阿旺嘉措显然比刘邦这个无赖更好认一点。至少他面目和善，清秀温和。但不管怎样，像这样老者一眼识英雄于草莽之中的人还是少而又少的。

阿旺嘉措继续在走，阳光晒得他有点热，他有点自嘲；当他还是个在家乡满山乱跑的孩子的时候，这点路程算什么啊？但是，这三年来，他几乎每天都把自己关在房间学习，如今，竟然连这点路都让他气喘吁吁了。

一只蝴蝶躺在地上，看样子，它的翅膀似乎受伤了。如果有人不注意，它很快会被某人沉重的脚步碾为粉末。阿旺嘉措弯下腰，把它拾起来，蝴蝶软绵绵地躺在他的掌心，没有一点挣扎的企图。

阿旺嘉措怜悯地看着它，表情严肃而温柔。我知道他此刻的心情，这是一只行将死去的生命。而对于佛教徒来说，任何生命都是值得珍惜与尊重的。

众生平等。我们同生活在轮回之中。只是因为我们的前世，抑或前前世做了无数的善行，使得我们有缘成为人类。而它们，则不幸沦为恶道（地狱道，恶鬼道，畜生道）。但是，它们的未来不见得不上升，我们的未来不见得不堕落。所以，佛教徒怜悯世人、众生，同样也因为是怜悯自己。

这就是慈悲的含义。

蝴蝶依旧躺在他的手心，它似乎也有一份洞悉人心的灵秀。它知道，作为一个小小的飞虫，它在临死时居然遇到了最大的幸运。那就是，邂逅了一位未来的活佛。他的一个咒语，就会改变它来世的命运。

不要以为这是夸大其词。在藏地，的确有这样的说法。有些飞虫，比如蚊子，它们会在午夜不停地在一位读经的僧人身边乱飞乱叫。而这位僧人如果对着它念一句“唵、嘛、呢、叭、咪、吽”的六字真言，冲它再吹一口气，它马上就会悄无声息地离去。因为，它已经得到了加持。有了这句真言，来世很可能不会在朝生暮死的圈子里打转了。

此刻，这只蝴蝶也得到了它企及的东西。阿旺嘉措一连对它念了六遍六字真言，蝴蝶的翅膀轻微地抖动了一下，似乎在表达谢意，接着，就陷入了永久的沉默。

八 初见

山歌不要对我唱，请你向着悬崖唱；只要歌儿能将悬崖唱开门，我俩就有聚会的地方。（西藏民歌）

阿旺嘉措叹了一口气，把它放在路边格桑花的花蕊上。这时，一个游方的乞讨僧人和一个孩子走过来了。衣衫褴褛的老人在向阿旺嘉措微笑，阿旺嘉措赶紧去掏自己的钱袋，忽然窘迫地发现，早晨出来，他居然什么都没有带。老僧人咧开没有牙的嘴巴，冲着阿旺嘉措呵呵地笑，并不介意。但是，那小孩子却不肯放过他，拽着他的衣襟不撒手。

在藏地，人们没有拒绝乞讨者的习惯。即使是如今的拉萨，你也可以看到遍地的乞讨者，他们要的不多，只是一角钱就行了。如果你没有零钱，没有关系，你给他整钱，他找给你。不多，只要一角。当地人也把这类事情看得极为平淡。大家都是生活在佛土中的众生，今生施舍一点，来世就回报一点。所以，这些乞讨者甚至是帮助现世的人们，实现了一点善心的愿望。

不过，说实话，乞讨者并没有向施主强要钱物的习惯。给则收，不给也不求，他们只是悠然地坐在阳光下面，微笑地看着你，等着你自愿掏出钱包来。

这大概是阿旺嘉措一生中为数不多的尴尬时刻了。如果这是一个和他年龄身份相仿的人，他不介意马上恶斗一场。因为，被揪住讨钱，对于藏族男人来说，这无异于最大的羞辱了。

藏族是一个很好斗的民族，至今，很多藏族男人还有身上带刀的习惯。我曾经在拉萨的茶馆就看到这样惊心动魄的一幕：两个康巴男人正喝着茶，忽然跳到桌子上，拿着自己的砍刀相互对砍。一时间，刀光剑影，惨呼连连（这叫声大多来自围观者，且为内地人），不过，很奇怪，没有人报警。藏族人的事情好像不喜欢麻烦警察，而当地警方也乐得民不举官不究。

不过，阿旺嘉措是没办法向这个调皮鬼动手的，因为很多藏族男人还有一个让人感动的优点，不打女人、孩子和老人。所以，他只能无奈地被扯来扯去。幸而，一个女孩子出现了，她的到来一下子解了阿旺嘉措的围。

她拽住男孩子的手，大声说："你怎么可以强迫一个札巴（和尚）给你钱？你太给我们门巴人丢脸了。"

男孩子丝毫不以为意，他松开手，嬉皮笑脸地回答："对不起，姐姐，我来晚了。这里的人们早回家了，我到现在一个角子都没有讨到，只好……"

女孩子拉着他："走，跟我回家，我做包子给你吃！"男孩子欢呼一声，回头扶上老僧人："我们马上去！"

阿旺嘉措目瞪口呆地看着这一切，眼看女孩子要离开了，不知为什么，生性害羞的阿旺嘉措竟然喊住了她，当她回头的那一瞬，他惊呆了。

眼前的女孩子，和普通藏族女孩一样，乌黑的长发，挽成一条油黑的大辫子，她的面庞没有像其他女孩子那样晒成黑红色，反倒相当白皙，只是在颧骨处，有一抹淡淡的红晕，好像点了胭脂一样迷人。当她望着阿旺嘉措，这个男孩子忽然有一种呼吸被哽住的感觉，为何，眼前的这个女孩子竟然如此熟悉？

你在问自己，曾在哪里见过她？记忆流转，飞花逐月般奔回到久远世前，那时的你们，定也正当少年，或同在西北的草原上牧羊，她一曲悠悠羌笛让你泪落如雨。抑或某一生，你们同在江南，迎着春花细雨，在断桥边共诉离别的愁绪。满树的桃花缤纷，纷扰了记忆，蝶恋花成了绝响，萧郎别去，从此是路人。

每一次相逢的欢喜，每一段离别的愁绪，似乎都有她的容颜在记忆里挥之不去。只是这记忆似曾相识，清晰却又模糊，待到再相逢，只有那恍然一笑：哦，原来你也在这里。

两百多年后，有一位女作家也曾这样叹息：于千万人之中，遇见你要遇见的人。于千万年之中，时间无涯的荒野里，没有早一步，也没有迟一步，遇上了也只能轻轻地说一句：哦，你也在这里吗？很巧么？不巧，佛经中云，这为机缘，定数。也可以说是因果。没有无缘无故的相逢，也没有无缘无故的相爱。只是这机缘也好，爱也罢，并非总是善缘，就如我们看过那许许多多爱得死去活来的情人，最终却只能生死相隔，抑或劳燕分飞，抱憾终身。人们说，这是“有缘无分”。只是，为何无分？亦是因果。

还有那许多也相爱过的人，有的中途离别，反目成仇，仇恨半生；有的一生磕绊，到死也不能原谅对方。这也是一种因果。佛经中如是解释，这样的夫妻或许来自惨烈的过去，譬如仇人、冤家。结成夫妻即是相互倾泻仇怨的机会。(没有一个人，能比你的爱人更能伤害你。这种伤害让你一直到死也难以冰释。)

还是张爱玲，在她的作品里，能够像一个外科医生一样，把感情这东西解剖得淋漓尽致，皮肉分明。然，在她初遇胡兰成的时候，还是会如此叹息“喜欢一个人，卑微到尘埃里，然后开出花来”，当最终胡兰成辜负了她的情，使得她半生痴情终付流水，几乎拼尽了全身元气，才使得负心人的名字如那丝丝沉香屑，灰飞烟灭。

缘分两字，让人神往，却大有深意，纠纠缠缠，剪不断理还乱。

佛教虽然深谙这个道理，但修行之人却未必能避开情劫。阿旺嘉措，他到底还是个少年，情窦初开的少年，那一刻，有什么能够阻止他向喜欢的女孩子表达爱意呢？哦，说喜欢或许为时尚早，但在那一刻，他决不能让眼前的女孩子像鸟儿一样，转瞬间就溜走了。

“你？你说你是门巴人，你的家可在门隅？”终于，阿旺嘉措憋出了这句话。

女孩子听到这句话，不禁回头，她的眼睛也亮亮的：“哦，是的！”

原来是故人！阿旺嘉措的心在欢叫，怪不得我看她那样亲切和熟悉。她让我找到了故乡的感觉！

“走啦，姐姐！”不知道什么时候，那个叫央吉的男孩子竟然又跑了回来，他对绊住了姐姐的阿旺嘉措显然充满了敌意。那女孩子看到阿旺嘉措，明明也是眼波流转，大有深意，却深憾被这样一个小电灯泡打断了，只好向阿旺嘉措轻轻施礼之后，就转身离开了。

阿旺嘉措张口结舌，却想不出挽留的理由，只能怅然地看着他们的背影越来越远去。一时间，一种从未有过的情愫涌上了他的心，似一根细细的羽毛在轻轻撩动，他发觉，不管是这女孩子的声音，还是她的身形，都似极了山林中那精灵般的魅人女子。

夜半来，三更去，来如春梦不多时，去似朝云无匿处。

这邂逅的女子啊，也如精灵般鬼魅，再回首时，已难觅踪迹了。

挂完经幡，年轻的阿旺嘉措落寞地走下山去，整座山上，只有他一个人孤独的身影。太阳暖暖地照在天上，碧蓝的天空纯净如洗，微风轻轻地拂动他的衣服。所有的一切似乎都没有改变，但所有的一切又都变了。有一种感觉，比风还要微细，已经丝丝地渗入了他的内心。

九 在那东山顶上

> 在那高高的东方山顶，升起一轮皎洁的月亮，玛吉阿米的脸庞，浮现在我心上。（仓央嘉措诗歌）

黄昏，很多村民都会来到寺院附近转经。这个传统从古沿袭至今。不管是行走在路上，还是聊天，或者看电视，你都会发现，藏民们不会停下手中的转经筒。顺时针旋转的经筒从不会有片刻的歇息。每一家寺院的周围，都会有一大圈长长的转经筒。小的大约半米长，大的比人还要高，转动一圈，必须倾尽全力。

除此之外，我还在进藏的路上，看过路边水流之上也有转经筒，一样在不停地旋转。原来，人们是利用水流的连续性，推动转经筒旋转的。这种转经筒也叫“水经筒”，这让我感慨不已。利用水流的力量能做什么，我们的脑子里只能想到发电，但藏民却一样把它运用到了虔诚之上。那么，转经筒有什么作用呢？一般来说，转经筒都不会是空的，里面缠满一轴轴的经文。少则百万遍，多的上亿遍。经文多为六字真言：“唵、嘛、呢、叭、咪、吽”当你转完，就相当于念诵了上亿遍的经文。

你或许会问，这不是投机取巧么？不是的。佛教鼓励你用各种“合法”的方式念诵经文。不论是默念，转经，还是挂经幡。越多越好，因为我们累世的罪孽实在太多了，就算一辈子不断念经也很难洗清。所以，转经可以帮助你消除很多罪孽。这大概也是藏区人们对转经非常热衷的原因了。

有一个朋友曾经和我探讨，她问，如果只是机械性地念诵经文，就算次数再多，有什么用处呢？我的心并没有被感动。我也为这个问题思考了很久，后来忽然明白，她说的不对。因为，首先，她认为心是有常的，不管怎样也不会发生变化。其实不然，就算你对佛教不是很信奉，但是，如果你真的能够长年累月坚持不懈地习颂经文，那么，在你的内心深处，总会有感动，总会有变化。事实上，久远劫之前，佛祖释迦牟尼的觉悟之路也是这样一点一滴地积累起来的。当然，只有你承认这个理论，才会有这个热情。否则的话，一切无从谈起。

阿旺嘉措的寺院有这样一位虔诚的老僧人。他什么都不做，一辈子就是转经，早晨吃完了饭，转一上午。中午吃点糌粑，继续转经，晚上有的话就吃，没有的话继续转经，周而复始。他的僧袍已经破旧不堪，红色都已经褪掉。这身破旧的僧袍却成了最庄严的标志。每当他出来转经，遇到的人都会低下头，恭敬地请他先行。阿旺嘉措喜欢跟在他的后面，一边转经，一边看着他瘦弱的背影。老人光着脚一圈又一圈地转，这里的道路他可能已经走过千遍万遍，虽然都是熟悉的风景，但是，如果把他转经时走过的路程加在一起，可能已经超越了从这里到达布达拉宫的距离。他的脚踝处全是泥土和裂痕，破旧的袈裟披在肩膀，看上去却比任何黄衣服（活佛穿的衣服颜色）都要威严。他是如何能够做到把整颗心都奉献给了佛教呢？这就是所谓的彻悟么？很多人读了那么多大部头的佛经，也未见得有这样的出离啊。

佛经中认为，出离心是修行的根本。什么是出离呢？佛经中解释为对这个红尘世界乃至整个六道的厌离，因为厌离，所以，才想出离。而这些，与我们在俗世中奋斗的方向恰恰相反，也就是说，如果你是一个十分热爱俗世生活，且为之奋斗不息的人，是无法真正与佛经的思想交合的。皈依佛，皈依法，皈依僧，最关键的就是这颗心对俗世已经有了厌离。如果没有出离，修行又有什么意义呢？

就在阿旺嘉措努力地思索这个问题的时候，一个熟悉的身影忽然进入了他的视线，哦，就是她啊，虽然一个多月没有再见了，但她的样子却不能再熟悉了，乌黑的长发，依旧结成一个长长的辫子披在身后，明亮的眼睛，微微有点泛红的脸颊，鲜艳得如同玫瑰花瓣的嘴唇……

多奇怪啊，就在那一瞬间，他平静如水的心一下子波涛汹涌，仿佛无数个太阳从水面升起，照耀得金光灿烂；无数只鸟儿从心房中飞出来，扑腾欢笑。阿旺嘉措快乐得都有点羞愧了，但是，几乎是下意识的，他马上走出转经的道路，几乎是本能地奔向自己最幸福、也是最悲伤的源地。那时的他，当然还不知道，那个女孩子，注定将是他一生中最爱的人，也将会是他心中最隐秘的伤痛。

转经的老僧人停下来，这是他第一次在转经的道路上停下脚步，他看着阿旺嘉措如同鸟儿一样奔向爱人。他的眼睛流露出悲悯，他几乎想叫住他，却终于陷入沉默。

有些事情，我们必须经历，无可逃避。智者能看透一切，但智者选择沉默，是因为他透悟了这一人生规则。

他已经走到她面前了，微笑地看着她："哦，你在这里！"

女孩子看着他，眼睛一下子亮起来，那欢快的口气一下子泄露她的心事："哦，是你啊！太好了，能遇到你真是我的福气！"

他们彼此看着，那样欣喜。仿佛久未谋面的亲人。

——最近怎么见不到你？

——我一直在这里。

——平时在寺院转经么？

——那是一定的啦。

——你的酥油茶做得好么？

——请你去我家做客，亲口尝一尝……

——还不知道你的名字？

——玛吉阿米，你呢？

——阿旺嘉措……

不知道什么时候，他们已经走到了后山，而且，就坐在同一块岩石上。不知道说了什么，两人都沉默了。只有初恋的人才知道，这是一种幸福的沉默。快乐盈满了内心，一不小心，它就会溢出来。

太容易拉到的手，会失去兴趣，太容易爱到的人，终究会别离。短暂的相思，才会让暧昧有了发酵的时机。

他偷偷看着她，夕阳的光辉在她的脸庞上映出温柔的光芒，乌黑的长发，有几缕正好垂在耳根。微风轻轻吹动，那发梢竟软软地拂到他的耳根，有着说不出的难受和幸福。

唉，她的眼睛为什么总是那样深情地凝视着自己，还有她的嘴唇，微微地翘起，泛动着温柔的光泽。不要再沉默了，仿佛树丛中那个精灵已经潜入了他的内心：眼前的她，是多么好的爱人，她的手就在你的身畔，她的呼吸就在你的耳边啊……

他叹了一口气，那一刻，激情犹如洪水一样，淹没了所有的羞涩，他张开双臂，女孩子也如温婉的羊羔一样，瞬间就融化在了他的怀抱里。

山林微风，落日斜阳，此刻，一切的一切，都成虚空。在那一瞬，阿旺嘉措心里忽然升起了一种类似于成就般的喜悦。这喜悦，宁静，深远，直入心的最底层。

苦修者耗尽几劫的时光，寻找的大抵也是这种感受吧？

阿旺嘉措想的没错。事实上，佛经中所谓的快乐圆满，真的就是一种类似爱情的感受。在这世间，没有什么情感能比情人之间碰撞的激情更能直入心髓。所不同的，后者的这种感受犹如流星，瞬间即逝。而成就者的快乐可以永恒，并无所不在。

女孩子的小脸贴着他的胸膛，好奇怪，闻不到普通男人身上像牦牛一样的腥膻，反倒有一种淡淡的檀香味道，她倚在他怀里，满足地叹气，“你真是我的福气，”她悠悠地说，“我修了多少世，积了多少功德，才会遇到你啊。”

阿旺嘉措微笑了一下：“你真的觉得，遇到我是你的福气么？”不知道为什么，刚说完这句话，他心里有一丝不安的悸动，一种类似于悲伤的感觉划过心头。但那太快了，就像呼吸一样转瞬即逝。

我默默地看着这对热恋的情人。穿越 300 年的时光，也能感受到那如火的爱恋。这一刻，抵死缠绵，仿佛要尝尽几世曾擦肩而过的遗憾。只是，这一见也并非永远，交汇之后，又要各奔茫茫前程。片刻欢愉，要付上一生的苦难与相思。

十 情人的容颜

默想的喇嘛面孔，很难来到心上，不想的情人容颜，心中却明明亮亮。（仓央嘉措诗歌）

时间不疾不徐，却始终没有停下脚步。从那天开始，阿旺嘉措发现，他的房间外面总有做好的食物被人送来。有的时候是煮好的奶茶，茶壶还是热乎乎的，还有的时候，是包好的包子。一打开房门，就闻到扑鼻的香味。

藏族人喜欢吃包子，好像已经形成一个传统。这种包子最初是和尚做的，所以也叫和尚包子。包子内有汤，包子皮为死面。和尚包子馅种类繁多、颇具特色。肉包子有牦牛肉馅，“素”包子有人参果馅、酥油糌粑馅、杂菌馅、蕨苔馅、元根馅……混合型包子：有猪肉蘑菇馅、猪肉木耳馅、猪肉白菜馅、猪肉韭菜馅。包子的形状千姿百态，樱桃嘴包子是较常见的一种，这种形状的包子不但容易制作，而且大方好看。尤其包子中心张着的圆圆小嘴，让人恨不得一口吃掉。

玛吉阿米的手非常巧，包出来的包子玲珑可爱，拿起来就像一朵花一样盛开在手掌心。阿旺嘉措真是不忍心把它吃掉，但是，一想到这是玛吉阿米辛苦做出来让他品尝的，就狠狠心，小心地在包子皮上咬出一个小洞，然后噘起嘴，将里面的“汤”啜饮完，再一口口把包子吃掉。

美味的包子啊，出自甜美的姑娘的手，他真不知道，自己是被包子迷住了，还是被包包子的人呢？看来，只要陷入爱河的女人，都非常明白一个道理，抓住一个男人的心，就要首先抓住他的胃。在这方面，阿旺嘉措是彻底地被玛吉阿米征服了。

转经的时候，阿旺嘉措总是看到她在不远不近的地方，冲着自己微笑。

“是你么？送来那么多食物？”他用眼睛询问。

“哦，当然，喜欢么？”她也用眼睛回答。

不知情的人只看到，两个少年在人群中傻傻地笑，彼此对望，眼里充满了幸福。

快乐的日子似乎一转眼就过去了好多天。有一天，阿旺嘉措忽然发现，他转经的时候没有看到玛吉阿米。不管他绕着转经场怎么走，就是不见她的身影。或许她正好有事情，阿旺嘉措这样安慰自己。但是，他的心还是说不出的慌乱，那一天，一直等到天完全黑了，他才带着怅然一步三回头地离开了这里。

折磨人的痛苦似乎没完没了，两天，三天，他依然找不到她。他的心真的开始慌乱了。每天天一亮，阿旺嘉措就盼着赶紧天黑，天刚刚暗下，他就马上赶到转经场，可是，还是没有玛吉阿米。

不过，这一次他看到了央吉。小家伙漫不经心地坐在路边，似乎也没有精神乞讨了。

他赶忙跑过去，塞给央吉一把零钱：“你姐姐怎么不来转经了？”

央吉也皱着眉：“我不是她弟弟，我哪有那么好福气，有这样一个好姐姐？”

阿旺嘉措很诧异：“那么你是？”

央吉做了个鬼脸：“我就是个小乞儿，姐姐是个好人，总给我饭吃。不过，我听人说，她阿爸要把她嫁掉。”

仿佛有一个炸雷，在阿旺嘉措的头顶一下子炸开，把他的心思都炸乱了，他不知道，自己的脸色也一下子变得惨白：“什么？她要嫁人？她不能啊！”

“为什么不能呢？”央吉看着他，样子好诧异，“女人不都是要嫁人的么？我姐姐这么好看，喜欢她的男人多着呢……”小家伙显然是玛吉阿米的忠实拥趸，但很遗憾，阿旺嘉措没法迎合他的赞美。没等央吉说完话，他就已经转身离去了。

黄昏，落日隐在了雪山背后，满天灿烂的云霞仿佛是天界在放焰火。转经的人们，几百年来，都这样沿着顺时针方向慢慢地行走，他们用右手推动着沉重的经轮，嘴里在喃喃地念诵着六字真言的咒语。

一个年轻的僧人也在队伍中慢慢地行走，可是，他却走了逆时针的方向，他走得那样茫然，以至于时不时就要撞到其他人的身上。人们忍不住奇怪地看着他，有人几乎要发火，但是看到他的脸也终于忍住，啊，这个少年人啊，他的眼里竟然全是泪水！阿旺嘉措看不到这些，无论是奇怪的，还是疑惑的眼神，他都浑然不觉。我爱的人，当我刚松开手，就如空气一样，消失不见啦。

我和市上邂逅的姑娘
虽立下海誓山盟
却像花蛇盘的结儿
没碰它就自动开啦

十一 金刚舞

在看得见你的地方，我的眼睛和你在一起。在看不见你的地方，我的心和你在一起。（西藏民歌）

当我来到巴桑寺的时候，正是藏历 3 月，这里将举行盛大的护法金刚舞法会。据说，这个传统沿袭了几百年。

每当这个节日到来，远近的村民都会相约而来，挤满了这个不大不小的镇子。时至今日，不仅是藏族人，连汉族人都对这些大大小小的金刚舞法会充满了兴趣。如果你有幸正好赶上一个寺院的法会，你会发现，停在空地上的，大多是内地的车。

金刚舞，是藏传佛教在大型法会及特殊节庆之时，用歌舞的方式表达佛菩萨神变幻化度众生的方式。金刚舞可分为上师舞、本尊舞、空行舞、护法舞等等。

举行法会的那一天，天气格外的晴朗，碧蓝的天空飘浮着大块云朵，恰好遮住了炫目的日光。红色的寺院，光耀的金顶，被远处的雪山环抱其中，仿佛风景绝佳的世外桃源。兴奋的村民像过节一样，早早就围拢在寺院空场的周围。在这里，喇嘛将献上他们精心准备了多日的金刚护法舞。

一阵急促的鼓点声拉开了演出的序幕，之后是喇嘛诵经的低沉的声音，似乎由远处悠悠而来。身着色彩艳丽服装的金刚舞者一一登场，之前，他们的舞步非常欢快，有点类似锅庄的舞蹈。之后，乐曲声忽然低沉，一下子把观者的心从明媚的春天带到了一个鬼魅的世界。在之前，我从没有看过金刚舞，但是，我的心却异常敏感地感觉到，之后的金刚舞将带着我走进一个不同的世界。

300多年前，阿旺嘉措也曾经是一名金刚舞者，事实上，学会金刚舞也是喇嘛的基本技能之一。金刚舞既称为“舞”，就需要有舞蹈的基本要求，比如美感以及平衡感，此外，金刚舞的要求非常严格，一招一式不能做丝毫改变，因为，每一个手势都代表不同的含义。当我们在观看金刚舞最重要的一段，护法金刚舞的时候，会觉得，为什么舞者的步伐忽然缓慢，一举一动，一姿一势，都仿佛逆着时间缓缓回来。如果你看不懂，你甚至会打哈欠。但是，恰恰是在这不经意间，你失去了金刚舞教给你的最高的领悟。那手势的变换，甚至都表达了舞者对空性的感悟和理解。

那一年，巴桑寺也正在筹备一场盛大的金刚舞法会。阿旺嘉措被选做护法舞的主要舞者。在临上场的时候，他还是在发呆，与玛吉阿米已经有两个多月没有见面了。从最初的心痛、心伤到现在的心死。年轻的恋人被折磨得形销骨立。此刻，他正对着他的面具发呆。这是一副真正的头盖骨面具，应该是一位高僧圆寂后留下来的，它比普通人的头骨要大得多，即使已经保留了几百年，依然有一股浓得让人几乎呕吐的臭味。

使用人骨作为法器是藏传佛教中密宗的习惯。但这并非危言耸听，也并不是一个丑陋恐怖的恶习。首先，不是所有人的骨头都可以作为佛教中的法器的，一般来说，只有修行人自己发愿，死后愿把骨头赠送作为修行之物。还有喇嘛愿把头盖骨奉献出来，作为供养如来菩萨的器皿。

使用人骨法器，是一种真正空性的理解。是为了让真正发心修行的人常常忆记生死无常，我们爱得慎之又慎的肉体，到最后也不过是这般丑陋冰冷的骨骼，常常这般习念，会让修行者渐渐悟到生死无常的深刻含义，并努力于佛法修持。当然，不是摸到了人骨法器，立刻就会增长慧根，如果你不能理解它的真正含义，再神圣的法器，也不过是一个死物。

那一刻，阿旺嘉措就在对着这个人骨面具发愁。终于，他憋足了一口气，毅然将这个几百年恶臭不散的面具戴到了脸上。

在戴上的那一瞬间，他有点眩晕的感觉，他没料到，这个头盖骨竟然这般沉重，头盖骨紧紧地吸附在他的脸上，似乎是多年前的那个修行者的灵魂转瞬间移到了他的身上。有人帮助他把跳舞的衣服一件又一件地套在身上。跳金刚舞的服装异常繁琐且沉重，必须有人帮忙，才不至于手忙脚乱。

当一切行装打点完毕的时候，阿旺嘉措的心里有一种奇异的感觉，万物为空，在这一瞬间，似乎，这沉重的头盖骨面具以及繁琐的衣物不再是他的负担了，在沉缓的乐曲声中，他扬起手臂，抬起脚，随着音乐缓缓起舞，一切都是那么轻灵，仿佛神助一样，他跳得像一只鸟儿那么轻盈。

金刚舞究竟意为何物呢？以护法舞为例，观者们可以看到戴着各种狰狞面具的舞者踩着沉重的舞步缓缓而行。据说，这些恐怖的形象并非魔，而是佛菩萨的忿怒相。而佛菩萨幻化成如此形象，一为摧魔，二为敲醒世人的无明之心。而且，当我们步入死亡之途时，我们也会在中阴时刻看到这些形象，他们不是魔，而是接引我们的护法。金刚舞的目的就是要观者熟悉他们的形象，一旦他日相见，不至于仓皇而逃，失去解脱的机会。

我没能有机会穿越300年的时光，亲眼去看一看那场由阿旺嘉措亲自演绎的金刚舞。但是，我能够知道，在他起舞的那一刻，除了幽缓的鼓点声，周围一定非常的安静，所有的人都把目光集中在了他的身上。直至多年以后，还有老人在喃喃自语，这是怎样的福德与缘分啊，他们亲眼看到了六世达赖喇嘛的金刚舞，即使他们没有在那一刻彻悟，至少，这一天的记忆也会让他们一生感到幸运与感恩。但是，忧伤的少年哦，即使接受了所有人敬仰的目光，你依然感到孤单，那么多男男女女，老老少少，美丽的脸，布满风霜的脸，明亮的眼，沧桑的眼，唯独没有她的身影，她的温柔的双眼，月亮般的脸庞。直到你再一次转身的那刻。

真的，你看到她了，你终于看到她了。在一群美丽的少女中间，她正痴痴地看着你舞动的身影，她的整个心神都被你的舞姿吸引住了。你顿时惊呆了，她是什么时候出现的？难道是上天赐给你的礼物，还是一个幻觉？面具里，你的眼睛睁得大大的，你再也不想把眼睛从她的脸上移开。你生怕，当你刚一转开眼神，她又会消失不见。

但是，为什么，当你的眼神凝在她脸上的时候，你惊讶地发现，她的眼睛似乎也泪光点点，泪水几乎濡湿了脸庞。难道，她也在感慨相思的折磨？

太阳走到了群山之后，一天的金刚舞表演终于结束了。阿旺嘉措迫不及待地走到后台，不等人帮忙，自己匆匆地卸下面具和衣裳，手忙脚乱地跑出房门。

但是，他失望了。寺院前的空场上已经安静下来了，观看了一天金刚舞的信众们已经都离开了，他们中还有很多人将踏上遥远的路程，回到自己的家乡。事实上，他们为了这次法会，已经走了很远的路。

阿旺嘉措忽然热泪盈眶，他不知道，为什么再一次与心爱的姑娘失之交臂。自从离开母亲，第一次，他感到了无可言状的心伤。

他跌跌撞撞地走向后山，想再一次找到他曾初遇姑娘的地方。天色晚了，山风有一点点凉。此刻，他才感到了疲倦，他坐在石头上，一切正如那一天一样。

可是，山上山下空无一人，他绝望地躺下来，把身体平摊在石头上，夕阳依然有些刺眼，抑或他的泪水已经让眼睛变得太脆弱？他闭上眼，让心变得空灵，一刹那间，所有他祈请的空行母都来到了他身边，他默默地持咒，只有一个要求，再见到玛吉阿米，他用心在乞求。

四下静寂无声。不知道这些护法神们是否听到了他的祈愿，当他再次睁开眼，他真的看到，一个女孩子走过来，夕阳在她身后环住了一个巨大的光圈，看起来，她就像度母一样灿烂耀眼。

阿旺嘉措看着她，心怦怦直跳，这会是他的玛吉阿米么？

她越走越近了，他看到了她的脸，温柔的眼睛，月亮般美丽的脸庞。

阿旺嘉措轻轻地叹息了一声，这是发自心底的叹息，随着这一声叹息，两个月积压的相思与苦闷也化作轻烟离去了，他站起来，一下子把爱人拥入怀抱。忘了该说什么，他只是紧紧地抱住怀里的姑娘，生怕她再跟以前一样，像鸟儿一样翩然离去。

玛吉阿米也看着他，明明是在微笑，可她的眼里却闪着泪光。

心中爱慕的人儿，
若能白头偕老，
就像大海深处，
捞来奇珍异宝。

甜蜜的情人啊，小心的情人啊，请尽情地相爱吧，这山，这石，这落日，这飞鸟，它们都深谙一切秘密，但是，它们情愿永远地沉默下去。

我和情人幽会，
在南谷的密林深处。
没有一人知晓，
除了巧嘴的鹦鹉，
饶舌的鹦鹉啊，
可别向外面泄露！

露着皓齿儿微笑，
把少年魂灵勾去了，
是不是真心爱慕？
请发个誓儿才好！

哦，不要说出的誓言，那样太苍白了，就把我的心给你，让你知道，它有多么爱你。

十二　除非死别

心爱的姑娘啊，你若离开我修法去，少年我也一定，跟你去到山里。（仓央嘉措诗歌）

天越来越黑了。藏区的夜晚就是这样，只要一天黑，就仿佛有人把太阳绑架了一样，整个地区，一点光也看不到，是真正的伸手不见五指。阿旺嘉措也不得不接受这一事实：如果太晚了，玛吉阿米自己回去是很危险的。

两人恋恋不舍地一步一步向山下走来，一路都默默无语，玛吉阿米忽然问："听说寺院周围的无头鬼很多，是么？"阿旺嘉措严肃地点点头："是的。"女孩子顿时脸色发白："为什么呢？不是说寺院的护法神很多么？为什么还有鬼怪敢来呢？"阿旺嘉措微笑道："这不奇怪啊，自古以来，正和邪都是相生相克的。有正义存在的地方，邪恶也越昌盛。何况，很多鬼怪不见得是来闹事，他们身在中阴或者幽灵鬼界，非常可怜，也希望早日解脱，而寺院恰是高僧最多的地方，当然也是他们来往最频繁的地方。"

玛吉阿米越听头越乱："那么说，你遇到过？"

阿旺嘉措握住她的手，此刻已经汗津津了，他不禁升起一丝保护她的骄傲："我没有，因为，人鬼殊途，一般来说，我们即使在一个空间，也是不同层面，它看不到我们，我们也看不到它，如果我们能够看到它，只能说明两种情况，第一，我已经修通天眼，能看到地狱鬼界；第二，我的福德太薄，鬼神也能犯之。这是大忌。"

玛吉阿米崇拜地看着他："你好厉害，懂得真多。"

阿旺嘉措的脸红了，虽然从学习以来，就有人不断地夸他聪明，博学，但是，还没有哪句话能如此打动他的心。他一下子转过身，握住了玛吉阿米的手，却听到恋人惊恐地大叫了起来。阿旺嘉措紧张地回头，他看到身后一个黑影子一下子蹿了出来。

都说这世上的恋人不管多相爱，总会有一个不自觉的电灯泡忽然出现。显然，央吉就是那个非常让人无语的电灯泡。他的忽然出现，不仅吓坏了玛吉阿米，更让阿旺嘉措鼓起的勇气一下子烟消云散。哎呀呀，一秒钟之前，他本来是想吻一吻心爱的姑娘的。

可是，央吉却是振振有词："姐姐呀，这个世上还有比我更体贴的弟弟么？我知道你会很晚下来，我是专程当你的保镖的。"

玛吉阿米的脸霎时红了，她看了阿旺嘉措一眼，显然，她也有很多话想再对他说，可是，当着这个小灯泡的面，她满腔的话语也只能化成一声叹息。最后，只有轻轻抽出自己的手，头也不回地下山去了。

阿旺嘉措怅惘地看着她的背影，直到他们的身影已经完全消失在夜幕里，才一步步地踱回寺院。

不消说，这一夜，他又失眠了。只是，这时的失眠是幸福的失眠。偏偏窗外月光如水，一股脑地穿过窗格，洒在地上，将屋内照得透亮，真真是无法入睡了。

他索性起身，捻亮酥油灯，走下木头楼梯，打开康参的木门。夜幕沉沉，山野的冷风呼啸而过。他在思念着恋人，还有一丝不安：她走得那么晚，此刻可是安全回家了？

他忽然很后悔，为什么没有把自己的护身符送给姑娘。这是离家时母亲送给他的马头明王护身符，他一直带在身上没舍得离开。

马头明王是被密宗视为观世音化现的愤怒像，故又称"马头观音"，据说是观音为啖食一切众生无明业障、摧破诸恐怖而化现之形，图案是一个面目狰狞，通身赤红的护法形象。他的最大特征是头顶有一个马头标志，所以叫马头明王。主要为宁玛派供养。如今，在拉萨的色拉寺，马头明王是最有名的护法，有求必应，信众不断。而阿旺嘉措的父母都是宁玛派的虔诚教徒，这个护身符也是他们留给儿子唯一的纪念。

玛吉阿米啊，我心爱的姑娘，你是我生命中的第一份爱情，你美丽的脸庞勾起了我的灵感，我对爱情的渴望。阿旺嘉措把手伸向夜空，虔诚地祈祷：愿心爱的姑娘能够平安，快乐。

也许从那一天开始，爱情给了阿旺嘉措无数的灵感。从那时候起，他发现自己爱写诗了。见到玛吉阿米时，他这样说：

不见她
却满怀惆怅
相逢已无言
只在梦里彼此缠绵

分开不到片刻，思念就涨满了脑海，只有诗，才能舒缓她不在身边的怅然。

默想的喇嘛面孔
很难来到心上
不想的情人容颜
心中却明明亮亮
想她想得放不下
如果这样去修法
在今生此世
就会成个佛啦

多么美好的时光啊，如白驹过隙，和她度过的每一分每一秒都美得让人心悸。转经场，寺院后山，柳树林，到处都有两人相爱的足迹。

柳树爱上了小鸟
小鸟爱上了柳树

只要两两用心

鹞鹰无隙可入

相爱的人们，都恨在一起的时间为什么总是那么少？其实，佛经中就有过这样的说法，在人，天，地狱三个轮回道中，天的时间过得最快，人道不快不慢，而地狱的时间最为漫长。天道一天等于人道一年，而人道一年几乎等于地狱500年。不相信么？从我们平时的感觉来看，如果你是快乐的，时间也像长了翅膀一样，过得飞快。相反，如果你觉得难受，那句话是如何说的？度日如年。情人之间的日子就如同天道，一天就如一小时。

两人在尽情地享受着爱情的甜蜜，不知怎的，阿旺嘉措心里隐隐有一丝不安，这是让人又爱又恨的爱情么？为什么我们的情感都是甜蜜？佛陀早就告诉世人，快乐如此短暂，痛苦如影随形。可是，为什么我的经历恰恰相反？难道，佛陀说错了？

唉，相爱的人哪，永远不会把眼光看得远一点。当他理智的时候，说明他根本不爱了，当他在爱的时候，又如何能看清眼前的一切呢？

我看着他们，尽管时隔三百年，我在用心看着他们，他们幸福的相聚，依依的别离。他们的一颦一笑，每一寸相思，每一缕思念，都如此清晰地在我眼前。而这一切，每一对曾倾心相爱的人们，都可以看见……

问问倾心爱慕的人儿：

愿否作亲密的伴侣？

答道：除非死别，

活着永不分离！

爱着的人哪，为什么都要发这样的重誓，除非死别，活着永不分离？有几人把这誓言进行到底？似乎噩梦一样，当这样的誓言发下，老天就要惩罚恋人，不要死别，生生就要别离……

十三 中阴之殇

有些人永远不能再相见，马儿也追不回的时间，只有那一轮天边清冷的月，是我用一生想念妈妈的脸。（蒙古歌曲《思念母亲》）

恋爱会让人忘记很多事情。在与玛吉阿米相恋的日子里，阿旺嘉措几乎忘记了，在家乡，还有一个日夜思念着他的阿妈。然而，就在最近几天，每天晚上，他都要从梦中惊醒，仿佛有一个巨大的石头压住了他的胸口，让他喘不过气来。终于，在第三个夜晚，他不睡觉了，而是默默地打坐沉思。他要找出隐藏在心中最深处的那个“我”，也就是我们所说的直觉与灵感。

按照佛经的理论，在很久远之前的时光，任何一个人，都具有周身光芒以及各种神通。那时的人类，心是通彻的，所以，能看透一切事物。可惜，随着贪心欲望的增加，我们的心渐渐蒙上了厚厚的尘埃，结果，一直演进到现在的样子，我们的眼睛看不清这个世界了，更听不到来自内心的呼声，我们被欲望与贪嗔痴各种无明完全地操纵了。

而修行的过程，就像是用一块干净的布，一点点地擦掉这灰尘，让我们的心回到原来的本初状态。也就是真实的，原来的自己。

所以，修行到一定程度的人，会有各种神通出现，能看到自己的前世以及来世，预言未发生的事实。这一切，并不奇怪，因为，这本来就是人类的功能。只不过，在累世的轮回里，我们失去它了。

仓央嘉措就在沉思中打坐，多年的修行，他可以让自己的心从纷杂的状态归回平静。当心渐渐沉淀，一直困扰他的痛苦也渐渐清晰。在脑海里，他看到了家乡门隅，看到了村口那棵老树，还有自己家的房子。他的思绪在屋子里外到处寻找，我的阿妈呢？她在哪里？

没有，哪里都没有她的身影，就在他的思绪已经不能平静，渐渐进入慌乱的时候，门被推开了。他的师傅，那位老经师走进来了。他看着禅定中的阿旺嘉措，不说话。

阿旺嘉措也慢慢地从禅定中走出来，他看着眼前的老经师，忽然满眼泪水，他已经明白了他的来意。

他的阿妈去世了。

尽管自己已经预测到这一点，阿旺嘉措还是摇晃了一下，他低下头，用手捂住嘴，一口鲜血一下子奔涌了出来。

寺院里很快知道了消息，好几个相熟的老经师都过来了，而阿旺嘉措谁也不想见，更不想说话。玛吉阿米也来了，阿旺嘉措知道她来了，但是，她始终没有露面。那是个善解人意的姑娘，她理解阿旺嘉措的心，知道他的痛苦和烦恼，她就像一只懂事的羊羔一样，一声不响地躲在他身后，默默地观察着他的脸色，只要他有一个眼神的示意，她就会马上走出来，完成他的心愿。

阿旺嘉措完全明白她的心意，他感激，却无力回报。此刻，他脑子里只有一个念头，最亲爱的阿妈，世界上唯一的阿妈，她去了。连自己最后一面都没有看见，她该是带着多大的遗憾啊，阿旺嘉措不能多想，更不敢多想。每想一次，思念和愧疚就像一把尖刀，在他的心里打转。

深谷里堆积的白雪，
是巍峨的高山的装扮，
莫融化啊，请你再留三年。

深谷里美丽的鲜花，
是秀美的深谷的装扮，
莫凋谢啊，请你再盛开三年。

家乡俊美的少年，

是阿妈心中的温暖，

莫离开啊，希望长聚不散！

太阳升了又落，月亮隐了又现。整整七天，阿旺嘉措没有出自己的房门，他在为自己的母亲诵经。作为母亲唯一的儿子，他没能在母亲临终时守在近旁，也一定要尽自己的全力，为母亲超度，希望她来世摆脱轮回。

莲花生大士曾在《度亡经》中提到，六道中众生死去的时候，都会通过一个叫“中阴”的世界，这个阶段短则瞬间，长则七七四十九天。处在这个阶段的生命就是我们所说的灵魂，没有实体，只有意识。这个意识比活着的时候聪明9倍且异常清晰。它在脱离了沉重的且已死去的肉体后到处漂流。当然，所经之处都是活着的时候，曾流转的地方。速度之快，就像我们的记忆，如风滑过一样。

阿旺嘉措知道，他母亲的灵魂一定已经离开了家乡，早就随着他来到了错那宗，说不定，此刻就围坐在他身边，用依依不舍的爱温柔地抚摸着他。

只是，只是这爱再强烈，再深重，他也无法感到半分了。他泪流满面，向空中伸出手臂，仿佛这样就可以把母亲拥在怀里，可是不行，他能拥住的，只是自己的肩膀。

窗外的风似乎也猛烈起来了，木头被撞击得咯咯作响。这一刻，阿旺嘉措忽然清醒了：不能啊，我不能哭泣。他一次又一次地在心里告诉自己，母亲的灵魂还在我周围游荡，她比我还焦急心伤，我如果哭泣，我如果不舍，那么，她的灵魂一定舍不得离去。带着痛苦焦灼的灵魂，是无法获得解脱的。如果那样的话，我的超度经文也白念诵了，我这不是在想念母亲，我是在害母亲啊！想及此处，阿旺嘉措狠狠地咬住自己的嘴唇，把不断汹涌而出的泪水生生地抑在眼窝里，不再流出半分。

在藏区，当一个人死去的时候，亲人尽管难过，但绝不会嚎啕大哭，再多的悲伤，他们也要止住。因为他们知道，死人的灵魂并没走远，由于对生的眷恋，对亲人的眷恋，在很长一段时间，灵魂都会在原来的家里不断地游荡，从一个房间到另一个房间。如果他知道亲人在悲伤哭泣，同样地舍不得他，那时的灵魂会痛苦地捶胸顿足，可惜，他不知道自己已经没有身体，他所有的愤怒与气愤，连扬起一阵微风的力量都没有了。那个时候，灵魂的悲伤与失望达到了极点。但是，他依然无可奈何。他只能不甘心地在这里游荡再游荡，直到业力最后把他带往不同的地方。

那时候，才真的是人在中阴，身不由己啊。

所以，在藏区，不管多么亲密的人死去了，他们的亲戚家人也不会哭泣，至多只是无声地流泪。口中还会喃喃地说道："你放心地去吧，什么都不要担心，家里，身边的一切人都好，都会照顾自己，你好好地走你眼前的路，不要有任何负担，快些转世投胎吧。"至此，恋恋不舍的灵魂才会打起精神，像风一样，继续走前面的艰难之路。

西藏人对于死亡的冷静和从容到现在也让世人感慨。在他们的概念里，生死都不过是一个过程。生不是一件多么愉快的事，因为，生者出生那一天起，就离死亡近了一步。死亡也一样，死不是永恒的，因为它必将被另一种生所代替。所有的这些思维都来源于他们所信奉的佛教。一千两百多年前，被称为"第二佛陀"的莲花生大士亲手写下的《度亡经》，就像一部死亡指南一样，详细地向人们描述了当我们的身体濒入死亡会遇到的各种情形。不仅如此，根据这种理论，无论是高僧讲法，还是寺院的金刚舞表演，都一次又一次地向人们渗透这种思维、概念。

有人说过，宗教的产生起源于人们对于死亡的恐惧。显然，藏传佛教在这一方面是成功的。由于对它的坚信与执着，信徒们已经渐渐做到把死亡视若等闲。

今天，当我也翻起这本关于生死的西藏密宗经典著作，不禁十分感慨。当然，那些大成就者已经为众生打开了生与死之间的神秘之门，然而，作为俗人的我们，却无法一一履行。只要一想到逝去最亲近的人，就无法止住来自内心的酸楚。

我的活佛啊，我相信，那一刻，即使你的眼泪虽然止住了，却依然止不住心伤。

天色已经渐渐亮起来了，阿旺嘉措的眼泪慢慢停止，思路也渐渐清晰，这一大段度亡经，也快念诵完毕了。忽然，他注意到佛像前的酥油灯忽明忽暗，他快步走过去，舀了一大勺酥油，小心地添在灯芯附近，这四十九天里，他将为母亲一直点燃这只酥油灯，让这份光明陪伴母亲走过茫茫的中阴之路。

十四　命运之手的拨弄

你的心如明月，千万朵乌云也污染不了；我的心似哈达，千万次洗涤也褪不了色。（西藏民歌）

第七天，当天光彻底放亮的时候，阿旺嘉措揉揉还在红肿的眼睛，终于决定出门了。他刚打开房门，就被吓了一跳，一个人居然骨碌到了他的脚下，他差点叫出来，那人却身手麻利地站起来，上下看着他，表情非常不满意。

哦，还是央吉。

阿旺嘉措很奇怪：“你这是待了多久啊，不会是一夜吧？”

央吉似乎有一肚子的气要发，但是，却忍住了，只是咕哝着：“岂止是一夜，我已经待了三天了。不过，”他撇撇嘴，“我是为了姐姐，我实在受不了她没日没夜地在门外等你，只好替她了，我答应她，只要你出门，马上去告诉她。”

阿旺嘉措惊讶地张大嘴巴：“你是说，之前，她一直在门外等我？”

央吉皱着眉：“你还不信哪？”

阿旺嘉措一阵眩晕，七天七夜的念经，让他的体力早就透支了，乍一听这个消息，又惊又痛，几乎站立不稳。央吉赶紧扶住他：“你先歇着，我找我姐姐去。”说罢，一溜烟就要走，刚走了两步又转回来：“不用去了，她来了。”

阿旺嘉措抬起头，可不就是她么！正急急地朝自己的方向走过来，乌黑的头发虽然也梳了辫子，却异常的凌乱，脸色苍白，眼圈却红红的，仿佛刚刚哭过。她走到近前才发现，阿旺嘉措的门已经打开了，而他本人就站在门口，她不禁惊叫了一声。两人相顾无言，都只默默地流泪。不知怎的，她竟伸手轻轻地抚住阿旺嘉措的脸，只说了一句："怎么瘦成这个样子，"话音未落，眼泪又簌簌地掉下来了。

阿旺嘉措的脸有些红了，因为央吉还站在他们身边。然而，他却不想让玛吉阿米把手拿回去。她的抚摸是那样的柔软温和。记忆中，仿佛只有他的阿妈曾这样抚摸过他。

他看着眼前的玛吉阿米，她的脸色苍白得可怕，眼睛又红又肿，她是真的在心疼着他啊。他忽然明白，在过去的几天里，他不仅折磨了自己，更折磨了深爱着他的人。

当阿旺嘉措，不，应该说，多年之后的仓央嘉措每当回忆起这个爱人，都有无限的感慨。尽管那时，他们早已天各一方。他在漠北，她已另为人妇。然而，每当想起她曾经给过的爱情，都有无限的温暖，这是一个多么好的女孩子啊，在她的意识中，没有自己，或者说，自己只是占了太小的一部分。在这世间，我们可能会遇到许多说爱的人。但是，有几人能真正把你的幸福，你的痛苦置于他们的感受之上呢？当爱着的人，不止贪恋情爱的瞬间，而是把你所有的心事置于自己的感情之上，因你的快乐而快乐，因你的痛苦而忧伤。换言之，这爱已经成了一种供养，供养给爱人最珍贵的礼物。

这也让我想起了我曾经的一位爱人。他从不会与你吵架，更不会对你抱怨。他不是没有自尊，不懂得爱惜自己。只是因为他更了解爱的含义，他这样说，如果我们爱一个人，为什么还不能把她的快乐，她的需要置于自己之上呢？在这个时候，我们想的还是自己，那我们还有什么权力说，我们是爱着对方呢？

那曾是一段圆满的爱情，因为得到的如此之多，我都发觉自己变了，变得快乐，善良，大度。那时候，我才真的明白，真正的爱，是可以拯救一个人的。

或许，就是在那个时候，阿旺嘉措的心里忽然升起一个念头，应该把这个女孩子娶到身边，她终究要嫁人，那么，为什么不能嫁给自己呢？这个想法一下子让他兴奋起来。

央吉在远处看着他们，他们一会默默无语，一会又悄悄说了什么，之后，他看到姐姐惊叫一声，脸忽然变得绯红，就像喝醉了酒一样。

“他们在说什么？”央吉暗暗自忖，却见姐姐已经笑着走过来了，眼睛亮亮地看着他，似乎想说话，却说不出来。但掩饰不住的笑意却如心事一样，全部写在了她的脸上。

“央吉啊，”她的声音也像喝多了酒一样颤抖，“我们应该先回去了。然后告诉阿爸，多准备些好吃的。”

央吉奇怪地看着她：“为什么啊？”

玛吉阿米的脸更红了，笑意更深了：“一会，他要来我们家，向阿爸提亲。”

央吉瞪大了眼睛。

直到玛吉阿米和央吉都走远了，阿旺嘉措才回到自己的房间，屋子里仍缭绕着藏香的余味，酥油灯忽明忽暗，该添酥油了。他急忙起身，用木勺舀来一大勺酥油，小心地在灯芯四周添足，看着油灯再次放亮，他才放心地重新回到了床上。

燃酥油灯是藏族人特有的传统。酥油的做法非常复杂，首先，要把新鲜的牛奶烧开，冷却后，取最上层的那层奶皮子，然后，把这些奶皮子积攒着一起。之后像打酸奶一样，不停地搅拌摇晃，最后出来的油状的东西，才是酥油。一般来说，100 斤的牛奶才能打出 3 斤的酥油，所以，酥油价格并不便宜。

而对于藏族人来说，信仰是他们生命的全部，这点花费又算得了什么呢？况且佛经中说，点酥油灯可以让人懂明善与非善之法，排除障视和愚昧之黑暗，获得智慧之心。所以，他们就慷慨地把本来是珍贵食物的酥油供奉给了佛祖，以表达自己的虔诚之心。此外，如果家中有亲人过世，也要在七七四十九天内都长明一盏酥油灯，这灯光虽然幽暗，却足以让亡者不再惧怕中阴路上的黑暗。

阿旺嘉措躺在床上，闭上了眼睛，脑子里却没有丝毫的睡意。如果你在他身边，贴着他的胸膛，一定可以听见他那如鼓一样的心跳。说实话，娶玛吉阿米，他不是不犹豫的。记得父亲在世的时候，是一位博学的密宗僧人。而他，也是在四十多岁才娶了母亲。

父亲常说，在这个世上，如果不精通佛法经典，那么，和畜生无异。所以，学习是非常必要的。现在的自己，太年轻了，如果成亲了，一定就会被世俗的生活牵绊住，妻子，孩子，贫困的生活，一圈又一圈的生活枷锁会把自己牢牢套住，再也没有翻身的机会。

如果再让他学习二十年，等他掌握了各种知识，那么，再进入俗世，和玛吉阿米生活在一起，也就没有什么遗憾了。至少，在这一辈子，他该学习的东西都装进脑子里了。那时候，他可以像父亲一样，安心地与母亲成亲，生孩子，种地，过着虽然艰苦但是却快乐的日子。

唉，我为什么不像父亲那样，四十多岁的时候才遇到自己的爱人呢？想到这里，他打了个冷战，四十多岁？也就是说，还要等三十年？阿旺嘉措，你能受得了么？他赶紧对着自己摇摇头，不行不行，我不要在那么久以后才遇到我的玛吉阿米。可是……他叹了口气，我也不可能让我的爱人再等我二十年，那个时候，她可能都已经与别人成亲，有三个孩子了，是绝不会再到我的身边的。就算是她想等我，她的家人也绝不会允许，一个孤单的女人在这里是没法生活下去的。不能再犹豫了，而且，我已经答应她了，等今天过后，明天早晨，我就去她家里提亲。想到这里，阿旺嘉措的心也轻松起来，他打了个哈欠，渐渐地进入了梦乡。

阿旺嘉措啊，我在不远不近的地方看着你，看着你思念母亲而憔悴的面容，看着嘴角泛起的一丝微笑，我猜，你一定在梦里也看到了心爱的姑娘。所以，你才会笑得那样会心。我多想你一直停留在梦里，在那里，你可以和心爱的人躺在美丽的草原上，那里满是五颜六色的花朵，当然，最美丽的永远是你身边的这朵。你们随意地聊天，望着碧蓝的天，远处，是晶莹的雪山，洁白的羊群。在梦里，没有忧愁，没有痛苦，只有无尽的欢乐。

也许是太累了，也许是梦境太美了，阿旺嘉措一直到日薄西山也没有起身，一直到他听到了一阵轻微的敲门声。一开始，他以为是幻觉，所以，还是躺在床上一动不动，没想到，敲门声依旧在继续，虽然低沉，却一直不断。

他挣扎着起身，打开门，当木门咯吱吱被打开的那一瞬，他惊呆了。

阿旺嘉措看着眼前的这些人，惊得目瞪口呆。有些人他认识，比如寺院里的堪布，铁棒喇嘛，还有他的老经师。还有两位，是他从来也没见过的。不过，他们都穿着象征高贵身份的黄色僧衣，一看就是不同寻常的人物。只是，他们都到自己家里来干吗呢？

更让他惊奇的是，看到他打开门，那个穿黄色僧衣的陌生人一个箭步走到前面，询问身边的堪布："可是他么？"

堪布低声叫来老经师，老经师低头快步走过来，肯定地点点头，又悄悄退下了。

看到这一情形，人群骚动起来，很多人都激动地向前迈进了一步，却被黄衣僧人制止了。

他抬起一只手，只打了个手势，后面的人就悄悄地后退了几大步。

他看着阿旺嘉措，眼睛像鹰一样，上上下下地打量着他，特别是他的脸庞。过了一会，他露出微笑，低声说了一句："真的是他的眼睛，他的神情啊！"看到阿旺嘉措惶惑的眼神，他不禁微笑起来："阿旺嘉措，你，还记得我是谁么？"

阿旺嘉措看着他，老僧人的眼睛像磁石一样，紧紧地吸住了他，让他没法分神。阿旺嘉措垂下眼帘，回忆如飞花一样，在思想的大脑里一片片掠过。当四岁那年的记忆轻轻飘来的时候，一下子被思想牢牢抓住，他知道他是谁了。

看到阿旺嘉措抬起眼帘，而且，眼神异常清晰地看着自己时，黄衣僧人非常满意，他回头示意了一下所有的人，顿时，大家都缓缓地弯下腰，把双手合十放在额头："达赖喇嘛。"

这一声音低沉但无比清晰，然而对于阿旺嘉措来讲，却像一声炸雷在头顶爆炸。尽管他想起了幼时的那段记忆，但是，并不能十分确定这个事实。当这一声音在他耳边响起的时候，他当时就被惊得手足冰凉。

达赖喇嘛，格鲁派的最高法王。然而，他不是还在布达拉宫么？从没听说过尊敬的五世达赖已经圆寂的消息啊。那么，这些大人物怎么会这样称呼他，一个小小根本不起眼的扎巴呢？难道他们搞错了？不可能，一个人弄错了有可能，不可能这一群人都搞错了。

难道说，五世达赖已经圆寂，而他，是转世的活佛？

十五　转世活佛

如果上师是你的依怙，你将到达任何你想要到达之处，听瑞的人们啊，对上师生起虔敬心，作为踏上道途的盘缠。（《修行百颂》）

说到这里，不能不谈一谈西藏的活佛转世。时至今日，我们也常常听到有人说起活佛这个名称。在内地，这是一个让人敬畏的名称，活佛，活的佛祖？

其实，这个单词是内地人的翻译，并不准确。在藏区，他们一般被称为：仁波切，或者喇嘛，意思是珍宝。的确，对于一个寺院来说，有一位具德具才的仁波切，那比几百尊金子的佛像，几千卷古经书都要珍贵得多，因为，不管是佛像还是经书，都只是死物。而仁波切是因为慈悲而乘愿转世人间的菩萨，他的任务是拯救无明以及因此受苦的众生。所以，他是活的诸佛菩萨，是一个地区无价的珍宝。

一般来说，活佛也分等级。像达赖喇嘛，班禅大师，以及萨迦法王，大宝法王都是当时最大级别的活佛。寻找他们的过程也格外的严格隆重。在他们之下也有不同层次的活佛。甚至，在最偏远的小寺院，也有自己的活佛，这个活佛就是他们之前的堪布。虽然级别很小，但是，依然受到当地信众的热爱。西藏的寺院太多了，如果一个寺院只出一个活佛，那数目也是相当的惊人。何况并不这样，一般来说，一个格西，一个具足慈悲心的高僧都能够转世，他们都会被称为活佛。甚至，没有转世这个背景，只要是被认为具有通达五明智慧的高僧，有时也会被尊敬地称为喇嘛。如果连这个也算上，你就不奇怪，我们为什么会在藏区遇到那么多的活佛了。

不管活佛有多少，但是，当时西藏最大的王，达赖喇嘛却只有一个。那么，达赖喇嘛的转世是怎么来的呢？众所周知，达赖喇嘛属于格鲁派，格鲁派是15世纪在西藏产生并发展壮大起来的一个新兴的藏传佛教教派。它以宗喀巴大师为自己教派的祖师。相对于宁玛派、萨迦派等其他派别，格鲁派非常重视戒律，由于僧人有戴黄帽的习俗，也被称为黄教。宗喀巴大师圆寂时，格鲁派的领袖继承还没有采取活佛转世的制度，只是由他的弟子继承。格鲁派较之于其他教派，是出了名的戒律清严。僧人不允许娶妻生子，那么，该如何确定继承人的问题呢？直到1个世纪后，这个教派才想到了，采取活佛转世的方法来解决领袖人物的继承问题。

达赖喇嘛转世系统开始于根敦珠巴，也就是现在西藏日喀则扎什伦布寺的创建人。当然，他本人并没有接受过“达赖喇嘛”这个称号，这是从他的第三世索南嘉措才开始的尊号。达赖是蒙古语“海”的意思，喇嘛是藏语“上人”“上师”的意思。这个称号最初是明代蒙古可汗俺答汉赠给三世达赖索南嘉措的尊号。顺治十年（1653），清世祖福临也正式册封达赖五世罗桑嘉措为“达赖喇嘛”，从此承认达赖在西藏的政治和宗教地位。从那之后，达赖喇嘛也就成了当时西藏最大的宗教领袖以及统治者。

据说，每一任达赖喇嘛被认证的时候，都有非常神圣的异兆出现，有人说，会在天边看到彩虹，还有人说，听到山谷中会有持续不断的海螺声（意为佛法传播广远）。对于前来探访的人们，这个灵童会表现出独特的气质。比如，会认识他们，或者认识他们所带来的东西。而这些东西，据说都是他前世曾经用过的。

让我们把思路再退后300年，继续关注那个叫阿旺嘉措的人。此刻，他已经被安置在一间临时布置得精美华丽的寝厅里，接受所有人的膜拜。有幸接受摸顶的人都在窃窃私语；“多么端庄，法相庄严的佛爷啊。我们的福气太大了。”这些人太健忘了，就在不久前，他们还天天和阿旺嘉措同吃同住，同修行，但那个时候，没有人注意到，这位年轻的僧侣会有这样一个高贵的身份。

等到所有人都退下了，只剩下黄衣僧人与堪布在场。气氛一下子严肃了起来。偌大的屋子，只有三个人，大家都静默无语，气氛压抑得厉害。

还是堪布首先说了话，他微笑地看着阿旺嘉措：“真没想到，这四年来，佛爷一直生活中我们这里。而我们一点消息都不知道。”

黄衣僧人一挥手：“这不奇怪。这也是，”他停顿了一下，“伟大的五世的意思，他圆寂的时候，不想走露消息。”

既然是伟大的五世的意思，还有谁敢多说什么呢？堪布闭上了嘴巴，只管凝神倾听，不再说话。

黄衣僧人看着阿旺嘉措，严厉的眼睛露出一丝柔和的光芒：“你还记得你四岁的时候，是谁来到你的家里么？他们做了什么？”

阿旺嘉措略一思索：“有人给我看了一幅唐卡，我指着其中一个，说这个是我。”

黄衣僧人掩饰不住的满意：“的确，当时，那个人就是我，我拿给你的是宗喀巴大师以及五世达赖喇嘛的肖像。你指着五世达赖喇嘛的肖像毫不迟疑地说，这是我！”他温和地看着阿旺嘉措，“也只有你，能够说出这样大胆的话语，因为，那就是事实。”

阿旺嘉措盯着他：“那么你是谁？”

黄衣僧人微微一笑：“你不要着急知道这些，在以后的日子里，我们要天天在一起。曾经，你对我像慈父、恩人，你也曾托付我，务必找到你的后一世。现在，我找到你了，今后，我也一定像你曾经对我那样来保护你。”

这位黄衣僧人，就是当时著名的第巴桑结嘉措。

第巴，即为摄政王，藏王的意思，是当时西藏最大的统治者。这个职位的人选也是由当时的五世达赖喇嘛一手任命的。据说，桑结嘉措与五世达赖喇嘛关系非常亲密。从小，他就从贵族的家庭里被选出来，直接送到布达拉宫，由五世达赖喇嘛亲自培养。等到他二十五岁的时候，五世达赖喇嘛就宣布，要由他担任第巴职务。只有二十几岁就被推举到西藏政权的最高点上，可见受宠程度之高。

此时的阿旺嘉措，肯定不明白他话里的含义。但是，这位长者的话语充满了亲切。他理所当然地相信，未来的生活有他做保护人，应该一帆风顺。

可惜啊，未来，谁能看得清它究竟是什么样子呢？

等到桑结嘉措说完所有的话，阿旺嘉措终于迫不及待地问了一句：“以后我还会待在这么？”

桑结嘉措有点诧异地看着他：“当然不行，这里算什么？你未来的居所是布达拉宫。”

阿旺嘉措彻底呆住了。

十六 印戳，刻在心房上

> 印在纸上的图章，不会倾诉衷肠。请把信义的印戳，打在各自的心房。（仓央嘉措诗歌）

有人说，当最亲密的人命运发生变故的时候，我们一定会有所感悟。其实未必，就如玛吉阿米，当她情人的命运已经发生翻天覆地变化的时候，她根本毫无知觉，还在一边喜滋滋地准备着招待阿旺嘉措的酒菜，一边催促央吉去巴桑寺请他早点过来。

央吉领命而去，结果，不到半个时辰就转回来："不知道为什么，寺院的大门关了。我进不去。"

玛吉阿米吓了一跳。在那一瞬间，她忽然有心慌的感觉，仿佛天都要塌下来了。

此刻，阿旺嘉措在为他临时布置的寝厅里一样坐立不安。最初的惊奇与兴奋已经过去，只剩下了焦躁不安。明天就要走了，但是，玛吉阿米居然一点消息都不知道。此刻，她说不定正眼巴巴地和家人一起，等待他的光临呢。

一想到这里，他的心更像火烧了一样难受。好容易等到桑结嘉措恭请他早点休息，并让所有人都退下之后，他马上推开房门，准备亲自去找玛吉阿米。但是，没想到的是，刚推开门，马上有不下五个僧人殷勤地赶过来："佛爷有什么要求？"

"我要出去！"阿旺嘉措直接提出要求。

"这可不行，"僧人一脸为难，"堪布已经要求，绝对保证您的安全。现在，距离这里方圆300米的地方都不允许人进入了。”

阿旺嘉措听得目瞪口呆，半天也说不出话来，末了，只有恨恨地重新关上房门。

只有咫尺的距离，可是，注定他们不能相见了。

我的活佛啊，我想我大约能够理解你的感受。在这个世界上，我们要的不过是一小片土地，在那里，我们可以和心爱的人一起平静的生活，可是有一天，你被带走了，带到了天宫一样富丽堂皇的地方，这里都属于你，这里什么都有，可是，就是没有心爱的人。

如果是那样，再华美的地方又有什么用呢？在你眼里，也如沙漠一样荒凉。你，感觉是抛弃了，抛弃到了一个华美的沙漠之上。

这一夜，山风刮得格外猛烈。门外的大树在狂风中仿佛发了疟疾一样，瑟瑟发抖。

“我的玛吉阿米！”对着窗外，阿旺嘉措轻声地喃喃自语。两行热泪止不住地流在了他清秀的脸庞上。

只有一晚，他就要离开这生活了4年的巴桑寺，去往雪域的心脏，布达拉宫，并成为那里最大的王。这个想法让阿旺嘉措一阵眩晕。很长时间，他都没有从恍惚中清醒过来。命运为什么这么奇怪，几天之间，把人世间最痛苦的，最欢乐的情感一起放在他的心里。

去拉萨，去布达拉宫！他不喜欢么？当然不是。去那里是所有藏族人的愿望。很多人甚至以身体为丈量，三步一叩，以这种最虔诚的方式踏上朝圣之路。阿旺嘉措也想过，等自己再学习两年，最好带上玛吉阿米，和她一起步行去拉萨拜佛。

可是，命运给了他不同的路。他只能只身前往拉萨了。而且，以他做梦也没有想过的方式，他将以最荣耀的方式启程，一路上接受成千上万人的朝拜，在虔诚的眼神中，走上最高的法座。因为他不是普通人，他是六世达赖喇嘛。

可是，可是我的玛吉阿米呢？从此之后，就要永远分别了么？

哦，别哭，我的活佛，你可知道，当你流出眼泪的那一刻，仿佛是两团烈火烧在了我的心上。即使在几百年之后，我能够清晰地感受到你的痛楚和无可奈何。

我知道，在这人世间，真的有许许多多，我们无法控制的悲伤和无奈。比如这分离。

如果你不是达赖喇嘛，而是其他教派的活佛，你或许可以有选择明妃的机会。但是，格鲁派绝对不可以。这个教派从创立之初，就以戒规清严著称。达赖喇嘛是他们的教主，他当然更不能有男女情爱之染。如果想和爱人在一起，只有一个办法，那就是脱下僧衣，还俗。但是，你能擅自脱下这僧衣么？绝对不能！你不能辜负整个雪域信众的付托。一个活佛的还俗，会造成一个地区的信仰的缺失，更何况，你是这雪域最大的王。

有人曾经说过，宗教总是在最富裕或者最贫穷的地方发展得最为昌盛。直到今天，藏地对于佛教的忠诚与执着依然让世界惊叹。

在那片土地，不管是国王，还是百姓，他们顽强地相信佛教中的每一个理论，并愿意为了佛教付出自己的生命。

在佛经《勇士解脱之心宝》里，有这样一个真实的记载。公元 11 世纪，西藏经历了一场朗达玛灭佛的黑暗时期。在那段时期，一个叫朗达玛的国王疯狂打压佛法，迫使所有寺院都改信苯教。坚持不改的僧人全部被杀害。一时间，西藏的佛法进入极其衰微的时刻。后来，一名僧人冒死刺杀了朗达玛。从那之后，佛教才一点点地复苏，然而，此时西藏的佛教发展已经相当缓慢，且各种教派都各持己见，关于佛教理论的分歧非常大，没有一个可以正信的理论。那时候，在西藏阿里地区的一个王叫智慧光，出于对佛法的虔诚以及对当时佛法衰微的忧虑，他就想到印度去请一位大德回来讲法。为了筹集给这些大德们的供养，智慧光到处去寻找黄金，结果，不幸被一个异教徒的国王抓到。那国王要求，要用同智慧光身量相等的金子来交换。

为了赎回叔叔，他的侄儿菩提光费尽千辛万苦，也筹到了许多黄金。于是，侄儿去看智慧光，要他不要着急。金子的数量马上就够了。

没想到，智慧光说：我以为你只是个孩子，没想到真厉害，这么快就筹到了这么多金子。不过，这些金子不要来赎我，一两也不要给那个国王，你拿着这些金子，去印度，我听说阿底峡尊长十分博学，我相信，他一定会给我们带来正信。你要告诉他，智慧光为了应请他，舍弃了法身，只求他能够来西藏讲法。

菩提光流着眼泪回到了阿里，到处寻找使者去印度请那位大德。当时，从阿里到印度的路途十分遥远且凶险，没有人敢接下这个差事，还是一位僧人慨然答应了这个艰苦的任务，历尽艰难，八年之后才终于见到了阿底峡尊长。

当尊长听到这个曲折的故事，不禁也向西藏方向合掌慨叹：菩萨啊，这是一位大菩萨。

据说，阿底峡尊长也像自己的本尊护法——绿度母祈问去西藏的凶吉。绿度母回答，很好，就是会折你的寿命。

然而，尊长很快回答：如果能够广传佛法，利益众生，寿命又算什么呢？从那之后，阿底峡尊长来到西藏，传法十几年，最后在西藏聂唐圆寂。

这只不过是藏人在求法历史中很小的一个故事。为了学佛，为了求法，这些成就者们真的可以抛弃一切。

在藏地，佛教不仅是民众们的信仰，更是植根于他们生命中永不消失的灵魂。在这份信仰中，有一个最重要的信仰点，就是他们的上师。达赖喇嘛，是所有藏族人的上师，也是他们心目中的神。这样一个人，哦，不能说是人，应该是，这样一位佛，他能够还俗么？即使连刚牙牙学语的孩子，也会对你摇头。你若是还俗了，就毁掉了整个地区民众的信仰。

这个道理，对于学经多年的你来说，比任何人都明白。你在任何一部经论里，也找不到自己的去处，你改变不了你的命运。所以，我也只能在另一个时空之外，流着眼泪看着你哭，看着你不得不一步步地走上艰难的活佛之路。

十七 凝望，那未曾出现的身影

渡船虽没有心，码头却向后看我。没有信义的爱人，已不回头看我。（仓央嘉措诗歌）

一大早，接派活佛的队伍就要启程了。但是，他们的行进却非常艰难。因为，早早就知道消息的村民们在头一晚就从四面八方赶来了。他们有的是步行了一整夜，有的骑着骏马从遥远的草原一路飞驰而来。目的只有一个，就是一定要在活着的时候看一眼达赖喇嘛。因为，藏民们相信，只要见过达赖喇嘛一面，那么，七世都不会堕入恶道。

蜿蜒的山路挤满了信众，队伍只好缓慢地前行，不时还有信众向阿旺嘉措的抬轿扔来哈达，佛像，以及各种珍宝。他们很想亲自上前向达赖喇嘛奉上自己的虔诚，但是，没办法，人太多了，很多哈达几乎都被扔在了地上。只有少数幸运的人才把哈达扔在了活佛的脚下。

阿旺嘉措微笑地环视着他的信众，每一个被他看到的人都在惊喜地大叫：达赖喇嘛看我了，看我了！多么荣耀！

他还在看，在人群中找，他希望能够找到那张熟悉的，他曾一遍遍亲吻过的脸庞。可是，一群群的信众从视线中掠过去了，却唯独没有她的脸。

他当然不知道，此刻，就在玛吉阿米家，正在进行着激烈的斗争。当玛吉阿米的父母知道女儿爱上的居然是达赖喇嘛的时候，都惊讶得张大了嘴巴。等缓过神的时候，阿爸第一句话就是："去，把大门锁上，三天之内，谁也不许出门!"

央吉吓坏了:"为什么啊?"阿爸颤抖着声音说:"你要看看,她爱的是谁啊!如果是个别的活佛,我愿意把她送给人家当丫头,可是人家是达赖喇嘛,他身边允许有女人么?你们再也不要提这件事了。我有预感,再谈下去,玛吉阿米会没命的!"

可是阿旺嘉措不知道这一切,他们的队伍眼看就要走出山谷了,信众们依然远远地跟随,坐在轿上的阿旺嘉措忽然站起来,抬轿的人吓了一跳,马上停下,等候他的指示。身后的信众也停下来,充满期待地看着他,他们以为,活佛难道是要向他们加持么?

阿旺嘉措站在抬轿上,一动也不动,他看着来时的方向,道路阻且长,他看啊看,看得眼睛都酸了,他甚至都能看到那块他为玛吉阿米悄悄挂上的经幡。那是几天前的一个晚上,他一个人爬到寺院后山最高的山顶,挂了一串长长的经幡,那上面的每一段经文,都是他亲自书写的,都是他对心上人满满的祝福。此刻,经幡随着山风来回飘扬,簌簌的声音似乎是他对姑娘殷切的呼唤。可是,山远了,水也远了,他却始终没有看到玛吉阿米的身影。难道她真的生我的气了?再也不肯见我了?

玛吉阿米啊,我有多少话想和你说,我可爱的姑娘,我只能这样用心向你诉说,不是我违背了誓言。而是命运,命运让我必须承担责任。在被认证前,我只是一个普通人。可是,被认证成活佛之后,我担负的,是整个雪域民众的信仰和期望。我爱你超过我的生命。可是,我同样不能辜负这百万人的信任和期望。如果一定要我做一个选择,我只能舍弃我的生命。我爱你,玛吉阿米,这爱,将留到我生命的最后一刻。

一朵乌云悠悠地徜徉过天空,遮住了太阳的光彩。队伍停驻的时间太长了,连信众的人群都开始骚动了。前面的使者已经走过来,他不敢直接问阿旺嘉措停留的原因,只是站在轿下,毕恭毕敬地等着他的回话。终于,阿旺嘉措转过身,面无表情:"我们走吧。"

队伍前行了,周围的信众依旧在拼命地跟随,大家祈望能再多看活佛一眼。却没有人知道,此刻的阿旺嘉措,他的心已经泣不成声,玛吉阿米!每当他的心默念完一次这个名字,就有一串眼泪应声而落,滴在他绣金的僧袍上。

没有人注意到，除了一位老人，他惊讶地向旁人说：“为什么，我们的活佛竟然在哭泣？”

旁人都在嘲笑他：“那是你太老了，眼花了！”老人不再言语。

直到多年以后，当阿旺嘉措圆寂的消息传到这里，所有的人都在哭泣，那位老人却长叹一声，默默无语。因为他模模糊糊地记起，在所有人中，只有他，曾看到了年轻的活佛，在离别的那一刻，眼里有泪花闪过。

天鹅流连池沼
想多停留一会
可那湖面结了冰
叫我意冷心灰

Chapter 02

入宫

第一最好不相见，如此便可不相恋。
第二最好不相知，如此便可不相思。
第三最好不相伴，如此便可不相欠。
第四最好不相惜，如此便可不相忆。
第五最好不相爱，如此便可不相弃。
第六最好不相对，如此便可不相会。
第七最好不相误，如此便可不相负。
第八最好不相许，如此便可不相续。
第九最好不相依，如此便可不相偎。
第十最好不相遇，如此便可不相聚。
但曾相见便相知，相见何如不见时。
安得与君相决绝，免教生死作相思

Chapter 02

入宫

一　回到拉萨

> 生灵顺从雅鲁藏布江流淌，时光在布达拉宫越拉越长，无边的草原放开怀抱，我是一只温顺的绵羊。（《我要去西藏》）

这里是一片充满神奇的土地，去过拉萨的人都会感慨。那里现在变得漂亮多了，比如布达拉宫，大昭寺前的广场，被政府修建成了美轮美奂的大理石瓷砖地面。古老的城市也有了许多现代气息。

然而，不管这城市变成什么样子，只要布达拉宫还在，大昭寺还在，就不会影响朝拜信徒们的心情。他们只是一心一意地磕头，祈祷，并不理会身下的土地究竟变成了什么样子。

很多人喜欢去拉萨，声称在那里可以看到灵魂最纯净的地方。的确，来过拉萨的人回去之后都会恍惚，都会思念，感觉身体虽然走了，但灵魂却丢在了某个地方。不过没关系，时间久了，你的灵魂还是会归窍，你还是会变成原来那个精明、势利但内心并不快乐的都市人。而这个时候，你会开始思考，那些看起来衣衫褴褛、脏兮兮的藏族人，为什么会那么快乐？高兴的时候，他们的眼睛也会笑，他们的笑容像那里的天空一样纯净无瑕。

其实，我们的本心就应该是那样的，如高原天空一样纯净，辽远，高阔。

只是，现在我们的心，被无数欲望添堵得早已看不清原来的颜色，就如这都市的天空。

这就是有信仰与无信仰的区别。无信仰的人们，想的大多是眼前的利益。所以很少考虑将来。当然，如果他发现“将来”与“现时”距离很近，并且会发生很大关联，他也可能勉强纳入计划之内。

有信仰则不同。他们相信，在这世间，有一种叫“因果”和“轮回”的定律。这种定律存在的期限，在你解脱之前，永无止境。比如，在藏地，不管你向任何一个藏民打听，他都非常相信这个道理，他会告诉你，我们这一生并非永恒，之前，或之后，将有无数次的重生。这一世你是穷人或遭遇不幸，只因上一世你曾造下罪孽。当然，如果你想下一世有一个好的未来，就要在这一世按照佛陀指引的方法，忏悔罪孽，修积福德。

这不是一件容易的事。对于现代人来说，他或许可以接受因果的概念，但很难接受轮回。事实上，这两点缺一不可。如果你不相信轮回，那么，你就会认为，这一世即是永恒，前面没有接点，后面没有相续。那样的话，因果的说法就很难实现。按照佛教的理论，因果并不一定在这一世才会起作用，它是在业因成熟之后，或许是现在，或许是以后，或许是无数劫之后，才会开花结果。但是，总会发生，不会错过。

深信这个理论的人们，自然就会遵从它所指引的人生法则。那就是，多造善业，不造或尽量少造恶业，相信因果，相信来生。因为有了这个信仰做根基，也就有了人生的目标，一个长长久久，至少在这一世不会让你感到厌烦的人生目标。

厌烦是都市人的通病，当你曾倾尽全力追求某种东西，而又如愿以偿的时候，你感到的只是片刻欣喜，之后就是空虚，以至于厌烦。佛教称之于欲望的满足永无止境。它带来的后果就是让你不停地造业，不停地空虚，这是一个黑洞，走不完的、满足不了的黑洞。

也有都市人因此开始相信佛教，学习它的理论，并欣喜地发现，确实对眼下的困惑有帮助。但这帮助太小了，转而又面临另一个困境。这是为什么呢？很多人学习佛法，并非因为相信，而是借助于其中的某几个理论，他们的愿望并非摆脱欲望的困扰，而是如何更好地追求欲望。

这是一件让人啼笑皆非而相当无语的事情，而藏地绝不会如此。从两个地区分析，首先从性格来看，汉族人大多机灵而性格多变，很难忠诚地相信某一理论。藏族人天性直厚，爱钻牛角尖，认准一件事情后，很难有回旋的余地，即使撞了南墙也不愿意回头，而是选择把墙继续撞开。

从文化基础来看，汉族人接受的是千百年来的儒家教育；而在藏地，佛教早早就深入这里，虽然有过一段时间的灭佛时代，但并没有别的宗教在此大兴风雨，因此，佛教有着深厚的基础。

全民笃信佛教，而且如此忠诚，直勇。这，也许就是当你来到藏地，惊叹于为何在这里，能看到灵魂发光的原因。

其实，不是灵魂在发光，是我们终于知道了，当我们的心被擦去尘埃，它本来的样子。

二 甘丹、色拉、哲蚌寺

> 得此闲暇身我若不修善，自欺莫胜此亦无过此愚。（寂天菩萨《入菩萨行论》）

在拉萨，除了布达拉宫，大昭寺之外，最著名的莫过于那三大寺院，甘丹寺，色拉寺，哲蚌寺。

后两座寺院都在拉萨城内，只有甘丹寺位于离拉萨城大约 50 多公里之外的旺波日山上。旺波日山海拔 3700 米，过去的人们需要一路朝拜走着上山，辛苦不言而喻。现在的人呢，可以坐着小巴士上山，但依然有一份心惊胆寒。山太高，而山路过于崎岖，小巴车每行驶几十米，都要经历一个超越 150 度的大转弯。每到此处，司机信心满满，根本不减速，整车的人就随着惯性仿佛在山路上漂移。开车的过瘾了，坐车的藏族人也在开怀大笑。不过，如果其中有初次前往的内地人，比如我，已经被就吓得心神俱伤了。别的藏族人下车之后，都是兴冲冲地赶往山上，挂经幡，或者进寺院拜佛。只有我，扶着车身，好半天才缓过来。他们以为我晕车，只有我自已才知道，我是被吓坏了。

甘丹寺位于旺波日山的山顶。从眼下的规模来看，甘丹寺最小。但是，它在格鲁教众多寺院中地位最特殊，它是由佛教格鲁派的创始人宗喀巴于 1409 年亲自筹建的，可以说是各大格鲁寺院的祖寺。甘丹寺中曾藏有丰富珍贵的历史文物，但可惜的是，曾在“文革”期间遭受严重破坏，莫说文物，连建筑都毁坏殆尽。现在我们所能看到的甘丹寺，基本都是后来修建的。不过，在那里，有一件宝物至今仍然保存，也是所有信徒最向往，最神圣的宝物。那就是甘丹赤巴的法台。

何为甘丹赤巴？即甘丹寺的堪布，也是宗喀巴大师的法座继承人。这必须是一位德行与才学都达到了相当高程度的格西才能做到的。甘丹寺是格鲁派的祖寺，所以甘丹赤巴也是整个格鲁派的主持，地位仅次于达赖和班禅。

曾经有九十几位甘丹赤巴在这里学习，生活过。那座著名的甘丹赤巴的法座就是他们曾端坐过的，上面现在还陈列着他们曾经用过的僧服以及法帽，虽然颜色有点暗淡，但刺绣的花纹依然清晰，仿佛主人刚刚离去不久。这一切，也成了所有到甘丹寺朝拜的信徒们不可错过的神迹。

哲蚌寺、色拉寺都是甘丹寺的子寺。但眼下从规模以及香火旺盛程度来看，要远远高于他们的母寺。这可能与它们坐落的地理位置有关，都在拉萨境内，一个西郊，一个北郊。色拉寺如果翻译成汉语，有一个很浪漫的名字，叫野玫瑰花生长的地方。原来，色拉寺建寺之前，这里有一大片盛开的野玫瑰花，所以以此取名。而哲蚌寺的名字就比较正统了，意为雪白的大米高高堆聚在山上，这个说法也很形象。因为，哲蚌寺的建筑多为白色，且修筑在山上，远远望去，就像大米堆满了山尖。米是佛教中供养的圣物，所以，这个比喻也是相当的殊胜。

两大寺院规模都很宏大，僧人众多。听说最兴盛的时候，哲蚌寺的僧人一度达到万人。但是，与达赖喇嘛关系最亲密的寺院，莫过于哲蚌寺。16 世纪的时候，二世达赖喇嘛在这里修建了甘丹颇章（颇章即为宫殿）。之后，三世、四世、五世达赖喇嘛都在这里居住。到了五世达赖喇嘛时期，因为建立了强有力的地方政权，而且，五世达赖喇嘛的政务基本都在甘丹颇章里进行，所以，这里几乎变成了当时西藏的政府办公室一样。五世达赖喇嘛的统治也被称为甘丹颇章政权，这种情形一直维持到五世达赖喇嘛把办公室移到布达拉宫为止。

时至今日，当你来到哲蚌寺，依旧会发现，这里的僧人依旧保持着对达赖喇嘛的尊重和怀念。比如，有一条进入大殿的砖石路，中间是不能走人的，如果想通过，只能走两边。因为，中间那一部分曾留下过某一世达赖喇嘛的足迹。那也成了让他们敬仰以及怀恋的神迹。

在哲蚌寺还有许多有趣的传奇故事。我不说那是传说，是因为讲述者从来不认为这是故事，他们说，那就是历史，是史实。

据说在佛教兴盛的时代，那个时期，修行的僧人是真的具有神通的。有这样一个来自安多地区的僧人来到哲蚌寺学习，他平时看起来吊儿郎当的样子，貌似不太喜欢学习。有一次，众僧人在大经堂念早课。念完后吃早饭。铁棒喇嘛走到他面前，发现他的钵非常大，就有点生气，心想此人学得不好，吃得倒不少。就嘲讽他：你的碗这么大，在上面喊一声，恐怕声音会很久才落到碗底吧？结果，这个僧人发怒了，他一声不吭地走出去，搬了三块巨石回来，把大经堂的三个门都堵得严严实实，之后，自己飞到大经堂顶上，冲着铁棒喇嘛喊：我再喊一声，你下面是不是都大得听不到呢？我现在已经把门堵上了，有能耐的就飞出来吧。说完话，他就施施然地离开了。剩下里面的僧人乱成了一锅粥。

这个时候，一个念经的僧人祈求吉祥天母现身帮忙，吉祥天母果然出现了，她把一块石头踢歪了一点，才勉强让其他人从屋里走出去。然而，三块巨石还是没人能移动得了。没办法，寺院的堪布亲自对这个僧人说，这样吧，你把这三块巨石挪走，我们不惩罚你了。这位僧人马上同意了，他大概也为自己的莽撞行为有点不安。他把三块巨石扔到了哲蚌寺的后山上。不过，寺院的人并没有信守不惩罚他的承诺，而是让他在三块巨石上刻了宗喀巴大师师徒三尊像。到现在，你如果到哲蚌寺的后山上，依然可以看到。

这件事说明什么呢？人不可貌相，比如这位吊儿郎当的和尚，你就怎知他的心性修行不高于常人呢？还有，更不能对别人出言辱没，要不然，招致这种突如其来的报复，差点没法收场，多让人郁闷啊！

还有一个故事，也是关于哲蚌寺的，一个很老实的朝拜者，也是来自安多地区的（很奇怪哦，好像安多这个地区的朝拜者都很实心眼），他来到哲蚌寺拜佛，哲蚌寺最著名的佛像就是那尊强巴佛的八岁等身佛像。

强巴佛也就是我们所说的“弥勒佛”，也叫未来佛。在佛经里，未来佛就是释迦牟尼佛的继承人。五十六亿年之后，我们所身处的这个婆娑世界会毁灭，佛经教法也一并毁灭。届时，强巴佛将从兜率天降生于这个世界，未来的世界将由强巴佛传法，并引领所有众生最终成佛。哲蚌寺的这尊强巴佛像非常有名，又称见罪者消，意思是看上一眼，就可以驱除世间的一切痛苦，死后可以不落入地狱。

话说这位老实人拜到这里的时候，他发现，这尊佛像居然没穿鞋。他于是就说了：“两年前我上来拜你，你就没鞋穿，去年我来了，你还是没鞋。今年，我来这都三次了，怎么你还是没能穿上鞋呢？这样吧，等下次我再来的时候，我给你带双鞋。”

老实人就这样回家了。花了整整一年时间，开始给强巴佛像做鞋。做完之后，又开始了漫长的路途来到西藏，给强巴佛送鞋。他来的那天，正好佛堂里没啥人，他拿着鞋冲着佛像大嚷：“我给你送鞋来了，把脚抬起来！”结果，结果……强巴佛真的就把脚抬起来啦！

老实人不客气地走过去，先给他的左脚把鞋套上，正想穿第二只的时候，佛堂里管事的和尚过来了，他看见似乎有个人正爬在佛像上面，就大喊了一声：谁？老实人被这一大吼吓了一跳，拎着还没穿好的第二只鞋急忙跑掉了。

直到现在，去拜强巴佛的人都能看到，这尊佛像只穿了一只鞋。不过，大家知道了这个神奇的由来之后，每次朝拜的时候，都有人悄悄地撕下一块鞋上的牛皮做自己的护身符。可怜的佛像，现在仅有的一只鞋，也被扯得只剩下了脚底的那一块而已。

三 坐床

我和情人的誓约，已经刻在石上，哪怕下三年大雨，字迹也不会消失。（西藏民歌）

藏历1697年，阿旺嘉措第一次也是最后一次离开错那巴桑寺，来到拉萨。

在拉萨河边，他们停下了，因为要听从指令才能够正式进入城内。他只能远远地看见布达拉宫高高地矗立在山顶，金色的屋顶在阳光下闪耀着光芒。他不能太清楚地看这个城市。因为，他一直被关在严严实实的抬轿里，一路上，只要他有一个想出来的表示，马上就会有无数殷勤的护卫小跑过来，热切地询问他需要什么，他们硕大的头颅挡住了他的视线，到最后，他还是没能看清，这个城市究竟是什么样子。

哦……其实这个时候已经不应该再称呼他为阿旺嘉措了，这个名字已经变成历史了。就在十几天前，在西藏羊卓雍湖边的浪卡子，五世班禅已经为他剃度，并授记沙弥戒。法名罗桑仁钦仓央嘉措，汉语意为梵音海。

梵音，意为佛的声音，具有正直、和雅、清澈、清满、周遍远闻五种清净相。梵音海，像海洋一样广阔辽远的佛音。不知怎的，听到这个名字的汉语译音，我有一种奇怪的感觉，它是否有一种预示，意指仓央嘉措的诗歌在不久的未来，也会像海洋一样遍布雪域内外呢？

但是，那个时候，仓央嘉措恐怕并无心关注这一切吧。史书记载，藏历9月17号夜，六世达赖喇嘛的剃度仪式相当隆重，五世班禅喇嘛被特别从扎什伦布寺请来，主持他的剃度，当时在场的还有大活佛以及密宗大师。

我很想知道，当剃度那一刻，满头青丝一缕缕跌落在他的膝盖，仓央嘉措是怎样的心情？或喜或悲？当时的他，恐怕无论如何也无法像普通人一样，带着满腹的欣喜与满满的责任感去接受这个任命吧？他的心里还有一个结，不想则罢，一想起来就疼得眼泪也会落出来。

人有时是多么渺小啊，你看起来比天还大的爱情、幸福，其实不过就像一粒粉尘，一个不太起眼的事件就会让他灰飞烟灭。乱世时期，君王的一时兴起，对于民间女子来说，就要良人万里。白首方泪见是幸运的，最大的可能是生死相隔，约期来世。即使是现在的和平年代，在世界各地不也频频出现各种灾难事故、恐怖袭击么？一个小小的意外，也会粉碎了凡人一生的幸福。

作为人，还能做什么，只能在无声的抽泣里将痛苦忍耐下去，变成一个结，藏在心底，小心地不再触碰。

或许，仓央嘉措的痛苦还不能叫痛苦。毕竟，他得到的是整个雪域人做梦都不敢企及的荣誉。但对于他本人来说，就仿佛一个饿极了的人，却意外接到了一张华美无比的床。这不是他需要的，然而他不能拒绝，也拒绝不掉。

1697年藏历10月25日，六世达赖喇嘛仓央嘉措举行坐床大典。据说，这一天也是格鲁派祖师宗喀巴大师的生辰以及圆寂的日子，具有难得的殊胜与吉祥。在这一天，仓央嘉措将永远地告别过去，由一个默默无闻的穷孩子变成全体信众高高敬仰的神。

这位年轻的活佛，穿着用香熏过的黄色法衣，坐着八抬大轿进入拉萨。这是他第一次进入拉萨，在他的视线里，拉萨就像一座仙城一样繁盛美丽。碧蓝的天空，布达拉宫的金顶熠熠放光。城内所有的房顶都飘扬着崭新的经幡，伞盖和彩旗、各处寺院都在飘来燃烧“煨”（烧松柏枝，以敬神驱邪）的香味，锣号鼓钹都在卖力地演奏着。每一张脸，他看到的，不管男人女人，老人孩子，都在冲他微笑，大家都穿上了只有节日才穿的盛装，这里是吉祥的土地，欢乐的海洋。而这一切，都是因为他出现了，最尊贵的六世达赖喇嘛！

在欢迎的官员中，他看到了曾亲自迎接他的桑结嘉措，他威严的脸上只对他露出亲切而慈祥的笑容。甚至连康熙皇帝都亲自派来了使臣章嘉呼图克图，他带来了大清皇帝的封诰、贺礼，并授予封文，正式承认仓央嘉措为六世达赖喇嘛。

众多的大活佛，他们都带着恭谨的表情向他行大礼，但是，不管他们的表情有多么温和，他依然能在有些人的眼里看到惊异与轻微的不屑。他最不能忘记的，就是一个年轻的蒙古官员，从看到自己的那一刹起，他就死死地盯着自己，那阴冷的眼神让年轻的仓央嘉措几乎打了个冷战。他本能地感觉到，未来的日子里，他的命运将和这个人发生很大的关系。

不过，这都没有关系，在拉萨耀眼的天空下，布达拉宫越来越近了，无畏狮子宝座也越来越近了，那是属于仓央嘉措的位置，年轻的、尊贵的达赖喇嘛。

四 布达拉宫

> 出生那天，死亡便开始接近。切记，没有任何时间是可以挥霍浪费的。（《修行百颂》）

“布达拉”是梵语“普陀”的音译，意思就是观音菩萨的住处。也难怪如此，在藏地，历代达赖喇嘛都被认为是观音菩萨的化身，因此他们所居住的宫殿，自然也被称为“布达拉”。

布达拉宫的奇妙之处在于，如果你站在它的脚下欣赏，觉得它不过就是一座很大的房子。周遭白色，中心位置深红，依稀可见金色的檐顶，在阳光下熠熠放光。可是，当你走远一点，远到走出拉萨这个城，你就会发现，布达拉宫是如此的巍峨，伟岸。它的整座宫殿全部在山上，山顶之上的高楼，直冲云霄，天上地下，唯我独尊。

直到今天，布达拉宫也是所有旅人的梦想，就如藏人希冀以磕长头的方式到拉萨来朝圣一样。许多人也冒着高原反应的危险，一定要进入这片高原，想一睹布达拉的风采。

但是，就算你千辛万苦来到了拉萨，你会发现，你想真正进入布达拉宫，还有一大堆的麻烦。首先，你要在布达拉宫外的那处长廊，排上几小时的队，拿到一张购票资格许可，一人只能凭身份证拿到一张，然后，拿着这个购票许可，方能买票进入，票价 100 元（现在可能还涨价了）。

但是，迄今为止，我还没有见过哪个游客为如此繁琐的程序焦躁，每个人都很忍耐，都很谦卑，因为这是布达拉宫。在这里，不管是什么人，都看到了自己的渺小。

顺便说一下，如果游客是藏族人，那就太幸福了，因为他们只需花两元钱，就可以进入布达拉宫，而且，任何时候都不需要排队。

很多人都知道布达拉宫是松赞干布为迎娶文成公主而建。但当时的规模较小，直到 17 世纪，由五世达赖喇嘛罗桑嘉措翻修重建，才有了今天的规模。

布达拉宫建在山上，又是如此的巍峨，所以，它的地基建筑极为讲究。据说，底部就像围棋的棋格一样，正方形，长宽处被分隔成 18 份，共 324 个小间，底部的墙异常厚实，大约有 3 米之厚，厚度向上递减，到顶部的时候，墙体的厚度也就 1 米左右了。

从五世达赖喇嘛之后，布达拉宫成为历代达赖喇嘛的冬季住所（夏季住在罗布林卡）以及圆寂的地方。虽然，五世达赖喇嘛是布达拉宫翻建的最大功臣，但是，他却没能等到工程完全结束的那一天就圆寂了。即使这样，布达拉宫还是为他保留了最珍贵的记忆。在历届达赖喇嘛的灵塔中，他的灵塔是最大最贵重的，全部由黄金制成，上面镶满了各种宝石、绿松石、红珊瑚等，最夸张的是号称无价之宝的一颗夜明珠，据说是一头大象脑子里长出来的夜明珠。

我相信，很多第一次甚至若干次游览布达拉宫的人们，可能都只会对这些名词印象最深。这不怪我们，只能怪导游，虽然他们日日在这座佛教的圣殿里浸淫，却没学来几分佛教知识。他们能告诉游客的，都是这尊佛像是什么做的，那座灵塔用了多少黄金，以至于每个游客回去之后，脑子里只有一个感慨，布达拉宫太有钱了。

在第二次游历布达拉宫的时候，我避开了导游，自己慢慢地在各个房间里游走。和所有的宫殿一样，布达拉宫里几乎看不到阳光，到处是色彩深重的布帏、佛像，空气里弥漫着浓郁的藏香味道。

这里是达赖喇嘛修行的地方，这里是他的寝宫，这是他的灵塔……

远远的，我还能听到导游的声音一点点传过来。

没有一个人，可以让自己活着和死去的地方住得如此之近。

或许，每一个佛教徒从没有把活着和死去的距离拉得太远。死去也并非终点，它是另一个活着的开端。

而达赖喇嘛更不是一个普通的佛教徒，他是佛。对于常人来说，无论是他活着的身体，还是死去的躯体，都是膜拜的对象。

我站在黑暗中，只有一丝光线透过窄窄的小窗户，洒落在斑驳的地板上。我在沉思，我很想知道，当年，当年轻的仓央嘉措从阳光照耀的拉萨城走进这低沉阴暗的宫殿，会是怎样的一种心境？他那之前还像风帆一样满满的好心情，会不会立刻就沉静下来？这里，没有人和他说话，因为他太尊贵了。他也无人说话，因为，周围都只是沉默的佛像。

最重要的是，即使他是一个涉世未深的少年，他也能隐约地感到，在他坐床成为达赖喇嘛背后，将有着太多的凶险与刀戈相见。

五 祸根

我们的存在就像秋天的云一样虚幻短暂，看着众生的生死，就像看着舞步的变换，生命就如空中的闪电，就像山涧冲泻而下的流水，奔腾不已。（佛陀）

无论是哪一个时期的政治斗争，当你走过历史来看，都会发现，这实际清晰无比。看不透的，永远是当事人。

按照正常的仪规来看，上一世的达赖喇嘛去世，必定会马上开始下一任转世灵童的寻找。比如，三世达赖喇嘛索南嘉措出游蒙古的时候，因病圆寂。于是，他们马上就在当地寻找到了他的四世转世灵童云丹嘉措。云丹嘉措二十八岁圆寂之后，转世灵童的寻找颇费周折。不过，当五世达赖喇嘛阿旺罗桑嘉措被寻找到之后，很快举行坐床大典，登上达赖喇嘛的宝座，这是一个规则。前一任达赖喇嘛去世，如果找到了下一世转世灵童并被认证无误，就要马上送上宝座的。仓央嘉措在四岁的时候，其实已经被找到，那么，为什么迟到了十二年才登上这个位置呢？

其中的原因，可能只有当事人最清楚。这可能一直要追溯到仓央嘉措的上一世——五世达赖喇嘛阿旺罗桑嘉措。按照史书记载，五世达赖喇嘛是一位经历坎坷但功绩辈出的伟大人物。在他被认证之前，西藏就面临着教派纷争，各种地方势力四分五裂等。15 岁，他才被正式认证，并迎送到哲蚌寺供养，18 岁由班禅授记沙弥戒，25 岁正式做了西藏的政教领袖，40 年来，他做了许多重大的事业，比如，1645 年下令重修布达拉宫，1652 年，率众来到北京，拜见当时的顺治皇帝，后被封为“西天大善自在佛所领天下释教普通瓦赤怛喇达赖喇嘛”的封号。

然而，这都不是最主要的，五世达赖喇嘛一生中最重大的事件就是，他联合蒙古和硕特部固始汗，消灭了敌视格鲁派的地方势力以及宗教势力，结束了西藏一个时期以来四分五裂的局面。从那时开始，蒙古人与西藏人结成了一种平衡但微妙的关系。表面是供施，实则是联合统治。

自己的土地，自己的政权，却要借助外部军队的势力才能巩固，这其实是一种非常危险的联盟关系。当时，五世达赖喇嘛德高望重，如果他一直可以健康地活上很多年，一一理清当时西藏内部与外部的诸多矛盾的话，这种平静还会维持很多年。可是，很不幸，由于多年的奔波劳累，阿旺罗桑嘉措患上了很严重的手脚风湿病。

1682 年，五世达赖喇嘛最后给他的友人敏珠活佛写去了一封语词隐晦的告别信：

珍珠般的字句来自密友的书信，
百灵般的声音来自故乡的山林；
雪山和狮子终究会分开的，
请到菩提树下寻找我的梦魂。

5 月，一代大德五世达赖喇嘛在布达拉宫圆寂了。当时，布达拉宫的实际统治者第巴桑结嘉措，没有公开五世达赖喇嘛圆寂的消息，而是悄悄地隐瞒下来了。而且还想到了一个绝妙的主意：派一个人在布达拉宫假扮五世达赖喇嘛，而且，这个消息一瞒就是十几年！

桑结嘉措是谁？他怎么敢冒这样的大不韪？这就要从他本人的身世说起。桑结嘉措出生于拉萨北郊一个大贵族之家，他的叔叔生前也曾是一位赫赫有名的第巴。桑结嘉措 8 岁的时候，被送进布达拉宫，由五世达赖喇嘛亲自培育。而桑结嘉措的确是一位相当优秀的人物。很年轻时，就已经在佛学、文学、诗学、天文、历算、医药等方面成绩卓著。特别是现在的藏医，还以桑结嘉措的医术作为重要的参考文献。可见其医学造诣之精深。

不过，这都不算什么。最让人羡慕的，是五世达赖喇嘛对于桑结嘉措的倚重和信赖。23 岁那年，正好第三任第巴辞职了，五世达赖喇嘛就指定桑结嘉措担任这项职务。不过，当时桑结嘉措以资历太浅为理由，拒绝了这一任命。最让人惊奇的是，达赖喇嘛不仅没有生气，反而再三地劝请他接受这个职务。之后，又等了三年，桑结嘉措才在“盛命不可违”的情况下，勉强接受了这个职务。

这真是一个让人羡慕而又诧异的高升啊。而五世达赖喇嘛对桑结嘉措的恩宠不止于此，他不仅把他推向了权力的最高峰，对他本人更像父亲对儿子一样的关心。1682 年 2 月，也就是五世达赖喇嘛即将圆寂之前，他在病重之际，听说桑结嘉措发烧，还特地捎口信给他，说自己没关系，要他好好养病。还送了他一尊护法神像。桑结嘉措得知五世达赖喇嘛病重的消息，焦急万分，马上赶回布达拉宫。而五世达赖喇嘛在身体极其虚弱的情况下，还为桑结嘉措摸顶，并嘱咐他各项事宜。

有的历史书籍曾暗指桑结嘉措是五世达赖喇嘛的私生子。若不然，不会受到如此的恩宠。单从表面来看，这种怀疑不无根据，但是，很多藏民绝不相信这个说法。那为何桑结嘉措会受到五世达赖喇嘛这样特别呵护呢？我曾经就这个问题和一个藏族人探讨。记得他当时大声说，看人要看心！五世达赖喇嘛看人，是用心而非表面。他知道周围的人，究竟谁对他最忠诚，他应该最信任谁。

如果这样来看，那么，五世达赖喇嘛对桑结嘉措的信任和恩宠的确没有走眼。事实上，对于五世达赖喇嘛，他既恭谨又忠诚，五世圆寂后，他应命隐瞒下了这样一个天大的秘密。据桑结嘉措在自己编撰的《五世达赖喇嘛传》书中提到，把五世达赖喇嘛圆寂消息秘而不发的指令恰恰来自达赖喇嘛本人。原因就是当时复杂的政治社会环境，五世时期，拉萨的黄教集团因为面临着多重威胁，所以借请蒙古固始汗的大兵来扫荡敌手。如今，他们虽然达到目的了，但蒙古人对于西藏的影响和势力却也深深扎下了根。就如那句老话：请神容易送神难。如果把五世达赖喇嘛圆寂的消息公布出去，蒙古人一定会插手六世灵童的寻找，并且接受西藏大部分的政权管理。基于这方面的考虑，五世达赖喇嘛授意桑结嘉措，一面把圆寂的消息秘而不发，一面单独寻找转世灵童。

从这个角度来看，桑结嘉措的解释的确圆满。然而，这仍不能解答人们的猜疑。迄今为止，人们还在不停地热议：关于隐瞒五世圆寂的事情，到底是桑结嘉措本人的意思，还是五世达赖喇嘛自己的意思？争论者都有自己充足的依据。可惜，到现在为止，当事人早已化为尘土，人们的猜测也永远只限于猜测了。

不管怎样，桑结嘉措的这种做法还是埋下了一个祸根，那就是蒙古人由此产生的猜忌和怨恨，这种暗流在平静的表面之下悄悄汇聚，并在多年之后终于爆发。

六 辩经

> 即使明晨就要死去，今天仍要坚持学习；虽然今生成不了学者，但知识仍归来世已有。（萨迦格言）

没有人会如此详细地向仓央嘉措解释他入主布达拉宫背后的故事。不过，命运即是如此，即使他不知道，他的一生中也将与这种凶险步步为伴。不管怎样，刚开始进入布达拉宫的日子，仓央嘉措也无暇去了解这许多的是非。别人都以为，能登上达赖喇嘛的宝座，是至高无上的幸运。却也想不到，这个位置并不好坐。

每天早晨起来，作一段短短的祈祷及静坐，为时一小时。早饭后，他要开始学习因明学，西藏艺术与文化；梵文，医学，以及佛学。作为格鲁派最大的法王，他要掌握的知识必须比常人多得多，还要精通。

在藏传佛教的各种经文典籍中，甘珠尔经书大约是数目最大，内容最浩繁的一部经文了。很多人认为，能穷尽一生之力，读一遍甘珠尔经文就已经相当了不起了。然而，仓央嘉措却一共学了两遍半。第巴桑结嘉措亲自为他讲授了一遍，另一位老师又讲授了一遍。之后，一位密宗大师又讲授了半部。除此之外，凡藏地所有教派，萨迦，格鲁，宁玛等等，他们的灌顶、解脱之教法，密咒等，不论显密，通通要加以闻习。

仓央嘉措事后回忆那段日子，“此情此景，历历在目，我所经历的含辛茹苦各式各样，不一而足啊！”

不过，让人惊讶的是，仓央嘉措的确慧根精深，面对这浩如烟海的课程，他学得又快又精，让他的老师也叹服不已。

在藏地，僧人学习的方式非常艰苦。他不像我们汉族人，当你想背下某个东西，你必须先了解。他们正好相反。想学习什么，在什么也不会、也不了解的情况下，必须死记硬背下来。我看过很多僧人的教科书，都是那种长长的经书。他们在学习某段经文之前，事实上，对这段经文根本就不知道意思。他们所需要做的，就是把它背下来。然后，到老师那里，一段段地解释。

记忆力好的，一天下来，也只能背上三段文字。如果记忆力不好，就好像蚂蚁一样，掉进一个深不见底的缸里，穷尽毕生的精力也爬不出来。

幸运的是，仓央嘉措的悟性极高。他不仅熟读经文，更是在很短的时间内就开始学习辩经的课程。

辩经是藏传佛教中一个非常珍贵的传统。据说，从佛陀时期，就有辩经之说。那个时候，也是佛教与外道之间对峙的强有力的理论工具。什么是辩经呢？就要从因明学开始说，“因明”的梵文含义是“新知”，藏文译作“测码”，即“真知”或“正确的认识”。它是开发人的智慧，提高逻辑思维能力，培养辩论技巧的有力武器。辩经指按照因明学体系的逻辑推理方式，辩论佛教教义的学习课程。这是藏传佛教喇嘛攻读显宗经典的必经方式。

今日，如果我们有幸来到藏区的大寺院，比如青海的塔尔寺，甘南的郎木寺，拉萨的哲蚌寺，色拉寺，会看到，那里依然保留着辩经的传统。

辩经者一般分为两人，一人坐地，一人站立，站立者为发问者。在发问之前，他会有一系列独特的姿势，比如，右手向后高高扬起，和左手相拍发出清脆的响声，然后将右手向下伸向对方后拉起。这个动作，高扬的右手说明文殊智慧就在身后；二手相击，有三层意思：一为一个巴掌拍不响，世间一切都是众缘合和的产物；二为掌声代表无常，一切都稍纵即逝；三为清脆的响声击醒你心中的慈悲和智慧，驱走你的恶念；右手向下后又拉回，是希望通过自己内心的善念和智慧，把在恶道中苦难中的众生救出来。喇嘛每一个提问前都要先说一个“底”，那一声“底”相当于开启智慧，因为在佛教中文殊菩萨是智慧的象征，而他的心咒是“嗡阿热巴杂拉底”，“底”音可以启请心中的文殊菩萨，开启人的智慧。

辩经的内容是什么呢？在这里，我们举一个最简单的例子。

甲：月亮是圆形的吧？

乙：是的。

甲：世间只有一个月亮吧？

乙：是的。

甲：那么，初三的月亮不是圆的，是弯的，还是月亮么？

乙：是月亮。

甲：你说月亮是圆的，而且世间只有一个，那就是错了。因为这里出现了弯的月亮，说明世间有两个月亮。

当然，如果这个论题再辩下去，就涉及佛经中的心识等各种问题，在这里就不一一赘述了。

据说在辩经场上，辩论者不仅引用了佛经知识，还会大量地引用当地谚语、短句以及个人的幽默，如果我们听得懂，那将是多么大的乐事啊。可惜，大多数的我们都听不懂藏文，无法理解他们直接对白的精妙与智慧。据说，很多成就者都是在辩经场上彻悟的。而我们，只能目瞪口呆地看着辩论者那令人眼花缭乱的姿势及口若悬河的表演，最后，带着满肚子的遗憾，怅然离场。

内行看门道，外行看热闹。可惜，我们连外行都算不上，因为，我们什么也没看明白。

辩经场不仅是一个开启智慧的地方，更是一个决断佛学知识高低的“武场”，就像我们平时所说，有几斤几两，比一比就知道了。

最考验人的辩经并非一对一，而是数位高手把其中一人围于其中，一人引出议题，然后，围绕这个议题接连不断地发问，直到被提问者理屈词穷，以输场告终。当然，这样的场面，即使输了，也并不可惜。因为，不是哪个人都有被众诘的机会的。

仓央嘉措也面临过这样的辩经。开始，他也输过。但是，赢的次数越来越多。直到最后一场辩论，拉萨三个寺院——甘丹寺、哲蚌寺、色拉寺的边境高手都败在他的手上。那一刻，仓央嘉措赢得了所有人的尊敬与爱戴：这的确是我们的活佛，只有他，才能够累积起累世的智慧，即使他看起来只是一个年轻人，但是，他的躯体内却集藏了几百年的智慧与学识。

七 当时明月在

风啊，从哪里吹来？风啊，从家乡吹来！我幼年相爱的情侣啊，风儿把她带来！（仓央嘉措诗歌）

转眼之间，拉萨就迎来了六世达赖喇嘛坐床之后的第一个秋天。

一年时间，已经让仓央嘉措对新环境有足够的了解了。布达拉宫很宏伟，但是，属于他的地方只有那么一点点。寝宫，修行的地方尽管豪华，但并不比之前住的房间大多少。是的，这里很美，所有的东西都是世间难寻的珍物。可是，即使那样，又能怎样呢？他每天也不过是一日三餐，夜卧一床而已。而且，这过去的一年时间，他感触最深的，就是累。日夜不断地学经，辩经。然而，第巴桑结嘉措仍不满意，他时时都在告诫仓央嘉措的经师，要将一个活佛所应该学习的一切法都要好好传授，不能有丝毫的懈怠，否则……每当听到如此严厉的诫训，仓央嘉措和老经师两人都胆战心惊，相对无言，无可奈何。

然而，这并不是最可怕的。最让仓央嘉措无法忍受的，是那份时时也排遣不去的思念。是的，他失去了最亲爱的姑娘了，这是无法忘记的事实。如果失去了，也就忘掉了该有多好啊！可是不能，吃饭时，脑海里是她的影子，睡觉时，她依然盘桓不去。沉思的时候，她就坐在眼前看着你。等你想抱住她，她却倏忽不见了。

有时，仓央嘉措一人在布达拉宫背后的龙王潭边散步，他看到自己在水中的倒影，高挑却清瘦。才一年时光，自己就发生了如此大的变化。那么，玛吉阿米呢？远在山南的她啊，是否也像自己一样，被相思折磨得形销骨立呢？

山上的草坝黄了，
山下的树叶落了。
杜鹃若是燕子，
飞向门隅多好！
翠绿的布谷鸟儿，
何时要去门隅？
我要给美丽的少女，
寄过去三次讯息！

哦，岂止是三次讯息啊，他想告诉她很多话，可是，归结成一句，都是那句“我想你，我的玛吉阿米”，然而，这是一句永远也无法说出的思念。他是达赖喇嘛，他是位居布达拉宫的法王！所有的相思，所有的不舍，只要念及此处，就只能化为一声轻叹，一滴泪水，在龙王潭湖边消失殆尽。

风啊，从哪里吹来？
风啊，从家乡吹来！
我幼年相爱的情侣啊，
风儿把她带来！

这一个夜晚，不知为何，宫外竟狂风大作。连窗格都被凌厉的狂风震得咯咯直响。仓央嘉措惶然从梦中醒来，坐在床边，有依稀的月光洒在地上，这多么像记忆中的爱人啊！她的眼睛，就如这月光般温柔。他伸出手去，想捧住这流泻一地的银光，握住往昔的记忆。然而，他失望了，当他伸出手，感受到的，依然是空空的孤独。

八 雪登节之遇

情人走了，寨子空了一半。不是寨子空了一半，是我的心空了一半。（西藏民歌）

第二年的藏历六月末，那一日，仓央嘉措正在随经师读经。桑结嘉措疾步走过来，脸上带着掩饰不住的笑意："请示佛爷，今年的雪顿节，您想在哪过？"仓央嘉措有点茫然："雪顿节？"桑结嘉措微笑道："是啊，就是我们藏族人最大的节日，也是五世达赖喇嘛最喜欢的节日。"

也难怪仓央嘉措对这个节日不太熟悉，因为之前，他从没有过过这个与格鲁派大有关系的节日。雪顿节在每年藏历六月底七月初，也就是公历的八月份左右，现在已经成为西藏传统的节日。每到这个节日，赶往拉萨旅游的游客格外的多，是拉萨旅游最正宗的黄金旺季。那个时候，不管你是住店，吃饭，还是购物，都是一年里最贵的时候，但游客不管这些，他们历尽千辛万苦，就是为了能够一睹晒佛会的壮观与神圣。这个在后面会提到。

那么，雪顿节是什么意思呢？在藏语中，"雪"是酸奶子的意思，"顿"是"吃"、"宴"的意思，雪顿节按藏语解释就是吃酸奶子的节日，因此又叫"酸奶节"，这是西藏传统节日里最盛大的一个。为什么一个吃酸奶的节日会如此隆重呢？这个节日有一个典故，在佛陀时期有这样一个说法，夏季天气变暖，草木滋长，百虫惊蛰，万物复苏，僧人如果外出活动难免踩杀生命，有违"不杀生"之戒律。因此，格鲁派的戒律中规定，藏历四月至六月期间，喇嘛们只能在寺院待着，关门静静地修炼，称为"雅勒"，也叫坐夏。直到六月底方可开禁。待到解制开禁之日，僧人纷纷出寺下山，世俗老百姓为了犒劳僧人，备酿酸奶，为他们举行郊游野宴，并在欢庆会上表演藏戏。这就是雪顿节的由来。

五世达赖喇嘛就非常喜欢藏戏，他会在雪顿节的时候，特地来到哲蚌寺，欣赏来自各地的藏戏表演，然后，亲自奖赏中意的藏戏表演者。在那一段日子，能为达赖喇嘛表演藏戏是许多舞者最大的心愿。

可以说，雪顿节是信众们能与达赖喇嘛交流的最好时机。桑结嘉措自然明白这一点。按说，仓央嘉措即位的第一年，就应该让他参加雪顿节。然而，无论是当时的混乱时局，还是仓央嘉措自身的状况，都使得桑结嘉措不放心让他抛头露面。然而，他能明白，应该利用雪顿节的机会，让信众们一睹法王的风采，巩固人们对他的虔诚，所以，他极力进劝仓央嘉措，应该参加今年的雪顿节。

可惜，仓央嘉措此刻的心情十分沉郁，对此兴趣不大，只是沉默并不表态。

桑结嘉措看着仓央嘉措，微笑道："考虑到佛爷最近非常辛苦，担心你思念家乡，所以，特地请来了门隅的藏戏班子，他们会在这两天专门为您进行表演。"

仓央嘉措的眼睛亮了一下，随即就黯淡了。家乡，家乡还有值得他思念的人么？父母已经过世，玛吉阿米再也没有消息。即使看到故人，他会有欣喜的感觉么？但是，面对桑结嘉措的殷勤，他再没有拒绝的理由了，只好点头应允。

藏历六月三十号，六世达赖喇嘛应哲蚌寺僧人的邀请，来到那里度过盛大的雪顿节。时至今日，哲蚌寺的雪顿节庆祝都是最隆重的，这一天也正好是哲蚌寺举行浴佛节的日子。其时，寺院要把几十丈高大的锦缎绣绘佛像大唐卡，由几百个青壮年喇嘛一字长蛇阵地抬着，宗教乐队为之伴奏着，抬到寺院西北边的陡斜的后山崖上，自上而下地铺挂开，供数以千万的僧俗群众瞻仰礼拜。

晒佛大会，你如果不到现场，永远不能体会那份壮观与神圣。在拉萨耀眼的天空下，色彩绚丽的巨大唐卡被一点点打开，那一刻，漫山遍野的信众们屏住呼吸，等待佛的真容一点点显现，直至最后全部展露在人们眼前。一时间，低沉的号角声在山谷中响起，喇嘛的诵经声如天籁之音，巨大的唐卡上，释迦牟尼佛以无比慈悲的眼神抚慰着万物众生，仿佛他能够理解并宽慰每一个众生的悲伤与不幸。此情此景，这份壮观，这份奇迹，让你不由自主有想流泪的冲动。

那个时候，我忽然明白，为什么藏地的寺院、佛堂不厌其精，佛像不厌其壮阔，只因为这份宏伟与精美绝伦，能够唤起人们对未知世界的神往与信任。

藏历 1698 年的那场晒佛法会，与往常没有什么区别，桑结嘉措很满意，因为所有的信众都对六世达赖喇嘛表现出了无比的虔诚与敬仰。一位老妈妈差点被拥挤的人群踩倒，幸亏及时被拖到了人群之外，才没有发生危险。

不知怎的，参加完晒佛会，当仓央嘉措随众人回到噶丹颇章院子里，他有一点点烦躁，然而，他不能离场。这一天，西藏几乎所有上层官员贵族都围聚在他周围，他需要陪着他们把戏看下去，或者说，陪大家把戏演下去。

藏戏表演开始了。藏戏，是藏地特有的一个戏种，舞者戴着沉重的面具，华丽的戏服，以说唱的方式表演宗教故事，历史传说等等。据传，最初表演藏戏的是七个美丽的姑娘。她们俊俏的容貌、婀娜的舞姿、优美清新的唱腔被人们赞叹不已，大家都说，莫不是阿吉拉姆（仙女）下凡跳舞了吧！以后人们就将藏戏演出称为“阿吉拉姆”。

音乐响起了，舞者们踏着悠悠的舞步进入场地，她们是来自门巴的藏戏班子，在厚重的面具与华服之下，你很难看清舞者的性别，他们表演的舞蹈讲述的是文成公主入藏的故事，虽然故事已经很古老了。但是，依然深受欢迎。仓央嘉措看着院子中央的舞者，忽然有一个奇怪的感觉，他越发地觉得其中一个舞者看起来如此眼熟，因为戴着厚厚的面具，他看不见她的长相。但是，那身姿，那手势，却让他的心都加速了跳动，几次，他都想站起来，最终都强忍住了。

终于，到了舞者卸下面具，到达赖喇嘛面前接受奖赏的时刻了。那一刻，周遭的人，有的低声耳语，有的悄悄微笑。而这一切，仓央嘉措什么都看不到，也听不到了，他只管盯着慢慢走上前来的舞者，眼睛一眨不眨，因为紧张，他按住宝座的手已经被汗水浸透了。

一个又一个的人跪着伏上去，又千恩万谢地下去了。最后一个舞者，刚要低头下跪，仓央嘉措再也忍不住了，他一下子站起来："你上来就好了！"

所有人都被这句话震惊了，桑结嘉措也抬起头来，他看着仓央嘉措，又慢慢地看向最后一个舞者，那是一个脸色绯红的藏族女孩子，她并无特殊之处。但是，她的眼睛那样温柔，有着如月亮一样的光芒。

没错，她就是玛吉阿米。

九 离殇

> 六月的金莲花啊，你争艳斗芳多不容易啊，如果深秋的冰霜落在了你的身上，那凋谢的花朵该多么可怜！（西藏情歌）

仓央嘉措直直地站着，仿佛从亘古以来，他就一直这样未曾改变过姿势。眼泪不经提醒，就忽然从眼中飞泻而出。这是梦么？还是现实？多少个夜晚，他梦到过无数同样的场景，心爱的人跨越了千山万水，真的就来到了他的眼前。

玛吉阿米微笑着看着他，并不说话。她不想告诉他，相思的苦痛已经折磨了她多少个日夜。从家乡一别之后，她再无他的消息。不是打听不到，而是她情愿从心里把他彻底忘掉。可是不行啊，那么多个夜晚，她一个人悄悄走到寺院门口，在他曾经住过的房子周围一坐就是一晚。很奇怪，她不再怕鬼了，如果真有鬼来，她愿意和它谈一谈，在这世上，还有比失去爱人的女人更心痛的人么？她想问问它，这样的孤单，是不是连孤魂野鬼见了都觉得凄然呢？阿旺嘉措住的房间已经没有灯光了，更不会有人了，但是，至少还有他生活过的痕迹，那扇木门，不就是他的手常常触摸过的么？想念至深了，玛吉阿米会把脸贴在那冰凉的门扇上，闭着眼，仿佛这样就可以感受到他的温暖……

哎，我的玛吉阿米，你什么都不需说，你想说的，我都明白。不管我们分离了多久，我的心从没有离开过。我的心，我的魂，在每个夜晚，都要到错那宗反复游荡，我看到了你的身影，你的每一滴泪水都仿佛滴在我的心上，让我在梦中也会痛醒。

现在，你就站在我面前，可是我依然无法走过去。你看见了吧，这沉重的僧袍提醒了我，拽住了我，我不能动，因为我是达赖喇嘛。我只能这样高高地看着你，却不能拥抱你。

周围一片寂静，也许是太静了，都能够听见情人心中悲伤的啜泣，所有人都陷入了沉默。桑结嘉措看着年轻的达赖喇嘛，表情复杂。几位蒙古官员，特别是王子拉藏汗对此更是大感兴趣。他之前还一直阴沉的脸慢慢舒展开，就仿佛一只利凖忽然发现了猎物一样欣喜若狂。思索片刻，他也站起来，大声说道："佛爷好像对这个舞者有话要说，可是责备她跳得不好么?"桑结嘉措马上站起来："绝不可能如此，今天是个这么吉祥的日子，慈悲的佛爷是绝不可能怪罪任何人的。赏这个姑娘，让她下去。"

仓央嘉措一下子缓过神来，他想张口说什么，却被桑结嘉措严厉的眼神制止住了。还来不及对心爱的人说上一个字，玛吉阿米就被随从连请带拽地送走了。

拉藏汗遗憾极了，不过，他还是能够在临走前悄悄地对仓央嘉措耳语道："您太听第巴的话了，这一年多来，您好像从来也没有按照自己的心思过生活吧?"仓央嘉措猛地回头，眼神冰冷地盯住他，没有说一句话。不知怎的，这眼神让拉藏汗打了个冷噤，他耸耸肩，施施然地离开了。

雪顿节并没有结束。准确地说，现在刚刚进入高潮。但是，从藏戏表演之后，年轻的法王就再没有参加任何活动。侍奉他的喇嘛对外说：活佛偶感风寒，身体不适。

整个拉萨都在悄悄议论，或者是第巴压在年轻活佛身上的弦太紧了，以至于他不堪重负，一点点疲累都可能让他病倒。

这个传闻让桑结嘉措很满意，至少，没有人再谈论藏戏表演时，六世达赖喇嘛的失措举动。他不知道别人看到了什么，但他至少明白，拉藏汗那猎狗一样的鼻子已经嗅到了什么不寻常的气息。他必须小心再小心，决不能让自己辛苦培养起来的雪域继承人有丝毫的差错。

一想到这个，第巴桑结嘉措不能自已地长叹一声。当然，这叹气中不乏满意的成分，他觉得自己做得非常出色。从成功地寻访到转世灵童，把他秘密安置在山南巴桑寺院长达 4 年无人知晓，直到最近把他举上无畏狮子宝座。每一步，他都经过了深思熟虑和缜密的思考。既要防备到蒙古人的窥探与野心，又要考虑到大清皇室的关注与警惕。这计划中的每一步，他都事必躬亲，直到现在六世达赖喇嘛成功地坐上宝座。这其中耗费了他多大的心血啊。就算是五世达赖喇嘛在世，可能也会对自己的能力赞叹不已吧？

但眼下，他还是需要和那个年轻的活佛谈一谈，毕竟，这个计划是否能够成功到最后，还要他们两个人配合得当。桑结嘉措就是带着这样轻松与自信的心情走进了仓央嘉措的寝宫。

藏历 7 月的拉萨，天气异常暖煦。桑结嘉措早就换上了最轻软的丝绸长袍，然而，当他走进寝宫，却不禁大吃一惊，年轻的佛爷正病怏怏地倚靠在杏黄色的锦垫上，脸色苍白，侍从正在帮他取一件稍厚的袈裟披在身上。

桑结嘉措忽然有一种不好的预感，这件事情，他看起来比草芥还小的事情，可能会影响他的全盘计划。

果然，仓央嘉措没有客套，直入正题："那个舞者，她去哪里了？"桑结嘉措沉默了一会："她不是这里人，只是为您献舞的，之后自然是回家了。"仓央嘉措没有应声，只是把头转过去，不再说话。

桑结嘉措也沉默了。他无话可说，因为他发现，这位年轻的活佛在得知那个舞者已经离开之后，竟然满脸泪水。沉吟片刻，他方才缓缓地说道："您的这份心情，我十分理解。在下也有过年轻的时候，也有过非常爱慕的姑娘。却因为误会情意不在了，而不得不分开。也是因为那件事情，我惭愧自己没有资格再穿僧衣，只有还俗。不过，您与我不同，您的地位至高无上，没有人能够配得上您，您也决不能因此还俗。"

桑结嘉措这番话有软有硬，然而，中心意思只有一个，你是法王，你的身边决不能有女人，你也决不能因为任何事情还俗。

仓央嘉措没有回答。终于，桑结嘉措轻轻叹了一口气，转身离开了。

那一夜，仓央嘉措真的病了。不管穿多厚的衣服，他都感到彻骨的寒冷。

十 如果不曾相见

自幼相爱的情侣，莫非是狼的后裔？尽管已经同居，还想跑回山里！（仓央嘉措诗歌）

时间一天天地过去了，仓央嘉措没有等到玛吉阿米的消息，却意外地迎到了一个故人的拜访。他的要求马上就得到了恩准。此刻，别说是人，就是一只从错那宗飞来的鸟，都是仓央嘉措的贵客。

他竟然是央吉。

见面的寒暄过去之后，仓央嘉措迫不及待地问道："你可知道玛吉阿米的消息？"

央吉呆了呆，他踌躇良久："我们听说她费了很大工夫来这里寻找您，然而，回去后不久，她又离开了。"

仓央嘉措愣了，他下意识地问道："那么，她去哪里了？"

央吉沉默了很久，才轻声说："她嫁走了，据说新郎的家在理塘。"

这个消息犹如晴天霹雳，震得仓央嘉措登时呆住了。他一下子站起来，紧紧盯着眼前的央吉，想在他脸上找到更多的讯息，他实在不能相信这是真的。

央吉的脸上只有悲伤和无奈。这是无法伪装的表情。

仓央嘉措只觉得头嗡嗡地响，他一下子想起了多年之前，也是央吉告诉他，玛吉阿米要嫁人的消息。初听消息那一刻，他只觉得仿佛有一把利刃一下子穿透身体，此刻，那种血淋淋的回忆再次涌上心头。只是这一次，他的心依旧无法设防，再一次倒在了血泊之中。

央吉看着眼前的佛爷。他的心里有一点点害怕。他依稀记得，多年前，当仓央嘉措得知玛吉阿米要嫁人的消息时，脸色也是如此的苍白可怕。只是，当年他是无心说了一句实话。而今，他在有心说一个谎话。

只是一句话而已，不会怎么样吧？央吉模糊地想着，他站起来，看着仍在发呆的仓央嘉措，只说了一句，“佛爷，保重。”说罢便匆匆离去了。当然，在他离开这个屋子不久，就会接到一份来自布宫的礼物，这是第巴桑结嘉措对他表示的“感谢”。

午后的阳光斜斜地照进屋子，偌大的会客室一点声音也没有。年轻的达赖喇嘛泪流满面。

这是他第几次为玛吉阿米哭泣了。他自己也说不清楚。

哎，我心爱的姑娘，我们曾说过如此多的誓言：除非死别，活着永不分离！我的心还在这里，而你，怎么可以离我远去了呢？哎，我的姑娘，我该恨你么？或许应该恨，但是，为什么一想到你，都是往昔的甜蜜呢？你的微笑，你的期待，你深情的凝视，你紧紧的拥抱……这一幕幕不舍的回忆，都如不速之客般，每一夜都要进入我的梦乡。也只有在梦里，我才会与你反复缠绵，不离不弃。

可是，现在想这些又有什么用呢？仓央嘉措呆望着眼前，似在透过窗楞观看宫外的风景，其实眼里空无一物。

原来，佛经说的真没有错。得到的时候多快乐，失去的时候就有多痛苦。

我的爱人啊，已经离我远去了……

入夜，整座布达拉宫如死一样沉寂，所有的人都入睡了。仓央嘉措却像铁锅上的煎鱼一样翻来覆去。不知怎的，他就是觉得冷。如同在雪地里睡觉一样浑身发抖。睁开眼睛时，玛吉阿米就坐在他的床边笑语盈盈，闭上眼睛，玛吉阿米融入他的怀抱不离不弃。可是，当你真的想抱住她，留在怀里的，却只剩下空寂的月光。

忽然之间，他想起了巴桑寺的那个午后，第一次听到丛林里飘来的那首若有若无的歌曲：

在那碧波荡漾的河面

我还是第一次放下小船
风儿啊，我请求你
千万不要将我的小船打翻
在美好的初恋阶段
我还是第一次尝到甘甜
恋人啊，我请求你
千万别将我的爱情折断

那是仓央嘉措第一次听到如此温柔而忧伤的曲调。他想看一看那位歌者是哪一位，而唱歌的女孩却像精灵一样悠忽不见。现在想来，或许，她就是一个精灵，以这首幽婉的歌曲暗示他，这将是一段悲伤的爱情之旅。

这注定是一个无眠之夜了。我想，仓央嘉措大约就在这一晚，写下了下面的诗句。

第一最好不相见，如此便可不相恋。
第二最好不相知，如此便可不相思。
第三最好不相伴，如此便可不相欠。
第四最好不相惜，如此便可不相忆。
第五最好不相爱，如此便可不相弃。
第六最好不相对，如此便可不相会。
第七最好不相误，如此便可不相负。
第八最好不相许，如此便可不相续。
第九最好不相依，如此便可不相偎。
第十最好不相遇，如此便可不相聚。
但曾相见便相知，相见何如不见时。
安得与君相诀绝，免教生死作相思。

这就是著名的《十诫诗》，有人说这是佛语，有人说这是情诗。世事无常，人心易变，爱情有时是最好的修行，如果没有这许多的如果，也就是说，不曾造下“因”，那么，就不必品尝这爱而不得的“苦果”了。不管怎样，处于同一心境的人们看到这首诗，都不能不为之拍案叫绝。未曾经历过得到却又失去的人们，是永远也无法体会到，最美好的东西、最美好的人失之交臂的沉痛与无奈。

十一 错心

> 涉水渡河的忧愁，船夫可以为你除去。情人逝去的悲哀，有谁帮你消忧？（仓央嘉措诗歌）

冬天过早地来到了。萧瑟的天空下，布达拉宫的身影依然是那么雄伟壮观。然而，外界能看到活佛的机会却越来越少。有传言说，第巴桑结嘉措与六世达赖喇嘛之间似乎发生了小小的摩擦。

有时候，真不能小看谣言的力量。现时的经验也告诉我们，很多当初被怒斥为“谣言”的消息，最终都被证实确有其事。所谓“无风不起浪”大约也是这个意思。

桑结嘉措是仓央嘉措的老师，他们之间还会有怎样的矛盾呢？据一位最相熟的老经师悄悄透露，也许是之前某个下午，两人之间的谈话引发了这场战争的序幕。老经师还记得那是一个阳光充足的午后，佛爷闲闲地问询第巴：“这些功课我已经按您的嘱咐全部学习了。我是不是该学习一些其他的东西了？”桑结嘉措当时很惊讶：“全部学习了？我想这种话有点欠妥当吧？佛教如此浩大精深，别说一世了，几世都很难触及皮毛，您就敢声称全部学习了？”仓央嘉措的脸红了，他低声反驳：“我觉得我似乎应该学习一些政务方面的事情。”桑结嘉措挑起眉毛：“您想说的原来是这个，可是，我觉得您的年龄尚浅吧？”

仓央嘉措马上回答：“我知道五世达赖喇嘛十几岁就已经是政教合一的教主了，我现在开始学习，好像正在遵循他的道路，有什么不妥么？”

桑结嘉措没有说话，嘴角却露出一丝不自觉的微笑。或许他自己都没有觉察到，就是这微笑深深刺伤了仓央嘉措的心。

这大约是仓央嘉措与桑结嘉措的第一次正式的纠纷。对于仓央嘉措来说，他努力让自己摆脱了情爱的折磨，很想成就一个真正达赖喇嘛的使命。但是，桑结嘉措却给他的热情泼了一盆冷水。有人如是分析，桑结嘉措大权在握已久，当然不愿意轻易放手权限。也有人说，仓央嘉措羽翼未丰，而当时西藏政治形势风云变幻，不管是出于爱护还是不放心，桑结嘉措都不可能让年轻的六世达赖喇嘛涉足政治。

不管是一己私心还是用心良苦，总之，仓央嘉措希图接触政治的愿望被桑结嘉措硬生生地掐断了。

很难表述那一刻仓央嘉措的心情。彼时的他，十分年轻，却连续遭受了两次重大的打击。受伤的爱情，还有难以平复的自尊心交织在一起，让他体会了前所未有的失落。

从那时开始，仓央嘉措对学经产生了巨大的抵触情绪。不管经师如何谆谆教导，年轻的活佛就是不理不睬。无奈之下，经师再一次找来了桑结嘉措。

还是那间屋子。当桑结嘉措再一次耐心地请求年轻的活佛要专心学经的时候，仓央嘉措懒洋洋地回答："有什么需要我呢？您不是一手都操办好了么？"

听到这略带挑衅的口气，桑结嘉措非常不快："不知道您是怎么有了这种想法，您是雪域最大的王，我不过是摄政王，帮助您处理政务，我怎么能够代替您呢？"

仓央嘉措站起来，似笑非笑："我已经不是孩子了，我什么都懂得。我知道从我被找到，被认证，到来到这里，都是您的意思。其实您是不想让我来的，现在也不想。要不是康熙皇帝偶然知道了伟大的五世已经圆寂的消息，您还想让我在家乡再多待一阵子，哪怕十年也所谓，是不是这样？"

桑结嘉措一言不发地听着仓央嘉措的话，他惊呆了。他没想到，这个他还当成是孩子一样的活佛，原来已经长大了。

仓央嘉措所说的没错。事实上，让仓央嘉措匆匆登上宝座的不是别人，正是大清帝国的康熙皇帝。

从五世达赖喇嘛开始，西藏就已经隶属于清朝政府。所以，达赖喇嘛圆寂，寻找新的转世灵童这样的大事必须呈报清朝政府，并由政府官员和西藏当地官员一同寻找。但在当时，清朝政府正与噶尔丹激战正酣，于是桑结嘉措就悄悄地瞒下了这一消息。如果说，桑结嘉措仅仅有着知情不报一项罪名，康熙皇帝可能还不会太生气。最重要的是，他犯了康熙皇帝的大忌，居然在暗中支持噶尔丹。等到清政府彻底打败了噶尔丹，并了解到五世达赖喇嘛已经圆寂的消息，天子震怒。即使远在几千里之外，桑结嘉措还是感受到了来自北京的愤怒。在这个当口，他马上书信一封，详细解释了隐匿消息的缘由，又密奏已经找到六世达赖喇嘛的消息。考虑到刚刚与噶尔丹鏖战结束，康熙皇帝并没有对桑结嘉措的做法深究。只是要求六世达赖喇嘛尽快坐床，还派出使者带着珍贵礼物来到西藏，参观六世达赖喇嘛的坐床庆典。

也就是说，如果没有那个偶然，仓央嘉措此刻可能还在错那宗那片美丽的地方。他可能已经与玛吉阿米互定终身。多么巧啊，只差一天，或许只差那一个夜晚，他就不得不与心爱的姑娘生生分离。

桑结嘉措盯着仓央嘉措。他忽然感到有些悲哀。其实，他是爱这个孩子的。在他的眼里，在他的微笑里，他依稀能够看到恩师和慈父的影子。

在藏地，有这样一个说法，很奇怪，每一个转世的活佛都会被发现，虽然他与自己的前世从无半点血缘关系，但是，人们惊奇地看到，他的脸庞，甚至神情都与圆寂的上一世惊人的相似。

或许，当桑结嘉措凝视着年轻的仓央嘉措，在那张脸庞上，他总能恍惚看到一份相似的微笑。而这份微笑让他有发自内心的温暖。可惜，桑结嘉措不是一个感情用事的人，当这份恍惚过去，他马上会清楚地记得，眼前的这个人是另外一个人，他无法与曾经的五世相比，他也无法像对五世一样对他全部交心。

“那么，”沉默很久，桑结嘉措才开口，“您想做什么？”

仓央嘉措摊开手：“像我的前世一样，他做什么，我就做什么。”

“不可能。”桑结嘉措断然拒绝。

仓央嘉措盯着他：“为什么不行？您认为我没有智慧？”

桑结嘉措张张嘴，他思虑再三，是该把一些事情告诉这位佛爷了。那天下午，他和仓央嘉措谈了很久，关于他来到布达拉宫之前、现在以及未来，西藏将会面临的危机和困难。从远处来看，清朝政府对他曾经隐瞒相当不满。而得罪了这个大施主，以后引发的很可能是毁灭性的灾难。从近处来看，蒙古和硕部的王子拉藏汉，是一位非常有野心的人。自从他知道桑结嘉措隐瞒下五世达赖喇嘛圆寂并自行寻找到了转世灵童的消息之后，就异常愤怒。不过，由于蒙藏两族同辖于清政府的统治，而清政府并没有对桑结嘉措采取措施，他也只好把这口气生生咽了下去。不过，虎视眈眈的他，是不会放弃任何向自己发难的机会的，只要一个不小心，布达拉宫，哦，不是，应该是整个雪域都会发生天翻地覆的变化。那个时候，五世达赖喇嘛一手创下的统一与和平也会毁于一旦。

仓央嘉措仔细地在听着他的话，末了，他问道："是不是我可以这样理解，你并不信任我，虽然我穿着佛爷的金线绣衣，然而你始终认为，里面包裹着的，不过是一个普通的人的身体？他永远无法和伟大的五世相提并论？"

桑结嘉措错愕地看着这位年轻的佛爷。他感到头疼，也许是因为自己的话被误解了，或者是因为自己的话被理解得太深刻了。他无法放心让这个年轻人接触政务究竟是私心还是其他，他真的都无法说得清楚了。

最后，桑结嘉措只能简单地说了一句："您现在还应该继续努力学习经文。几大寺院的僧人们都想祈求你的讲法，你还是多做这方面的努力吧。"说罢，头也不回，径自离开了。只留下错愕的仓央嘉措一个人呆立在空荡荡的寝宫里。

十二 浪子宕桑汪波

住进布达拉宫，我是雪域最大的王，流浪在拉萨街头，我是世间最美的情郎。（仓央嘉措诗歌）

没有谁能够理解此刻仓央嘉措的心情。他感觉自己受骗了。他付出了所有，失去了一切，却换来了一个什么都做不了的傀儡身份。多少次，他想逃出布达拉宫，去寻找心爱的情人。然而，每一次当他把脚步跨出门槛，都泄气地迈回来，他走得出这宫殿，能走出人们的心么？在所有人的心里，他是雪域至高无上的教主，他的形象，已经深刻在每一个人的眼里、心里，不管他走到哪里，都会有信徒愿意亲吻他踏过的足迹。他走得出这样巨大的敬仰与信任么？

这样一个冬日的上午，当阳光洒满屋子的每一个角落，裹着僧袍晒太阳的仓央嘉措终于长叹了一口气，他看到自己的手臂，已经瘦弱得青筋暴露。

翻开桑结嘉措与仓央嘉措的这段历史，两个人的关系好像一直在误解与矛盾中度过。其实，我更倾向于误解这一种说法。有很多史书认为，桑结嘉措是因为个人的利益，而迟迟不愿仓央嘉措登上宝座，我觉得不尽然。桑结嘉措从幼年时期就生活在最尊贵的五世达赖喇嘛身边，深得这位伟大人物的宠信。就他本人的个性来说，并不是一个十分热衷权力的人。因为，他曾在年轻时三次拒绝达赖喇嘛提议他做第巴的建议，直到最后才勉强受之。他与五世达赖喇嘛的关系是真挚而诚恳的，他一生都在忠诚地执行着五世达赖喇嘛的指令，虽然这指令最终将他自己也推向命运的漩涡。

我同样也相信，桑结嘉措对仓央嘉措的感情也相当深厚，仓央嘉措是他亲自寻找到的，并经过了他的认可。不为别的，就算是对五世达赖喇嘛感情的延续，他应该在心里也非常宠爱这个年轻的活佛。但是，寝宫那一席不成功的谈话之后，疙瘩已经在两个人心中彻底结下了。桑结嘉措觉得自己对仓央嘉措太放松了，以后应该更严厉地督导他的学习。而仓央嘉措则认为，自己已经被抛弃了，不管是爱情还是达赖喇嘛原本该有的生活。他要自己去寻找快乐。

从那一天开始，拉萨城里多了一个浪子，他叫宕桑汪波。

夜晚的拉萨，是全世界最让人迷乱的城市。布达拉宫底下，大昭寺门前，几百年来，从不寂寞，无数朝拜者不分日夜，用他们的虔诚把这里化成了最伟大的圣地。而就在离大昭寺不远的地方，有大大小小的歌肆酒馆，不管夜有多深，都能闻到飘在夜空里的酒香，听到那放浪的笑声。直到今日，拉萨城郊一带，依然有着最红火的皮肉生意。我曾经问过一位学佛的人，为什么在这片圣地上，还有这样奇怪的反差现象？那人解释为，首先，这是一个惯例，妓女和杀手是有人以来最古老的行业，只要有人的地方，这两个行业就经久不衰。其次，佛教昌盛的地方，越是有魔的困扰。这大约也是对修行人坚贞内心的一种考验吧？

三百年前的那个拉萨的夜晚，大约也如今日一样，夜已至深，但八角街上依然有来往的人群。喝完酒的康巴汉子搀扶着彼此的肩膀，一边唱着歌一边在街上游荡。就在大昭寺一角处，一个二层楼的小酒馆似乎特别热闹，那里灯光明亮，不时有客人的笑声传出来。一个少年显然是被吸引了，他迟疑片刻，就轻轻地走上了那窄窄的黑暗的楼梯。

一个女招待看到他上来，美丽的眼睛顿时放射出迷人的光芒：好一个英俊的少年！

——请问您叫什么名字？

少年迟疑了一会，轻轻地回答：“我叫宕桑汪波。”女招待的眼睛流转着比酒还醉人的光芒：“我叫达瓦卓玛，希望您在这里会玩得高兴。”

在布达拉宫，我是雪域最大的王
在拉萨街头，我是浪子宕桑汪波

这就是宕桑汪波这个名字的缘起，这也是仓央嘉措与那家著名的酒馆的缘起。

时至今日，这家位于大昭寺一角处的二层小楼都是拉萨最火的酒馆，每一个游客，只要踏上拉萨这片土地，他们都要作一次酒馆的座上宾，当然，你在这里已经看不到三百年前这家酒馆的模样。但是，只要你知道，曾经，那位年轻的活佛就是踏着这窄窄的楼梯走进这间狭小的屋子，他的脚步曾流连在酒馆的某一个角落。或者，他与心爱的情人在昏黄的灯光下曾悄悄地十指交错……只要是这样的想象，就无法不让人们疯狂地涌进这家酒馆，用自己的想象寻找三百多年前的记忆。

那个夜晚，年轻的宕桑汪波第一次来到这样的地方，他穿着俗人的衣服，戴着假发，没有人知道他就是那位年轻的达赖喇嘛。美丽的女招待达瓦卓玛为他端来了一大杯醇厚的青稞酒，用鼓励的眼光看着他，希望他一饮而尽。

宕桑汪波犹豫地看着这黄色的液体，他是一个僧人，虽然受的是沙弥戒，然而，不能饮酒的戒律他还是清楚地记得的。但是，他只犹豫片刻就一饮而尽，这是他第一次喝到青稞酒。原来，藏族人自己的酒是这样醇厚啊。只饮下一小杯，停留半刻，待热乎乎的液体流进喉咙，在胃肠里融化开，沸腾开，一股心迷神醉的美妙滋味在四骸散开，人似飘忽在云里雾里，多日以来，像一股乱麻一样塞在心里的痛苦似乎也渐渐消散了。再看周围的人们，每个人都笑得遥远而亲切，特别是女招待卓玛，她温柔的眼波总是过多地流转在年轻的宕桑汪波身上，为他斟的酒也是又多又满。这让不少酒客大声起哄，并开起了两人的玩笑。第一次接收酒精的刺激，宕桑汪波太兴奋了，在达瓦卓玛为他斟了第三杯酒之后，他借着酒意大声地为她献上了一首诗歌：

皓齿美人含笑，
朝向四座顾盼，
眼珠娇滴滴一转，
目光落处是少年的脸。

喝了一杯没醉，
又喝一杯还没醉，
少年的情人劝酒
一杯便酩酊大醉

只要姑娘你常在
酒就有我喝的
少年我的希望
自然寄托在这里

诗歌刚读完，四下无声，忽然，有人开始大声地叫好，一时间，口哨声，吵嚷声四起，美丽的达瓦卓玛惊喜而害羞地看着这英俊的少年，他在片刻之间就能为自己写出这样美丽的诗句，这实在是她少女生涯中从没有过的经历，看着眼前的宕桑汪波，她温柔的眼波流露出无尽的情意，只是，这少年显然没能领会对方的情意绵绵，因为不胜酒力，几杯酒下肚，他就已经在喧嚷中沉沉睡去了。

以后的许多个日夜，这个贵族打扮的少年便成了这里的常客。他与陌生的客人们一起饮酒，一起欢唱，喝到尽兴时，他会付了所有人的酒账。客人们都爱疯了这个出手阔绰的少年。却没有人知道，他就是尊贵无比的达赖喇嘛。

消息自然很快传到了桑结嘉措的耳朵里。他简直不敢相信这是真的。达赖喇嘛，竟然穿着便装在夜晚悄悄出去，到酒肆里喝酒玩闹，这简直是匪夷所思的事情啊。他再也沉不住气了，马上找到了仓央嘉措。两人又有了第三次的谈话。

——我听到一个谣传，您最近经常在夜里穿着便服出去，和俗人们喝酒。

仓央嘉措淡淡地说："那不是谣传，那是真的。"

桑结嘉措气坏了："您该怎么解释这种行为呢？您是佛爷啊？"

"够了！"仓央嘉措忽然爆发了，"我是佛爷！是的，我和这里的佛像没有区别，都是让人拜的。但是，我和他们不同的是，我有心，我有一颗在跳动的心，这颗心有希望、有感情，有谁注意到它？你们都是希望这颗心快点死去，好让我变成真正的佛像吧?!”

这番近乎咆哮似的发泄让桑结嘉措彻底惊呆了。他沉默了半晌，终于一个人静静地退出去了。

自从和桑结嘉措彻底摊牌之后，仓央嘉措出去游荡的时候更频繁了。春天的拉萨城，天空像洗过一样干净。每个人的脸上都洋溢着快乐的笑容。仓央嘉措第一次在白天出来闲荡，这个城市是他的，但是，他还是第一次看清它的样子。

拉萨城最热闹的地方就在大昭寺附近，名曰八角街。至今，这里也有数不清的茶馆、商肆。就连一个小摊上卖的都是看似相当古旧的东西。所有的商贩都会告诉你，他的东西至少有上百年的历史，而且产地非常高贵，都是来自佛陀的家乡，尼泊尔或者印度，让你对手中的小东西顿时升起敬意。当然，这不一定是真的，而且，大多数都不是真的。在这里买东西有个窍门，如果商贩是正宗的藏族人，你尽量看准了再买，可以讨价还价，但不要争执一番之后，扬长而去。那样的话，他们就会认为你是故意骗人，一场争端说不定还会就此发生。不过，也不要因此特别担心，藏族人心地直厚，你诚心对他，他必不会骗你，一场生意下来，就此成了朋友也说不定。

八角街附近的茶馆非常有名，有价格便宜如大车店一样，但甜茶味道纯浓的，如光明茶馆，这是一栋两层楼的茶馆，只有简单的木桌，板凳，且颜色古旧得好像从旧货市场淘出来的一样，东西便宜且好吃，所以客人极多。有数的几个服务员显然都是超负荷工作，经常听到客人大声叫东西吃，而服务员的声音只在极远处回应，却看不见人出现。不过，对于喜欢安静的僧人们来说，他们还是喜欢去大昭寺边上的一家康巴人开的茶馆，那里有味道很纯正的酥油茶可以喝。其实，藏族人很少喝甜茶，喝甜茶大多是内地人的习惯。他们更喜欢喝原汁原味的奶茶或者酥油茶，那股腥膻的味道一入口，才有开怀通畅的感觉。

我曾经在一些藏族人家里喝到纯正的酥油茶。其实，还是蛮好喝的。酥油要吃那种刚打出来的新鲜的，一点没有油腥子味。碗里放上几勺刚刚炒好的青稞米，奶渣，一大勺酥油，再冲上滚烫的砖茶，一碗喷香的酥油茶就做好了。藏人有个很有意思的习惯，喜欢收集装饰着美丽花边的茶碗。颜色绚丽多姿，花纹精致独特。而且，他们不会像内地人一样，用完碗筷就收到碗橱里，而是骄傲地摆在客厅的几架上，作为装饰用品。我曾经好奇地问一位藏族老妈妈：“为什么把碗摆在这里？”她笑：“好看呀！”

藏人喜欢喝茶，酥油茶最好，其次是奶茶，甜茶，不管男女老少，都喜欢去茶馆，一坐就是几小时甚至一整天，喝到“茶兴阑珊”，才会慢慢回家去。

十三 只为

走过了遥远的路途，便想起了我金色的骏马，唱起了动人的情歌，更将我的心上人牵挂。（西藏情歌）

第一次白天给自己放风出来的仓央嘉措，游荡得有点累了，那时候，想必他就坐在这间茶馆靠窗的位置，一边品着奶茶，一边看着楼下来往的人群。他忘记了，这次陪他出来的，还有那位可爱的酒馆女招待，达瓦卓玛。

看到仓央嘉措只顾着浏览楼下的风景，达瓦卓玛有点坐不住了，她是应仓央嘉措的邀请，陪他在城里闲逛。没想到，仓央嘉措真的就是闲荡，东看看，西看看，连她的手都没有拉起。

达瓦卓玛很不高兴，瞪着眼前的仓央嘉措，撅起了可爱的小嘴巴：“您就准备把我这样晾在一边，只顾着看楼下的风景么?”仓央嘉措这才转过身来，歉然地笑：“对不住，我真是第一次看到这样热闹的情形，实在太吸引人了。”达瓦卓玛惊讶地看着他：“您不是在拉萨生活的人么?”仓央嘉措一时语结，只是笑笑，并不答话。

街市上人来人往。他们沿着顺时针方向，绕着大昭寺或走或拜，沿途的青石板路已经被磨得精光铮亮。

仓央嘉措忽然对达瓦卓玛说：“你在转寺的时候，有没有注意到，大昭寺前面有两根立柱，所有的人走过那里，都要以额顶之，知道为什么么?”卓玛思考了一下：“还真的不知道，小的时候，父母就带着去拜那里，成了习惯，但不知道为什么要拜那两根柱子。”仓央嘉措笑道：“大昭寺里最珍贵的是那尊文成公主带来的佛陀十二岁的等身佛像。据说还是佛陀自己为它开光。就因为这尊佛像，大昭寺成了全世界佛教徒朝拜的中心。而它前面的这两根立柱，里面有宗喀巴大师的牙舍利，因此，也成了所有信徒必须祭拜的地方。而你们啊，”他微笑着看卓玛，“拜了多少年都不知道拜的是什么，同样道理，叩了很多年的头，也不知道想要什么。”

卓玛的脸有点红了：“那么，你知道自己想要什么么？”

仓央嘉措不回答，忽然朗声读到：

对于无常和死
若不常常去想
纵有盖世聪明
实际和傻子一样

卓玛看着他，眼神还是一样的迷惘，不过，也许是知道了自己的孤陋寡闻，她有点惭愧。

仓央嘉措微笑道：“皈依三宝之后，我们就成了佛教徒，我们为什么要相信佛教，就是因为这世间有无常与死亡，若没有死亡，我们不需要去找寻任何教义，随意地生活，随意地享受就可以了。但这是行不通的，不管你相信与否，死亡都会随时到来，会斩断你与现时的一切联系，这也是无常的含义。不管你现在快乐与否，悲伤与否，富有还是贫困，一切都会变化，握在手中的东西永远不是恒常的。所以说，不管一个人有多么聪明，如果不能相信并彻悟无常和死亡的道理，还是和傻子一样的。”

卓玛默默地喝茶，也不晓得是否理解了他说的含义。过一会她也笑笑说：“我们去大昭寺前拜一拜吧。在大昭寺正门南边的墙壁上，有一个天然的孔洞，叫许愿洞。我们只要站在这个洞前面 20 米处，闭上眼睛许一个心愿，再往前走，如果你的手指正好插进这个孔洞，你的心愿就一定可以实现。”

仓央嘉措心里一动，心愿？此刻，他已经是雪域最大的王，万千信众敬仰的达赖喇嘛。他还有什么未完的心愿呢？你当然有了！心底一个小小的声音在催促他，你日夜期待的，就是能够再见她一面，问一问神灵吧，在有生之年，这个愿望能否得偿所愿？

拉萨的午后，阳光如火般灼烫，太阳似乎把全世界的热量都集中到了这里。大昭寺门口都安静极了。朝拜的人已经收起卡垫半倚在高大的围墙下，等待炽热的日光渐渐离去。仓央嘉措走到大昭寺正门口，他轻轻地俯下身子，两手刚触到青石板上，就不禁叫了一声，这里已经被暴烈的阳光晒得滚烫如火，但是他不愿抬起来，而是全身都匍匐下去，以额触地，起身，再拜……

那一刻我升起风马不为乞福只为守候你的到来

那一日垒起玛尼堆不为修德只为投下心湖的石子

那一月我摇动所有的经筒不为超度只为触摸你的指尖

那一年磕长头在山路不为觐见只为贴着你的温暖

这一世转山不为轮回只为途中与你相见

只为在途中与你相见！当这首诗的最后一句词从口中吟出，仓央嘉措忽然觉得眼睛刺痛，不知何时，他已在拉萨耀眼的阳光下泪流满面。

有一个名字，轻轻启动唇尖，就会吐出她的字节。然而不能说，只要说出口，就会触动心里最深的那块痛。

我最心爱的姑娘，此刻你在做什么？在田里耕作，还是山坡上牧羊？你可否会与我一样，时时忆起少年时曾经最心爱的人。然，情深至此，缘浅如斯！今生无法相守。就让我的心与我的祝福陪伴你吧。平安，喜乐！

远处，卓玛默默地看着他，那是一个她根本不熟悉的宕桑汪波。在拉萨的午夜，这个浪子一样的少年曾戏说过无数次，她就是他心中的美人。直到现在，看到他在正午的阳光下一次又一次地长跪不起，看到他的眼睛一次又一次被泪水模糊，她终于明白，在他的心里，有一块最深角落，那里有他最爱的人，别人永远也无法触摸。

这一晚，当仓央嘉措回到布达拉宫，已是深夜。让他吃惊的是，在他的寝宫，桑结嘉措居然一直在等他，一边等，一边疲倦地打哈欠，一见仓央嘉措，他马上站起来，脸上露出笑容："又是这么晚？年轻人就是喜欢玩乐，可是也要注意身体啊。”这温和的话语让仓央嘉措非常吃惊，他没有回答，默默无语地坐到宝座上，静静等着他的后文。

桑结嘉措还是没有发火，他只是疲倦地说：“不要再胡闹了。我不敢说，我像父亲一样关心您，但是，在我的心里，您除了是佛爷，我真把您当孩子一样疼爱啊。”仓央嘉措默默地看了他一眼，灯光下，他脸上的皱纹如刀刻般清晰，露在帽子外面的头发也掺杂了许多银丝。“不管怎么说，他是个老人，也为我花了太多的心思。”一时间，仓央嘉措的心里升起了许多怜悯，也有丝丝的后悔，“我任性的时间也够了，真应该继续回到学习上来了。”

看到仓央嘉措还是不说话，桑结嘉措有点着急了：“我希望您能明白现在的情况，在拉萨城内，有关您放荡不羁的谣言越传越烈，说您带着酒馆的女人到处在街上闲逛，蒙古王子拉藏汗甚至暗示我，问您究竟是不是真正的六世达赖喇嘛。我看他心存不良，很想找机会把你从宝座上赶走，您不能不小心啊。”

仓央嘉措听得心头冒火，一句未经大脑思考的话，一下子就冲出了口：“有谁喜欢当这个达赖喇嘛，就让他来好了。”一听这话，桑结嘉措气得手足冰凉，但他还是忍住怒气，缓缓说道：“您不应该这样说，我知道您有自己的委屈，但您是整个雪域的希望，全体信众心中的太阳，这是在您一出生就决定好的事情，您怎么能由着自己的性子说这种不负责任的话呢？”

这句话说得至情至理。一句“责任在身”的道理让仓央嘉措无以辩驳。终于，他长叹一声，接着，给桑结嘉措深深地稽首：“您的话我记在心里了，请您放心，从明天开始，拉萨城里不会再有宕桑汪波这个浪子了。”

仓央嘉措说话算话，从那天开始，他果真不再涉足大昭寺附近的酒馆。老板娘疑惑少了一个出手阔绰的客人，客人们则遗憾少了一个酒友。然而，最难过的莫过于达瓦卓玛了。那个英俊的少年，就像风一样来到这里。他敢说自己无情么？若无情，为什么还为自己写下了那么多的缠绵的诗歌呢？

布达拉宫里，少了一个夜夜出门的浪子，大昭寺附近的酒馆里，多了一个相思成灾的姑娘。多少个黄昏日落，可怜的姑娘独依门栏，直到最后一个客人都醺然离去了，她才怏怏地关上大门。也不知是第几个晚上了，当她最后要关上大门的时候，一个姑娘出现了，她请求在这里找点事情做。哪怕做最粗笨的工作，达瓦卓玛注意到，那个女孩子虽然衣衫褴褛，但是，她的眼睛确如月光一样，如此温柔。

十四 一种相思，两处闲愁

茇茇草上的白霜，还有寒风的使者，就是它们两个，拆散了蜂儿和花朵。（仓央嘉措诗歌）

拉萨下雪了，有记忆以来，拉萨人都没见过这么大的雪。300 多年前的拉萨，没有任何路灯，一到夜晚，几乎全城漆黑。但是，不管是大昭寺和布达拉宫门前，永远有朝拜的人群，他们就这样不知疲倦地拜啊拜啊，从白天到夜晚，送走星星，迎来太阳。

在这些朝拜的人群中，有一个外乡的女孩子。她时常在傍晚时分来到布达拉宫门前，她同其他朝拜的人们没有什么区别，只是，每当她磕头之后，不是转身回去，而是一直呆呆地凝望着布达拉宫最高的那扇窗户，直到夜幕完全降临，她才慢慢地离去。

见过她的人都说，那是一个非常美丽的女孩子，她有着月亮般温柔的双眼，也有着月亮一样的忧伤。

天啊，这不是玛吉阿米么？她怎么又回转到了拉萨？

这恐怕是桑结嘉措最不愿意看到的情形了，如果他知道这个消息，大约会懊恼得捶胸顿足。这可能也是他一生中为数不多的大意之一。

在哲蚌寺的藏戏表演上，他即察觉出仓央嘉措对这个女子不一般的情愫。当时，他只是遣人把玛吉阿米赶出拉萨，警告不许再回来。过后，又觉得不妥，特别派人去玛吉阿米家乡寻找，却再也没找到她的踪影，无奈之下，才把央吉抓来，扯了一个谎，意在让仓央嘉措死心。

许多个日子过去了。在仓央嘉措身上，似乎也看不到思念这个女人的影子了。桑结嘉措才大大松了一口气，随即便把这件事忘在了脑后。他是个大人物，等待他处理的大事件太多了。他无暇在这个小女人身上多花费一分的精力了。然而，他绝没有想到，就在这个女子身上，日后竟衍生出如许多的波折。

说起来，桑结嘉措最大的失误，就是没能明白，他以为两人之间只是暧昧的这种情愫，其实已经如火焰一样沸腾。有人说过，永远不要低估热恋中女人的力量，她可能会创造一个世界，也可能破坏一个世界。那一天，当玛吉阿米被护卫生生地拽走，她清楚地看到爱人眼里那伤心而无奈的泪水。那一刻，她明白了，之前所有的相思并不是虚无。尽管她的爱人已经坐在世间最高的宝座上，然而，他的心一刻也没有忘记她。他们的心，始终是在一起的。当她被护卫拉出哲蚌寺，并被警告要马上离开拉萨时，她并没有胆怯，走到离拉萨不到几十里路的墨竹工卡附近时，又悄悄转回了身，再次踏上了回到拉萨的路途。

每一个晚上，玛吉阿米都会来到布达拉宫门前朝拜，她期待仓央嘉措或许会在随从的簇拥下到广场附近散步，那样，她或许会远远地望上他一眼。如果，恰巧就在那时候，他也看到她了，她抓住了他的眼神，让他清楚，不管何时何地，玛吉阿米都在遵守着自己的诺言：除非死别，否则永不分离。这情形哪怕只有几秒，她也无憾了。

可惜，布达拉宫太高太远了，她不知等待了多少个日落月升，也没能等到仓央嘉措的身影。每当夜幕降临，她只能凝望着布达拉宫，想象着红宫最高的那个地方，大约就是活佛居住的寝宫吧，一直等到所有的灯光都熄灭，才缓缓离去。

有时候，人的缘分就是这样，让人唏嘘感慨。多少个日夜，在那堵宫墙之内，仓央嘉措思念着他的爱人一直到形销骨立，却不知道，只要走出不到一百米的距离，就可以与她相遇。或者，那许多个夜晚，当他化成浪子宕桑旺波，夜夜去大昭寺附近的酒馆买醉，却不知他的爱人在星夜里刚刚疲倦地离去，或者，他擦肩而过的一个女子即是正低头默默行走的她。她抬头的时候，他已经消失在人群中，而他蓦然回首的时刻，她已经转弯到看不见的角落了。

那许多个夜晚，原来他们都在拉萨同一星空下。然而，却只能眼睁睁地看着如火般的思念，把孤寂无望的心一次次灼痛到烧成灰烬。

如果是你我，在多日的等待之后，依然无果，你会选择怎样？继续等待？还是黯然离开？我想，大多数都市人会默默地选择后者。这也许正是藏族人与汉族人的区别。

我曾经有一个关系很好的藏族朋友。我们大家对他的印象之一，就是特别地认死理。记得一次逛街回来，天空飘着小雨，他问我们，打车还是坐公交？我们当然说打车。于是，他就站在街口，不停地招手。因为天气不好，还在闹市区，车非常不好打，我们另外几个人就已经计划坐公交车了。结果，我们刚一开口，他非常生气：你们到底要怎样？不是说好打车么？我们争辩：车也不好打，干脆坐公交算了！结果，他不再理我们，只是站在街口，扬起手臂，终于，在他执着的等待下，一辆空的计程车停在了我们面前。我们都默默地上车，谁也没有说话。

这也许是很小的一件事情，但在我的脑海里却生了根。其实，当我们改变主意要坐公交车，与后来计程车停到我们面前，可能就差了不到三分钟。差一点，我们就与这辆车失之交臂了。而之前，我们已经坚持了十分钟，却差点坏事在最后的三分钟了。

所以说，幸亏玛吉阿米是一位藏族姑娘，幸亏她有着与所有藏族人共同的特点，坚持、执着，认定的事情绝不轻易放弃。

终于，在那样一个雪夜，她也等到了最后的三分钟。

那该是怎样一个夜晚？我想，一定是所有朝拜的人们都回去休息了，只有玛吉阿米，仍艰难地在雪中站立。布达拉宫就像一个巨人一样，居高临下地看着她。

她仰起头看着它，哎！这里本来是她从儿时就幻想的圣地。只是她从来没有想到，就是它，阻断了与心爱的人的联系。

哦！我不能这样想啊！玛吉阿米苦涩地想，他不只是我的爱人，他是全体藏族人的活佛。他，不是我一个人的。他属于整个西藏。可是啊，姑娘的眼里霎时就充满了泪水，为什么我会爱上这样一个人？为什么他偏偏要爱上我呢？这是怎样的宿缘呢？谁能给我一个答案？

她把手伸向天空，然而，万物寂静，虚空之中，她能听到的，只有自己的回音。

她叹了口气，迟钝地从雪地里拔出几乎冻僵的脚，准备回去了。就在这个时候，她听到后面一个迟疑的声音：“你是玛吉阿米？”

十五 相对如梦寐

白色睡莲的光辉，照亮整个世界。格萨尔莲花果实，正在悄悄成熟。只有我鹦鹉哥哥，悄然来到你身旁。（仓央嘉措诗歌）

我们每个人，在脑海里大约都珍藏着一段难忘的记忆吧？这段记忆不长，或许只有那短短的一瞬间，却蕴涵了一生最美丽的片段。

那个雪夜，在听到那温柔的“玛吉阿米”呼声的那一瞬间，大约就是玛吉阿米一辈子也不能抹去的回忆吧？

我想，在那个时候，玛吉阿米一定没有回身，这一声呼唤让她泪盈于睫，眼前白雪皑皑的市镇，不知怎的，在她眼里忽然幻化成了绿草茵茵的神山。日落黄昏，仓央嘉措就站在那块巨大的岩石边，默默地等待，当她悄悄走来，他微笑不语，只是张开双臂，沉默地拥她入怀……这是太多而又太久的一场梦了，以至于每次她醒来，都忘记了，究竟这是真实的回忆，还是依旧在梦境里？

身后的声音没有了，随之而来的，是快步跑来的脚步声。玛吉阿米定定地站在雪地里，泪流满面。她的心里，最后一次祈祷：请保佑我，这不是梦，这是真的，我的爱人真的找到我了。她猛地转过身，看到仓央嘉措急急地飞奔过来，他伸展开的双臂，仿佛大鸟的翅膀，转瞬间就把她拥在了怀里。

天地都不在了，万物都不在了，只有他们紧紧地相拥。

只有沉默的布达拉宫，记住了这对情人如火的情意。

两年的相思，原来，只为了换来这意外的相遇。而这一切的苦难，都是为了孕育这一刻的美丽。

仓央嘉措吻着爱人的嘴唇，不，应该说是狠狠地咬着她的嘴唇，他的思想也在飘忽。因为，他实在不能确定，这一切，是在那个阴冷的寝宫的梦境里，还是真实的？爱人真的在他的怀里？

玛吉阿米轻轻地叫了一声，他咬得太狠了。这轻轻地叫声一下子把他的思想拉回了尘世，哦，是真的，我真的和爱人相遇了。

他捧着玛吉阿米的脸，雪光的映衬下，他可以清晰地看清她的五官，还是那么美丽，一点都没有变，只是，她的嘴唇有一丝血色，刚刚被他咬破的。他歉然地说道：“疼么？”

玛吉阿米温柔地看着他：“一点都不。疼的是这里，”她指指自己的心，“可是现在已经全好了。”

仓央嘉措看着她，眼里已经有了泪光：“你知道么，我多么想把你咬在嘴里，吞到肚子里，那样的话，我就再也不用和你分开了。”

她没有说话，只是把头埋到了他的怀里。周遭的一切都太冷了，只有他的怀抱，才是最温暖的处所。

因为下雪的缘故，酒馆的客人也非常少。不知怎的，达娃卓玛忽然觉得非常心慌。那个新来的女孩子去拜佛了。这是她的习惯，但很少像今晚一样，这么晚还不回来。她决定再下楼去看一看。

夜空犹如墨玉般沉暗，街面厚厚的积雪反映出冷冷的清光，一个人影走过来了，好像就是那位新来的姑娘，哦，不对，她的身影怎么如此臃肿？达娃卓玛仔细一看，她的心都快跳出来，这哪是一个人在走，明明是两人紧紧地拥着在雪地里踯躅。那拥着她的少年恁地眼熟，可不就是他，让自己牵肠挂肚的宕桑汪波！

没错，那正是仓央嘉措护送心爱的姑娘回来，尽管玛吉阿米一再反对，他却笑着置之不理，拉着心爱姑娘的手，还有谁能让他再次松开？

天都快亮了，但情人的缠绵却没有终止。一次又一次，玛吉阿米笑着推开仓央嘉措，要他赶快回去。而仓央嘉措却微笑着拒绝，再一次把爱人拥入怀里。

桑耶的白色雄鸡
请不要过早啼叫
我和相好的情人
心里话还没有谈了

这份温柔，这份甜蜜啊，达娃卓玛看在眼里，一直酸到了心里。这个少年啊，怪道他看自己的眼神总是略有所思，原来他的心里藏着另一个故事。如果那样，你何必一次次地到这里喝酒，唱给我那么多动人的情歌？罢了罢了，他若是我的情人，他的心总在这里，若不是我的情人，早早离去，不要耽误了我的佳期。

想到这，开朗的姑娘抿嘴一笑，大声冲他们喊：“雄鸡不叫，我这旁人也忍不住了，相爱的人，想隐藏讯息，最好找个悄悄的角落。”

仓央嘉措和玛吉阿米一惊，但看到达娃那戏谑的眼神，明白她是好意，两人相视一笑，才不得不依依惜别了。

十六 琼结，一个美丽的传说

杜鹃从门隅飞来，带来了春天的气息，我和情人相见，身心轻松欢愉。（仓央嘉措诗歌）

桑结嘉措很快就觉得有点不对劲了。自从仓央嘉措承诺他再也不出去之后，的确有一段时间，布达拉宫安静极了。可现在的问题是，太安静了。有一个下午，他径自走进仓央嘉措的寝宫，撩起门口的幔帐，果然不出他所料，里面一个人也没有。

相反，在大昭寺的那个酒馆，虽然还只是午后，却已经高朋满座。年轻的仓央嘉措和性格直爽的康巴汉子正喝得酒酣耳热，一杯接一杯的青稞酒，让他看眼前的一切都变成了彩虹色。管不了那么多了，谁叫斟酒的姑娘就是他的心爱的玛吉阿米呢？

“宕桑汪波，”有人醉意醺醺地提议，“都说你的诗歌最美，连拉萨城也找不到第二个，那就请现在为我们作一首吧！”

马上有人大声叫好，有的老乐手还拿起了乐器，要现场把他的诗歌谱成曲子。

仓央嘉措兴奋地站起来，和爱人久别重逢的欢乐加上酒精的刺激，让他觉得，此刻自己就是世界最快乐的人了。

杜鹃从门隅飞来
带来了春天的气息
我和情人相见

身心轻松欢愉

大家齐声叫好，有人大笑着问："那么，请问，宕桑汪波，你的情人是哪一位呢？"

仓央嘉措狡黠地看看四座，又高声说道：

拉萨熙攘的人群当中
琼结姑娘的模样最甜。
我最中意的姑娘
就在琼结人里面

此语即出，四座轰然叫好，不少人开始询问，有哪个姑娘来自琼结，以至于让这位俊美的少年如此爱恋。只有玛吉阿米站在人群之外，冲着他远远的微笑。

拉萨熙攘的人群当中，琼结姑娘的模样最甜。

这句诗歌自从被传唱之后，琼结姑娘的美名一下子在雪域传开了。事实上，在仓央嘉措之前，琼结姑娘的聪明与美丽就在拉萨城内赫赫有名。这与当时的五世达赖喇嘛还不无关系呢。据说，五世达赖喇嘛的家乡就在琼结，这是一个赫赫有名的古老家族，向上追溯的话，甚至可以追溯到古印度的王族。在五世达赖喇嘛时期，他的一位家乡女子，名叫达娃卓玛（这大约也是藏地女子最普遍的名字了）据传是位绝代美女。很不幸，在过去的年代，美貌没有给她带来任何好处，她必须也和乡人一起，远离家乡，到拉萨做繁重的杂役，修房子，修宫殿。至今，我们到藏地旅行，也会看到，整修房子的工人不乏女性，在如烈火般的骄阳下和男人一起从事重体力劳动。都说女人是水做的，在拉萨骄阳的天空下，如水般的女人还会支撑多久呢？在高原上，红颜是转瞬即逝的风景啊。

对于那位达娃卓玛来说，逝去美貌不是她担心的，她挂怀的是家乡的亲人。久远离家未归，老人，孩子，还有未耕的田地，都让人忧愁万分。或许为了释怀思乡的愁绪，或许是向高高在上的达赖喇嘛传达一点不满的信息。她在劳动的时候，教乡人唱了这样一个曲子：

我们是琼结雪巴人（雪村），
是五世达赖家乡人，
是瓦罐里种大蒜的人（无地），
是靠手指找生活的人（无食），
是靠天窗晒太阳的人（无房）。

或许，在某一个炎热的午后，五世达赖喇嘛正在静修休息，这歌声被风儿送到了沉暗的宫室内。是家乡的歌哦，还是家乡的人在吟唱！这一下子引起了五世达赖喇嘛的恻隐之心。他于是为达娃卓玛的乡人破了一个例，准许他们回乡，并从此免除了那个地方的各种赋税杂役。

这一切都是美丽的达娃卓玛为乡人争取到的，从那一时起，她的聪明智慧也在拉萨城里赫赫有名。

现在的琼结在哪呢？从位置来看，在今天西藏喜马拉雅山南部地区，倒是离仓央嘉措的家乡不远。琼结最有名的地方并不在于美女，而是因为在那里，曾经出过许多大人物。五世达赖喇嘛就不用说了，远在吐蕃王朝时期，那里曾是著名的都城，历任藏王从出生到死亡，都没有离开过这里。直至松赞干布继任王位，他才离开了那里，迁都拉萨。不过，到现在为止，包括藏王松赞干布在内的21座王陵，还安在琼结城外一片空旷的山谷内。可谓不管生在何方，死的时候，是一定要回归故土的。

从拉萨到山南，这不是一次容易的旅行，须跨过雅鲁藏布江，路过著名的桑耶寺，雍布拉康，之后再走30多公里的路程去往琼结。到了那里，当然，这一路上的风景会让你终生难忘。但是，我最好奇的就是，琼结的姑娘真的那么美么？美到让仓央嘉措在诗歌里也流连忘返？

其实，不光是仓央嘉措在诗歌里对琼结姑娘赞美有加。许多藏族歌手也在歌声里唱得依依不舍。一路上，我的mp3就一直在放着亚东的《达娃卓玛》：

昨夜梦中我又亲吻明月

醒来时立刻去把那达瓦卓玛寻访
只怪分别匆忙没留下她的地址
伤心的我八角街里独自彷徨
达瓦卓玛已经回到山南琼结地方

我启程的时候正是 10 月，藏地最美的季节。从泽当到琼结，一路上可以看到，当地的藏人正在田里耕作，耕牛在男人们的吆喝下，翻出一行行乌黑发亮的新鲜泥土。忘记说了，因为当地的地理优势，这里有全西藏最好的青稞。沿途的村庄有内地村庄的味道，院门后面的空地全都是晒场。汽车在颠簸的路上行驶了大约 2 个小时，琼结县城就已经在眼前了。琼结只有一条街，但房屋修得很有风格，三层高的土木结构，有好看的窗户花纹。房顶四周有用枝条绑成的经幡。街头很少的行人都集中在了几家商店门前，商店里除了摆着一部分宗教用品外，别的全是当地人的生活日用品。

人太少了，显得整个街道空旷而荒凉。我一个人在街道上慢悠悠地踱来踱去，仿佛一个登徒子，等着心目中最美丽的姑娘会忽然出现在眼前。我穿过街道，在琼结的河谷间游走，几乎看不到正处妙龄的女郎，倒是时而会看到正在田间、晒场劳作的女人们，她们和普通的藏族女人一样，黧黑的皮肤，磨出了老茧的双手……我在心里微微地叹气，其实，这是个意料中的结果。眼下，在藏地有很多传说出美女的地方，已经看不到美女了，甚至连少女都很少了。当地人告诉我们，她们大多是出去打工或者嫁人了。留在家乡的女人，也早就被生活的重压折磨失去了昔日的容颜。但是，每当我看到她们的眼睛，却惊奇地发现，她们无一不冲着我微笑，若不是语言相隔，一定会走过来与我打招呼的，仿佛我一早就是生活在她们身边的朋友，熟人。这笑容让我感觉温暖。我忽然不觉得遗憾了，美丽的姑娘又该是什么样子呢？她只应该是恋人心中的女神。

哎，不知怎的，亚东那首悠扬的歌此时又在我的脑海反复盘旋回荡：

只怪分别匆忙没留下她的地址
伤心的我八角街里独自彷徨
达瓦卓玛已经回到山南琼结地方……

十七 神的悲伤

明天或来生，哪一个先到，我们从不知道。（西藏谚语）

眼下，在拉萨，人们都在秘密地流传这样一个说法，那位年轻的法王，白日在宫中学习经文，夜间就换上俗世的衣装，到大昭寺附近那家酒馆夜夜寻欢。有人甚至声称，他们在酒馆里时常看到身着华贵俗衣的仓央嘉措，就坐在靠窗的台子边，一边饮酒，一边微笑地看着玛吉阿米在身边穿梭忙碌。到酒馆打烊的时候，这最后一位酒客就在醺然中，拉着玛吉阿米的手，消失在拉萨的夜色里……

这是一个既公开又隐晦的秘密。尽管人们口口相传，却没有一人敢到第巴桑结嘉措那里直接告密，更无人敢在布达拉宫里提出任何疑义。然而，桑结嘉措又有什么不知道呢？看着年轻的活佛再也不肯听从他的意见，每到夜里，就穿着俗人的衣服迫不及待地逃出布达拉宫，直奔那家小酒馆，他感到前所未有的挫败。

桑结嘉措非常头痛，如果仓央嘉措不是他选择的灵童，他可能早就比任何人都要眼疾手快地把他请出布达拉宫了。而眼下的情形是，他什么也做不了。他做任何一件不利于仓央嘉措的事情，就是不利于自己的事情。

多少个夜里，当仓央嘉措在宫外纵情欢乐，这位第巴在五世达赖喇嘛的灵塔前整夜的祈祷：我的上师，我的慈父，我最尊敬的人，请您告诉我，我该怎么做？我遵从您的意见，瞒下了您圆寂这样惊天动地的大事情。然而，我们却触怒了我们的恩主——蒙古和硕部的王子拉藏汗。眼下，拉藏汗像饿狼一样在布达拉宫周围逡巡，您知道，您在的时候，蒙古和藏族贵族之间争夺权力的斗争就没有停止过，现在更加剧烈。您的转世——六世达赖喇嘛不但没有帮助我，反而因为他的放荡不羁，马上就要成了拉藏汗攻击我的口实，我该怎么做呢?

沉黯的宫殿，点点酥油灯，忽明忽暗的灯光映照着高大的灵塔。据传，在灵塔黄金外壳的内部，即有五世达赖喇嘛的肉身舍利。然，佛经中云，再美的肉体，当死亡来临，不过是一件必须丢弃的破衣裳。眼下，达赖喇嘛的灵魂已经在那个名叫仓央嘉措的年轻人的体内了。这尊肉身舍利无法给桑结嘉措任何启示。终于，在第三个夜晚，他拖着疲乏的双腿站起来，冷冷地注视着宫外阴沉的黑夜，是该下决断的时候了。

那一刻，正在与玛吉阿米抵死缠绵的仓央嘉措忽然感觉心惊肉跳，他坐起来，挑亮酥油灯，若有所思地凝视着窗外的月光。玛吉阿米也醒来了，她倚在仓央嘉措的身边，默然无语。

仓央嘉措望着窗外的大昭寺，在夜色中，只看见一个壮阔的轮廓。他忽然说道:“你知道藏历的十月二十五就是白拉姆节吧?”玛吉阿米也微笑:“当然知道，就是吉祥天母的节日么!”

吉祥天母，任何一个藏族人都不可能不知道这位著名的藏地护法。事实上，她也被称为藏传佛教中等级最高的总护法。不管是普通人，还是各个教派，都非常喜欢这位护法，把她视为拉萨地区和大昭寺的守护神，能赐予人类智慧与幸福。

但是，如果当你来到拉萨，无论是白发苍苍的阿妈，还是花季少女，她们都会给你讲述一个关于吉祥天母的爱情故事，她的爱人就是同在大昭寺作为护法的赤尊赞。据传，这位赤尊赞生前是文成公主入藏时的一位武士，死后成了大昭寺的护法。结果，两位护法便相爱了。虽然他们的身份是神，但因为在佛门之地，恋爱一样不被允许。结果，赤尊赞被赶出大昭寺，落脚在拉萨河南的奔波日山上。永生永世，赤尊赞不能到河北来，吉祥天母也不能去河南。他们只能在每年的藏历 10 月 25 号，也就是白拉姆节的时候，人们会把吉祥天母像从大昭寺抬出来，沿街巡游，每到河岸的时候，会把神像转过来，遥对着赤尊赞的方向停留片刻，以慰藉两位神的思念之意。

这大约也是人类天性中最美好的一面吧。他们理解相爱而不能在一起的痛苦，作为人类，无法做得更多，只能尽一点微薄之力了。

可是那两位护法呢？他们的身份决定了他们永生永世不死的命运，无法像人类，一次死亡就脱下一次记忆的衣裳，待到轮回中再次相遇。他们不可以，不死之身，加之永生永世不能见面的约定，使得这爱情，再深刻、再惨烈，也只能成为过往、没有旋身的机会。

我曾经在大昭寺参拜过这位著名的女性护法神，她有忿怒像与寂静像两种化身。她的忿怒像极为可怕，肤色青蓝，头上的红色猥发竖立，上面饰有五个骷髅，头顶有半月和孔雀毛。右边耳朵上有小狮子为饰，据说象征着听经；左耳上挂着小蛇，意为忿怒。腰上挂着账簿，专门记载人们所作坏事的档案，恶人将来要受剥皮处置。她左手拿的骷髅棒是专门对付恶鬼阿修罗的，右手端着盛满鲜血的骷髅碗。身上披着人皮，那人皮据说是她亲生儿子的，象征大义灭亲。骑黄骡子，在马鞍前端下方有两个红白骰子，红的主杀，白的主教化。鞍子后有一个荷包袋，里面盛着疫病毒菌，也就是说她是主生死、病瘟、善恶的神。

或许就是因为她的恐怖外形，才使得松赞干布建大昭寺时特地请她作为这里的总护法。不过，我不能不猜测，以我有限的智慧在猜测，这样一位外形狰狞的女护法，即使拥有无边法力，无边智慧，又是如何获得男人的爱情的呢？这时我看到了吉祥天母的寂静像，这是一位肤色洁白的女神，她头上有高耸的发髻和花冠，三只细长的眼睛流露出温柔的光芒。作为俗人的我，一下子明白了。不管是忿怒像也好，寂静像也好，对于神来说，都是表象，他们所爱的，是穿透时空灵魂的相依，无论在哪一世，你以何种面容，何种状态出现，他都能够准确地找到你，然后相爱……然而，作为神，这爱情也并不被允许。永生永世只能怀念而无法相聚。

在佛经中，吉祥天母被这样描述，她虽然功德极高，但一生都在躲避死亡与暴力的威胁，她经常骑一头黄骡，在喜马拉雅群峰之间红色的代表死亡的血海中奔亡。不知道在那些时刻，她的心恐惧么？抑或当失去爱情之后，孤单的心变得更加冷硬强大呢？

不管怎样，当她一次又一次穿越死亡之海，躲避着来自四面八方的仇恨与追杀，孤单一人的她，可感觉到疲惫么？

在这个冷风峭骨的午夜，仓央嘉措忽然感到一阵心伤和恐惧，连神都无法主宰自己的爱情。那么，作为人类，他能与心爱的人相聚多久呢？怀里的玛吉阿米似乎一下子明白了他的心思，她没有说话，只是依偎在仓央嘉措的怀里，默不作声。良久，仓央嘉措才试着问道："若有一日，我们再无法这样相依，你会不会难过？"玛吉阿米深深地看着他："决然不会，你是我祈求了多少世才得到的爱人，事实上，这一世你也不属于我，是我哀求了佛菩萨硬是偷来了你的心和你的时间，多一分都是佛菩萨的赏赐，不管你何时离去，我，绝不怪你。"仓央嘉措伤心地看着她，不知怎的，他竟从这誓言中听到了别离的意味，可这别离，将与他的爱情如影随形，永远也无法摆脱。

在这冷风凄楚的夜里，他只能抱紧怀里的爱人，凝视着眼前的酥油灯渐渐弱去，最终陷入黑暗。

十八　高城望断

中央的须弥山王呵，请你坚定地耸立着！日月绕着你转，方向肯定不会走错。（仓央嘉措诗歌）

这一夜，直到天光放亮，仓央嘉措才依依不舍地与玛吉阿米告别。只是，每一次当他走到门口，都感觉到玛吉阿米的双手搂住他的腰，十指紧紧相扣，他一次次打开，却一次次被重新挽住。第一次，他在拉萨初升的日光下，深深地回吻心爱的女人。最终，当他终于走出小院，才敢轻轻地擦去嘴角那咸涩的泪水。这是玛吉阿米的泪水，她那不由分说地拥抱与泪水，似乎已经明晰，这大约是两人之间的最后一次缠绵了。

当他刚走出胡同的拐角，他看到，桑结嘉措与几个随从正等在胡同口。看到他，桑结嘉措没有说话，只是用眼睛更远地瞟了一眼胡同深处的地方，就转身离开了。

这一次，不需要他再多说什么，仓央嘉措马上乖乖地随他离开了。

回宫之后，意料之外的是，桑结嘉措并没有对他加以诫斥。意料之中的是，他之前的喇嘛随从全部被换掉了。整整三个月，他基本被隔绝了出宫的机会。桑结嘉措本人也放下了许多政务事务，亲自教授他学习梵文声韵知识，须臾不离身边。其实，除去政治以及佛学、医药、梵文方面的知识，桑结嘉措也是一位著名的诗人。年轻时，他就以才思敏捷，行文流畅著称，深得诗文造诣深厚的五世达赖喇嘛的夸奖。五世达赖喇嘛在世时，与其他大活佛之间的信件交往，全部以诗文的形式。当他圆寂之后，那些大活佛们的来信，都是由桑结嘉措代回。却也从没有出任何破绽。由此可见，桑结嘉措也是一位著名的诗文学者。

我总在猜想，桑结嘉措在声韵方面的造诣，一定也对他这位学生有了深刻的影响，使得仓央嘉措青出于蓝，写出了一篇篇传唱后世的优美诗文。

当然，桑结嘉措肯定没想到这个后果。按照他的意愿，他主要督促仓央嘉措学好《菩提道次第广论》（宗喀巴大师著）和因明学的课程。没想到，仓央嘉措除了学习这些经论典籍，别枝发芽，在他最喜欢的诗歌方面也大有长进。

中央的须弥山王呵
请你坚定地耸立着
日月绕着你转
方向肯定不会走错

具誓护法金刚
坐在十地法界
你若有神通法力
请把佛教的敌人消灭

在那阴曹地府
阎王有面业镜
人间是非不清
镜中善恶分明

这三首诗歌是仓央嘉措情诗中少见的几篇关于佛经方面的著作。“中央的须弥山王呵”，佛教认为，须弥山就在三千大千世界最中央的位置，从山底到山顶，住着阿修罗、四大天王、天界的帝释天等人。传说在山下有一颗宝树，为阿修罗众生栽种，树上生有珍珠，黄金，玉石，玛瑙等各种宝物，但是，这棵树虽由阿修罗辛苦培植，但生长的枝干却直伸天界，结果，享用宝物的都是天界中人。这让阿修罗界异常愤怒，时不时就由此发动战争，双方损失惨烈。

但天界中人即使受伤，由于福德高深也会很快复原，阿修罗则不同，每次战争结束，都有大量男阿修罗因此丧命，且有众多美貌的女阿修罗被天界抢去充为姬妾。还有一个说法，每当天界发生战争，也是人间战火纷飞的时刻。盖六道之中彼此关系紧密，一旦天界动乱，人间就要殃及池鱼。

正如有人能从仓央嘉措的情诗中读出道意一样，我也能从这些佛诗中读出情诗的味道。

中央的须弥山王呵
请你坚定地耸立着
日月绕着你转
方向肯定不会走错

仓央嘉措的这首诗意义深刻，固然表达了对佛法的坚定不渝，也暗示了对爱情的忠贞不渝，似乎是以诗达情，告诉玛吉阿米，对她的心就像须弥山一样坚定，绝不改变。

至于这首“具誓护法金刚，坐在十地法界，你若有神通法力，请把佛教的敌人消灭”，我反复读过之后，觉得这也是仓央嘉措焦灼反复心态的一个印证，他想虔心向佛，但爱情这个魔咒却时时在发挥作用，让他辗转反侧，放手不得。无奈之余，只好求助于护法金刚：你若有神通法力，请把佛教的敌人消灭！这种优柔的心情，堪比那首“安得世间双全法，不负如来不负卿”了。

只可惜，心魔由心而生，非心不能灭，护法纵有万般本事，也只能修行者自己堪破，方能放下。

这些诗很快被拿到了桑结嘉措的手中，桑结嘉措仔细地吟读了两遍之后，就皱起了眉头，只告诉其他的喇嘛，更要看严他们的佛爷，决不允许走出布达拉宫半步。

又回到了以前被囚禁的日子，那时，身体是自由的，但心被牢牢地锁住了，现在，心出来了，身体又被锁住了。

拉萨的冬天几乎无雪，天气只是干燥的冷淡。昏色的天空偶尔有寒鸦飞过，引得出来散步的仓央嘉措久久伫视，身后的小喇嘛一直紧张地跟在身后。

他在计算着范围，按照第巴的指示，佛爷散步的范围不能出宫门五百米。

仓央嘉措站在高高的石阶上，远眺着布达拉宫广场，冬天的下午，广场上绰约着朝拜者的人影，那里会有玛吉阿米么？他费力地看，却始终找寻不到。她在哪啊，不管她在哪里，我知道，她一定如我般刻骨铭心地在想念，夜以继日，容颜如落花般黯淡憔悴，直至这思念化落成灰。念及此处，他心痛得无以复加，几乎就要冲下石阶，飞奔着与情人相会。可是不能，在他的脚下，延伸着九百多级石阶，每一级都如一道锁链，缠扯着他，依附着他，你不能走，你是这宫里的魂魄，生应在这里，死亦不能离去。他几乎要狂吼出来，如困兽一样，干嚎着，碰撞着，对着这宫墙，这石阶，这囚禁他的工具，然满身是血依然找不到出路。

身旁的小喇嘛担心地看着他，佛爷虽默默无语，但是他不无惊恐地发现，他惨白的脸色忽然变得铁青，之前黯淡的眼神忽然透射出愤怒的光芒。这个冬天，怎么如此清冷呢？

此刻，在红宫的一扇窗户背后，一双不安的眼睛也在关注着仓央嘉措。他就是第巴桑结嘉措。从他把仓央嘉措从玛吉阿米的家里押回来，已经三月有余。散布在拉萨的流言蜚语暂时平息了，拉藏汗方面也没有让人不安的举动了。一切似乎仅在掌握了。然而，只有他自己才知道，眼前的这个年轻人就像一个炸药桶，他低低的喘息里都带着浓浓的火药味，一切都在暗示着一个结果，早晚有一天，或许，这一天很快会到来，他会爆发，一直到把一切都破坏殆尽。

而桑结嘉措要做的，就是尽一切力量平息这场还未到来的灾难。

仓央嘉措走进来了，他并不去看身边的桑结嘉措，而是径自走到自己的宝座边，斜倚着不说话。桑结嘉措并不在意，他似在自言自语，又似在问左右："佛爷入宫多少年了？"马上有人走上来："已经五年了。"桑结嘉措直视着仓央嘉措："也就是说，您已经年满二十周岁，应该受比丘戒了。"仓央嘉措大吃一惊。

十九 比丘戒律

即使事情肯定成功，事前也要再三考虑；事后再去左思右想，那就是愚蠢的表现。（萨迦格言）

佛经中规定，当年轻男子满二十岁后，可受比丘戒。比丘戒又称具戒，大戒，相对于沙弥戒的十戒律，比丘戒共有两百五十三条戒律，连比丘僧的行、走、坐、卧都有异常严格的规定。比如戒律中规定，比丘僧行走时不能大跨步，两臂不能大开，为的就是避免伤及来不及躲避的微小众生。

如此严格的戒律，没有一颗忠诚而坚定的心，是很难信守的。眼下的仓央嘉措，他能够做到么？

说实话，桑结嘉措自己也不知道。然而，能让他做出这个决定的，实在是当时逼不得已的现实。自从仓央嘉措夜游酒馆，与酒家女幽会的事情在拉萨城内不胫而走的时候，刚刚继承了汗位的蒙古和硕部王子拉藏汗首先闻到了气息，他马上联合其他部落的首领发布一个声明，认定仓央嘉措不是真的六世达赖喇嘛。

这个声明让桑结嘉措嗅到了恐怖的气味。仓央嘉措是他找到并认证的。如果拉藏汗不承认这个达赖喇嘛，那背后的意图又是什么呢？无非是不承认由他亲手找到的这个灵童，继而把他踢下藏王的宝座。进而，霸占整个西藏。

每当想到此处，桑结嘉措的心里就像拧了筋一样难受。眼下，只有仓央嘉措以一副清净的法相出现，才能够对付拉藏汗等人怀疑的眼神。可是，究竟有什么能让这位年轻的佛爷老实地听自己的话呢？

戒律！桑结嘉措心里忽然一亮，对啊，为什么没想到这个呢？我管不了他，但佛教的戒律难道也管不了他么？这件事就只有求助于五世班禅大师了。

桑结嘉措所想到的班禅大师，就是当初为仓央嘉措剃度的罗桑益西。

桑结嘉措为何想到求助五世班禅大师呢，这要从两位大师之间特殊而微妙的亲密关系说起，历任达赖喇嘛或者班禅大师的转世灵童都应由已在位的那位上师参加认证，并以他为上师。比如，五世班禅灵童的认证就必须通过当时五世达赖喇嘛的首肯，并拜五世达赖喇嘛为上师。以此类推，六世达赖喇嘛也必须拜五世班禅为师。1698年，在西藏羊雍错湖边的浪卡子，五世班禅就主持了六世达赖喇嘛的剃度仪式，为他授沙弥戒，并成为他的师傅。那么，如果仓央嘉措需要再授比丘戒，五世班禅大师是当仁不让的执行者。

在西藏历史上，班禅大师与达赖喇嘛都是格鲁派的大活佛。从宗教地位来看，两人的声名威望不相上下。但从权利统治角度，五世达赖喇嘛因在蒙古和硕部的帮助下统一了雪域，他本人也成了名副其实的雪域之王，权利与荣誉几近巅峰。

在这一时刻，远在扎什伦布寺的五世班禅洛桑益西亦淡定地对待这一切。从被认证成活佛之后，他谦谨地师从五世达赖喇嘛，几乎是半闭关在自己的寺院，远远地避开一切政治斗争的漩涡。只管埋头修行以及著书立说。这份淡定和从容，使他即使在最乱世的时候，也避开了许多争端与无谓的纷乱。也是他的品格，使得当时权力炙手可热的桑结嘉措相当敬重。或许在桑结嘉措内心有一个不想为人言的愿望，如果仓央嘉措像这位班禅大师一样，那该有多好，他只管研究他的佛法，自己可以放手政治管理，可惜呀，天难遂人愿。眼下，能够帮助他驯服仓央嘉措的人，恐怕也只有五世班禅洛桑益西了。

不过，桑结嘉措自己也清楚，把这个“问题活佛”交到五世班禅大师手中，无异于送出去一块烫手山芋，也不知道班禅大师能不能接下这个重任呢？

桑结嘉措想的一点也没有错，当远在扎什伦布寺的五世班禅大师接到桑结嘉措这封措辞恳切的请求信时，他轻轻地叹了口气。即使远在后藏，有关仓央嘉措的传闻也像风一样，一阵阵地刮到了这里。有关这位年轻活佛的聪慧，以及放荡不羁，让他这位正统的格鲁派活佛先是错愕，而后唏嘘不已。

观照戒律，仓央嘉措犯戒重重，酗酒，亲近女人，的确不是一个合格的佛教徒弟子。然而，佛法是什么？仅仅是经书上紧紧缚住人思想的条框么？应该不尽然。佛法是最为广博圆通的，释迦牟尼的佛法有八万四千法门，天下众生，尽可在其中找到适合自己的出路。像仓央嘉措这样的旷世奇才，更应是充满慧根的佛门弟子，只是命运捉弄，一开始就把他硬推入了一个早就被缚好条框的金色樊笼。若这樊笼中关着一个普通人，或许会低首俯就，顺势一生。而他是仓央嘉措啊，本非凡类，却要为世事所累，未来之命运，难测吉凶啊。

这个夜晚，静月如水，洛桑益西端坐在大殿上，他在思索着给桑结嘉措的回信，落笔千回却辗转反侧，为他授戒，究竟是帮了他还是害了他？担忧着远在布达拉宫的仓央嘉措的命运，一时间，他竟也痴了。

二十 换我心，为你心

一箭射中鹄的，箭头钻进地里。遇到了我的恋人，魂儿已跟她飞去。（仓央嘉措诗歌）

1701年的这个冬天似乎特别寒冷。连酒客们的脚步也因此被阻住了，大昭寺附近这家酒馆，不到傍晚时分，就不见一个酒客上门了。老板娘早早打烊，只把店门交给了达娃卓玛和玛吉阿米两个姑娘照看。

天气冷了，太阳的脚步走得也快了许多，不多时，夜晚便给整个城市擦上了墨色。玛吉阿米默默地点亮几盏油灯，达娃卓玛给火炉添了几根木柴。

两个姑娘都心事重重。

几个月以来，达娃卓玛很想和玛吉阿米说点什么，但是，话到嘴边却咽了回去，宕桑汪波始终是她心里的一块疙瘩。这个俊美的少年像风一样占住了她的心，却一声不吭地和另外一个女孩子相好。她偷眼看着玛吉阿米，这个来自山南的乡下姑娘，模样的确不差，干活也相当麻利，可是，不比她达娃卓玛强太多啊。正在胡思乱想，玛吉阿米却先开口了。

“达娃卓玛，如果你爱上了一个人，他不能和你成亲，一辈子都不能，你怎么办?”

达娃卓玛思索一会：“那我们就不成亲，一辈子相好下去。”

玛吉阿米没有作声，半天才慢吞吞地继续问：“如果他连和你相好都不可能，只能把你放在心里，就这样放一辈子，不能说喜欢你，也不能抱着你，亲你，你只能远远地看着他，连他的衣襟都没法亲吻到……”达娃卓玛错愕地看着她："那我当然不要他了，他凭什么这么对我？他是高高在上的佛爷么？连看我，爱我的时间都没有？"

玛吉阿米没有说话，但是，大颗的眼泪迅速地在她的眼里汇集，达娃卓玛绝对想不到，自己一句无心的话语一下子触到了玛吉阿米心里最痛的角落。几个月来苦熬的相思，不能对人言的苦痛让她在这一瞬间彻底被击倒了。

达娃卓玛惊愕地看着眼前的玛吉阿米，她的眼泪把她弄懵了，这个女人在搞什么鬼啊？那个宕桑旺波不是疯了一样地爱着她么？

酒馆的门在此刻忽然被敲响了。达娃卓玛最先反应过来，她沿着黑黢黢的楼梯摸到门口，高声说：今天不开业了，您请回吧！没想到，敲门声不仅没停，反而更急促了，像雨点一样不达目的誓不罢休。

就在达娃卓玛犹豫着究竟开不开门的时候，玛吉阿米忽然从楼梯上急促地走下来，她激动得口齿不清地喊着：快开门，一定是他！

达娃卓玛还来不及反应，玛吉阿米已经抽开了门闩，一个穿着绛红色衣服的男人几乎是冲进了屋子，他一下子抱住了玛吉阿米。

达娃卓玛几乎吓呆了，但是，在那一刻，她清楚地看到，这个男人是个喇嘛，而他的面孔，就是以前常来喝酒的宕桑旺波。

没错，他就是仓央嘉措。这也许是他第一次正面违背桑结嘉措的命令，私自出宫。跟随着他的随身喇嘛已经吓得脸色发白，说不出一句话。但是，对他而言，看住了佛爷，总比把佛爷弄丢了要强得多。所以，不管仓央嘉措要做什么，他除了仅仅跟随之外，别无他法。

那么，这一次出宫究竟是为了什么呢？聊慰相思？他不怕相思，尽管这种病已经深入骨髓，但，只要知晓爱着的人从未放弃，她就在不远的地方，如月光一样紧紧相随，也就足够了。但今夜不同。

过了今夜，他就要随桑结嘉措前往扎什伦布寺，接受比丘戒。成为一名正式的僧人。

出家为僧，从古至今，对藏地男孩子来说，都是一条通往光明和美好的道路。这就意味着，你愿意放弃俗世镜花水月般的欲望，踏上解脱的正见。佛陀时代，不就是有五百比丘么？在那个伟大辉煌的时代，有幸听从佛陀的教诲，每个人最终都获得正果，取得了阿罗汉果位。

如今，距离佛陀涅槃虽然已有一千多年，但佛陀留下的经文典籍没变，正法教义没变，戒律清规没有变，只要一一遵从，也一定会取得成就。

只是，仓央嘉措在问自己，我能够问心无愧地接受授戒么？这个决定恐怕只有见了玛吉阿米才能够最后分晓。

这一夜，对于达娃卓玛来说，是生命中最奇特的一个夜晚。她像只兔子一样，蜷在柜台后面，不想听那对情人的低低絮语，但是，这个夜太静了，他们说话的声音还是一一传到了她的耳畔。

很多话她不懂，或许要用一生去理解，但是，她知道她是幸运的，因为，在这一晚，她知道了一个别人一生都不曾了解的达赖喇嘛。

原来，他真的是佛爷！达娃卓玛捂住自己的口，才能勉强控制自己不发出惊叫。其实，她早就该知道，有哪个男子如他这般文雅，睿智而博学？哦，有限的字眼根本不足以描述年轻的活佛，总之，在她的心里，他绝不是一个普通的人，他就是真正的法王。

让我们在达娃卓玛的记忆里找寻到那一夜。那是个清冷的冬天，窗外的月光如此明亮，几乎映亮了屋子的一大半。不需要点灯，仓央嘉措与玛吉阿米可以清楚地看到彼此的脸。他们坐在木桌的两侧，手都放在桌面上，紧紧相扣。

月光下，玛吉阿米的脸晶莹如玉，依稀有泪光的痕迹。他一阵阵心痛，只是在手指上悄悄用力，更紧地握住了她的手指：我的爱人，我如知我心一样体悟你的痛苦。

玛吉阿米含着眼泪微笑，她怎能不知爱人的心意呢？也不知从什么时候开始，仓央嘉措就像精灵一样，住进了她的灵魂里，他的快乐，他的悲伤，他的烦恼，他的忧郁，就像镜子一样反映在她的心上。

——我的爱人，我要告诉你一个消息，其实，它早晚会发生，你也应该早就料到。那就是，我将离你更远了。

玛吉阿米不说话，只用眼睛在询问。

仓央嘉措嘘出一口气，下面的话对他来说，实在太艰难了。他要告诉爱人，我将再一次离开你。第一次，非我所愿。而这一次，我必须选择。

玛吉阿米凝神在听，并不答话。

——对于一个僧人来说，受戒是必须的。他首先要受沙弥戒，等到年满二十，如果不曾犯戒律，而本人又一心向佛，则可以受比丘戒。按照佛经的说法，只有受了比丘戒，才有可能获得圆满解脱。如果我受戒了，我将不能再如现在般见你，不要说肌肤相亲，连你的衣袂都不可以触到我的身上。戒律从表面来看，是对人最大的束缚。而事实上，戒律就好像一扇可以隔开恶业，断绝轮回的门一样，只要遵从佛陀的教诲，即使不能够即身成佛，至少不必在六道轮回里继续流转。

玛吉阿米终于开口：那么，你可以断绝开一切？并愿意断开一切？

仓央嘉措深深地看着她：这应该是我的理想。

玛吉阿米也看着他，眼里渐渐地蕴出雾气："为什么是应该？而不是'是'呢？"

仓央嘉措看着她："只因有你，你在我这里。"他握住她的手，放在自己的胸上，"不知道哪一世，你对我用了太多的情。而我没有回报，这情已经在这里长成了一朵曼陀罗花，这花根已经扎到我心里每一个角落了。我拔不掉了。"

玛吉阿米的眼泪一下子冲出眼睛："我可以拔掉它，不让它再束缚你。"

仓央嘉措亦微笑："这不行，已经来不及了，除非你把这颗心都取了去吧。"

玛吉阿米低头不语，因她的眼泪已经成串地坠在了桌上。仓央嘉措忽然叹气："玛吉阿米，情既然如此苦，为什么我们无法摆脱？"

为什么？此刻，连达娃卓玛也竖起了耳朵，细细听他下面的话。

爱是世界上最美好的感情。爱可以拯救孤独的，哪怕是罪恶的灵魂，爱可以创造奇迹。但是，因为爱，我们却时时痛苦。这痛苦源自于何方呢？就是内心的欲望。因为欲望，我舍不得爱着的你离开我身旁，我不愿你的眼神冲着我之外的男人微笑，我不愿寂静的房间里只有我一个人忍受孤单，总之，我想占住你的人，包括你整个心，如果做不到，我的心就会加倍的痛苦。

玛吉阿米，还有躲在柜台后面的达娃卓玛都在仔细地听着并品味着他话的每一个字，似有所悟。

仓央嘉措缓缓地继续说下去："事实上，在很多次这样观照自己的内心之后，我发现，我可以压制住这种欲望。也就是说，我可以做到不去想你，不让那颗自私的心随意膨胀。但是，我控制不了的，是我对你的担忧和内疚。第一次，我是在几乎无知觉的情况下离开了你，现在，如果我受了比丘戒，那么，就等于第二次在我们之间隔开一道门，我第二次把你扔掉了。”

玛吉阿米看着他，很快说道：“不要这么想，我可以忍受孤独，即使你已受戒，你只要在喜欢的时候，闲暇的时候来看我就行了，哪怕我只做你最隐秘的情人。”

仓央嘉措看着她，眼里充满了温柔，抑或慈悲：“我的玛吉阿米，如果你爱上了比丘僧，并且使他犯戒，事实上，他因怀有爱慕你的心而握住你的手了，就属于犯戒。如果他犯的是大戒，迎接你的，还有他的，都是堕入地狱的悲惨命运。”

听到这里，玛吉阿米和达娃卓玛都吓呆了。

二十一 比爱情少一个字

在所有的足迹中，大象的足迹最为尊贵；在所有的正念禅中，念死最为尊贵。（佛陀）

在藏地，有信仰的人都知道，地狱是六道中最可怕的去所。他们对地狱的认知并不像我们随口说说那样简单，在佛教徒看来，地狱是一个真实所在的地方。就如《地藏菩萨本愿经》中云：有地狱在大铁围山之内，其大地狱有一十八所，次有五百，名号各别，次有千百，名字亦别。无间狱者，其狱城周匝八万余里，其城纯铁，高一万里，城上火聚，少有空缺。其狱城中，诸狱相连，名号各别。独有一狱，名曰无间，其狱周匝万八千里，狱墙高一千里，悉是铁围，上火彻下，下火彻上。铁蛇铁狗，吐火驰逐狱墙之上，东西而走……

玛吉阿米默默无语。她实在不敢再说什么了。这倒让我想起现时很多人恋爱时的豪语：为了你，我下地狱都心甘情愿。对于佛教徒来说，这实在是让人无语的一句空愿。说这种的话，是因为他根本不知道地狱的可怕。

地藏菩萨曾如是向诸位菩萨介绍无间地狱的可怕：诸罪人，备受众苦。千百夜叉及以恶鬼，口牙如剑，眼如电光，手复铜爪，拖拽罪人。复有夜叉执大铁戟，中罪人身，或中口鼻，或中腹背。抛空翻接或置床上，复有铁鹰啖罪人目……万死千生，业感如是。动经亿劫，求出无期。

曾发“入地狱亦无憾”的人们，试想一下，如果你们的手指被火烧到，或被针扎到都会尖叫着跳起来，又怎么能忍受如此恐怖的经历呢？也有人疑惑，如果佛是慈悲的，为什么会有地狱，这难道是佛祖对不恭世人的惩处么？

这是一个大错而特错的观念。事实上，佛经中认为，地狱的存在也是一个因果的结果。正因为众生作恶，才出现了这样一个惩治罪恶的处所。而并非佛祖特设了一个区域。

屋子里静得可怕，每个人都默默无语。良久，玛吉阿米抬起头，她看着仓央嘉措，犹犹豫豫地说道："我想，这十分不妥。你现在所处的位置，要求你必须受戒，有万千信众在等着这一时刻。事实上，只有你授记了大戒，才算得上是一个合格的出家人，你怎可为我放弃这一切呢?"

仓央嘉措微笑地按住她的手："现在下何种定论都为时过早，作为法王，我不能放弃信众，作为爱人，我不能再一次放弃你。事实上，不能放弃你，怎么又有资格坦然地坐在法王的位置，接受信众的膜拜呢？当我披上了黄色的法衣，我的心也必须像金子一样纯洁，才是合格的法王啊。"

躲在柜台背后的达娃卓玛腿一软，差一点跪在地上，她用手捂住脸，发觉有泪水汩汩而出，濡湿了手心。其实，哭泣的不应该是她这个局外人。但是，在这一刻，她就被自己的泪水淹没了。她曾经爱过这个男人，与少女爱上英俊男子的普通恋情无异。就从那一刻开始，她爱上了仓央嘉措。尽管那一晚，他是在对另一个女人诉说爱情，但是，从那一晚开始，达娃卓玛却真正地、热烈地爱上了他，像信徒对神明，像风对天空，像花朵对太阳，她发誓，她会爱他一生，此生此世，全数付出绝不索取回报。

如果她能够活到老的那一天，她或许会回忆并对子孙详细描述这热烈感情的由来，会告诉他们，这感情，从迸发的那一天起就从未熄灭，直到最后死去。但是，她没有等到这一天，因为，命运让她实现了愿望，为了她的爱人死去了。准确地说，是她爱的人。但这有什么关系呢？爱虽然比爱情少了一个字，却多了更深沉更广博的含义。从那时起，在仓央嘉措心里，达娃卓玛，这个本来比风还轻的女孩子，从此变成了一滴永远不会干涸的眼泪。

二十二 拒受戒律

离开她吧，心里难过，领上她吧，我又怕羞，她要是一只木碗该多好，好让我揣在怀里走向远方。（西藏民歌）

酒馆一夜之后，仓央嘉措没有马上踏上行程。他采取各种方法推诿受戒，直到第二年的六月，才无奈地踏上了去往扎什伦布寺的路程。

扎什伦布寺位于西藏日喀则的尼色日山下，风景绝佳。直到现在，从拉萨到日喀则还是一条相当抢手的旅游线路。500多年前，宗喀巴弟子根敦珠（第一任达赖喇嘛）兴建了这座大寺院，后来由四世班禅罗桑却吉坚赞加以扩建，之后，这里就成了历代班禅驻锡之地。

扎什伦布寺，意为“吉祥须弥寺”，它与拉萨的“三大寺”——甘丹寺、色拉寺、哲蚌寺合称藏传佛教格鲁派的“四大寺”。四大寺以及青海的塔尔寺和甘肃的拉卜楞寺并列为格鲁派的“六大寺”。扎寺占地面积15万平方米，周围筑有宫墙，宫墙沿山势蜿蜒迤逦，周长3000多米。寺内有经堂57间，房屋3600间，规模极为宏大。事实上，这也是后藏地区规模最大的藏传佛教寺院。这座寺院最有名的，莫过于位于寺院西侧的强巴佛殿。这里供奉的强巴佛高约26米，是整个藏区寺院最大的强巴佛像。也是世界上最高最大的铜塑佛像。

佛像不厌其高伟，庙堂不厌其精华。这大约也是藏地所有寺院的特点。

事实上，形象高伟的佛像给朝拜者的确带来不同的感受。我曾经游历过藏区的很多寺院。当我被获许可以走进殿堂，并绕着佛像转一周的时候，我仰起头，恭谨地从左到右沿着佛像顺时针朝拜。那个时候，殿堂高远空寂，满室弥漫着藏香气息，当我仰头看身边的佛像，高严肃穆，使人不敢逼视。刹那间，心中被升起的感动与尊敬瞬时淹没。

也许，这正是修建者想传达给信众们一个意念，浩渺宇宙，虚空一尘一沙皆是佛土。作为六道轮回中的人类，应懂得尊敬诸佛菩萨的伟大，同时也要看清自己的渺小与脆弱。

去过扎什伦布寺的游客会发现一个很有趣的情形，这里有许多无主的动物，像山羊、狗甚至小鸡聚集在这里，白天，它们在寺院各处悠闲地徜徉，遇到活佛讲经或者僧人读诵，它们也会默不作声地围坐一旁，俨然一位求佛心切的虔心教徒。

其实，不光是这里，藏区很多寺院都有这种情形。这些流浪的动物们仿佛都具有人类所不了解的灵性。它们知道，只有这里是最安全的地方。于是，很多寺院不仅是僧人读经学法的地方，也成了流浪动物的收容站。它们和僧人的关系极为和睦。有些猛犬，外人看来非常恐怖，在僧人身边却如猫儿一样温顺听话，只要是这些红衣僧人，不管谁要它做什么，马上低眉顺眼，殷勤照办。不过，让铁棒喇嘛们比较头疼的事情就是，这些动物们不仅喜欢在寺院待着，也特别喜欢参加法会之类的活动，一有活佛讲法，抑或僧人聚集轮径，它们就要凑上前去，甚至跟随在一起合影留念，有一个僧人们给我看他们的集体合影，就发现，不知什么时候，居然有一只老山羊混进僧人队伍，并端坐其中，俨然是一分子，这情形让人看了忍俊不禁。

时间回转到三百多年前，那一天，当得到六世达赖喇嘛即将到来的消息，五世班禅洛桑益西早早就率领僧众在措钦大殿里等候。他已经接到桑结嘉措的密信，恳请他为六世达赖喇嘛完成受戒。在这里，让仓央嘉措成为一名真正的比丘僧。

6 月 20 日，这是一个再吉祥不过的日子，大殿外的阳光纯净而耀眼，殿内的尊尊佛像被映照得金碧辉煌。然而，不管日光多么温暖，洛桑益西总有一种不祥的预兆，他有预感，今天，他会遇到这一生中最难解决的问题。

中午时分，来自布达拉宫的僧众以及贵族官员准时到达扎什伦布寺。后藏的人们好久没有看到如此众多的尊贵人物来到这里，最让他们兴奋的是，听说这些贵人之中竟然还有一位最高贵的达赖喇嘛！为此，众人早早就挤在了寺外等候，人群甚至一直延伸到远远的山坳。

洛桑益西直到晚年还记得那个时刻。那可能是他最后一次见到这位年轻的六世达赖喇嘛。这一生中，他们通信频繁，然相见时短。第一次，是在羊雍错湖边的浪卡子，那时，仓央嘉措还是一青涩少年，忽然被拥推至达赖喇嘛的宝座，他的神情始终有一份惶然与不安。之后，他陆续听到有关他的消息，这个少年天资聪慧，仅仅用两三年时间便掌握了普通人十几年也难以学完的佛经典籍，单从这方面来讲，他是当之无愧的格鲁派法王。然而，就在最近几年，有关他放荡不羁的传闻也时有耳闻。

一个人，怎么可能把如此多的优点与瑕疵集于一身呢？现在的达赖喇嘛，究竟是什么样子了呢？

那一刻，洛桑益西站在大殿门口，几乎是带有一点好奇心，静静地等待仓央嘉措从坐辇上走下来。那时，阳光穿过几乎透明的天空，直直地映照下来。

一个身着黄色僧衣的年轻法王走下坐辇。他似乎有点不习惯山南这耀眼的阳光，整日端坐于布达拉宫华美但深幽的大殿，他几乎忘记了阳光的味道。

他怎的如此清瘦？洛桑益西在心里暗暗惊奇，不仅没有年轻人的快乐与率意，反而像老年人一样深沉而且忧郁。他记起他的上师，五世达赖喇嘛，即使在五十多岁的时候，他的表情也总是那样恬静温和，有的时候甚至快乐得像个孩子。

就在他暗暗猜忖的时候，仓央嘉措已经走到他面前，恭谨地行弟子见老师的大礼。这一次，洛桑益西看得更清楚了，他猜的没有错。这位年轻的活佛，他的眼里满是忧伤。

主客双方在大殿里坐好，简单地聊了一些无关紧要的事情。仓央嘉措的脸上开始露出笑容。

“这毕竟是个年轻人，忧伤也只是他一时的情绪。或许，他遭受了暂时的挫折，或者一时心情不好。”就在洛桑益西转念的功夫，桑结嘉措的一句话打破了平静：

“时候不早，请班禅大师为达赖喇嘛受戒吧！”

一时间，屋子里的整个气氛全变了。洛桑益西看到仓央嘉措脸色登时转白，抿着嘴一言不发。

洛桑益西站起来，刚想邀请仓央嘉措受戒，却见仓央嘉措一下子从席上站起来，走到大殿中央，冲着洛桑益西连磕三个响头。

这一情形把所有的人都弄懵了，只有洛桑益西能模模糊糊地猜测出仓央嘉措的心意，不过，他还是觉得满心惶恐，直盯着仓央嘉措并不说话。

“上师，”仓央嘉措开口了，声音不高，但充满力量，“我自知不是一个合格的弟子。但我请求您，今天绝不接受比丘戒，而且，请您把授予我的沙弥戒也收回吧！”

一语既出，满座皆惊。当然，最惊恐的莫过于桑结嘉措了。

二十三 爱别离，求不得

> 人生有七苦，生、老、病、死、怨憎会、爱别离、求不得。（佛陀）

仓央嘉措在这里所说的“收回沙弥戒”，意图非常明显，他不想当僧人了，也就是想还俗的意思。在佛教戒律中，已经出家的僧人如果愿意“舍戒”，也可放弃僧人身份，重归普通人行列。但藏传佛教对此要求非常严格，一旦某个僧人还俗，是很少有可能重归僧团队伍的。这虽然与佛陀的教法有异，但是，几百年来，已经形成了一个不争的规矩。所以，仓央嘉措要求“收回沙弥戒”的意思，也就是说他不仅想放弃僧人身份，更不惜放弃法王的位置。

这简直太让人惊诧了。大约从格鲁派活佛转世制度建立以来，也没有如此离经叛道、冒天下之大不韪的人出现。然而现在，他偏偏出现了，在乱世之中，不顾一切，只要自由。

有人说，这世上最可怕的人，就是无所需无所欲的人，无欲则刚。当一个人不受金钱、名誉地位的诱惑，不怕生，不惧死，你又能奈他如何？

在这一刻，桑结嘉措是真的泄气了。他无力地靠在椅子上，一句话也说不出来了。

洛桑益西记得，当时，所有的人都把恳求的目光望向了他，似乎他是这情形唯一的救星。“该来的还是来了，就如命运”他在心底叹息着，但他还是拉起仓央嘉措，把他带到了自己的静室。

这是仓央嘉措第一次和洛桑益西单处一室。他们第一次的会面是在浪卡子，那时他只有 16 岁，周围乱哄哄地围着数不清的人。五世班禅为他剃度，是他的第一位上师，那一刻，他恭谨地跪在铺垫上，唯一的记忆就是大师的手温暖而坚定。时隔 5 年，他才有机会与上师共坐一室，只是，这一次的会面怕又是一场交锋了。

洛桑益西微笑地看着他，不知怎么地，他很喜欢眼下这位年轻的弟子。他看着你，眼里像燃烧着火一样，这火焰，希望你能理解，更希望你同样被点燃。

洛桑益西直奔主题："你拒绝受戒比丘，为什么？"

仓央嘉措恭谨地跪下："为了佛法的纯洁与完整。"

洛桑益西有些吃惊，他沉默地等待仓央嘉措的下文。

仓央嘉措也凝视着他的老师，这些话，在他心里已经翻腾了数百遍，他想告诉很多人，包括桑结嘉措。但是，他一定不会理解，一定怒斥他是格鲁派的叛逆。可是，他必须说出来，即使这些话已经冒天下之大不韪。

"我的上师，"仓央嘉措平静地说道，"我承认，我爱上了一个女人。而这，对于格鲁派的教规，是决不允许的。宗喀巴大师在创立这个教派的时候，就一再申明，我们的戒律必须干净清明。按照这个说法，我不是一个干净的格鲁派弟子，可是呢，"他的声音稍微高了点，但是，依旧不带感情色彩，"不知是什么原因，我被推到了格鲁派教主这个位子，我很想像戒律中要求的那样，以我为典范，为天下的佛教徒树立一个清规的榜样。可是我做不到，"说到这里，仓央嘉措的声音忽然哽住了，似乎有一股气哽住了他的嗓子，让他鼻子发酸，说不出话来。

五世班禅静静地看着他，手上的茶杯纹丝不动，看不出脸上有任何表情。

"可是，我爱上了一个女人。她就像我的影子、我的心、我的生命一样和我须臾不离。我用过禅修，闭关各种苦修的办法忘掉她，可是都不行。闭上眼睛，我看不见上师的模样，只有她的温柔脸庞。我去转经，不为别的，只想到她或许也来过这里，那经筒上，可以触摸到她的指纹。我去转山转水，不求来世，只希望途中能与她相见。"

洛桑益西看着他，仓央嘉措的声音越来越低，他几乎把头伏在了地上：“我终于明白，不管我做什么，她始终在这，我的心里，她已经成了我最痛的一部分。可是，我不能和她在一起……”他的声音几乎转为呜咽，“这一刻，我明白了佛祖所说的怨憎会，爱别离。”他猛地挺直了身子，直盯着眼前的五世班禅大师：“您知道么？爱别离，您知道这有多痛么？单单背诵经书的您，是无法体会的吧？”

五世班禅大师震动地看着他，从没有一个人这样直接地问他，似乎他从来也没有这样问过自己：爱别离，你知道有多痛么？如果不知，你又怎懂得世人的悲伤，如果不懂，你如何示现你的慈悲呢？

因为懂得，所以慈悲。一时间，洛桑益西觉得自己的心忽然有些乱了，这个年轻的弟子啊，他教给了他从没了解过的心识。

从静室出来，洛桑益西走在最前面，桑结嘉措充满希望地跑过来：“您说服他了么？他同意受戒了么？”洛桑益西微微地摇头：“他说服我了，只是，”他转向仓央嘉措，“我早就听闻您在辩经以及因明学方面非常有心得，今天，这些人都是从四面八方赶来，想听您的讲法，您看？”仓央嘉措还是摇头：“我不是一个戒体清静的人，我没有资格为他们讲法。”

桑结嘉措绝望地看着这一切，额角冒出越来越多的汗珠，屋外，阳光照耀，但是，他却感觉到了发自内心的寒冷。

二十四　真正的慈悲

深奥宁静，解脱烦杂，明亮清澄，超越思议的心；这是诸佛的心。（《西藏度亡经》）

在扎什伦布寺只待了十几天，仓央嘉措一行就重新返回拉萨。这段经历后来在五世班禅大师的自传里有详细的描述：“……我多次呈书，恳切陈词，仍无效验。反而说：‘若不能交回以前所受的出家戒以及沙弥戒，我将面向扎什伦布寺自杀。二者当中，请择其一，清楚示知’。休要说比丘戒，就连原来受的出家戒也无法阻挡地抛弃了。最后，以我为众的众人皆请求不要换穿俗人服装，以近事男戒而受比丘戒，再转法轮。但终无效应。”

由此可见，在仓央嘉措与五世班禅大师详谈之后，依然有人力劝仓央嘉措接受比丘戒。无奈之余，班禅大师再次觐劝，而生性倔强的仓央嘉措宁可以死相逼，也不服从。万般无奈之下，桑结嘉措带着随从以无比失落的心情重新返回了拉萨。

日喀则的风景在西藏来看，应该是最美丽的地方。特别是沿途一个叫“林芝”的小镇，更被称为西藏江南。在这里，你会很奇怪的发现，在这片世界最高的土地上，居然草木森然，风景秀丽，一派江南风光。

然而，景色再美丽也无法打动桑结嘉措的心。一路上，他的心都像被积雪覆盖了一样沉重。俗话说，纸包不住火，等到一回拉萨，仓央嘉措拒绝接受比丘戒，甚至要退回出家戒的做法一定会被拉藏汗等人知道，他们也一定会借此大做文章。唉，早知今日，何必当初呢？后悔没有任何用处，唯一能做的事，就是回拉萨之后如何补救吧。

几天以来，仓央嘉措也只是待在坐辇里闷声不响，车外风景如画，而他却像看不见一样。太安静了，安静得让随从们感到害怕。

事实上，这位年轻的法王觉得太累了。平生第一次，他对同是出家人的五世班禅喇嘛说出了许多的心里话。当说出来的那一刹，心空了，却疲乏得不行。一直到第三天，他才忽然想起，一直对他温和有加的班禅喇嘛在他告别之后，居然没有亲自送别。难道，他也对自己有了怨气么？

仓央嘉措呆呆地看着眼前的台几，不知道什么时候，上面放了一本班禅大师送他的《菩提道次第广论》。这是一本由宗喀巴大师亲著的格鲁派经文，里面由浅入深地讲述了一个普通人到修行者该如何修行并获得成就的步骤。据那些大成就者们说，如果能够在有生之年把《菩提道次第广论》这本书看明白，吃透意思，离成佛也不远了。

这本书，仓央嘉措已看过多次，有的段落甚至倒背如流。但是，他还是拿了起来，这时，一张信笺飘落到了他的脚下。

这应该算是五世班禅大师对于仓央嘉措提问的回答。当那位年轻的弟子以飞蛾扑火般的决绝，向他透露了心底的秘密之后，这位格鲁派的大师彻夜难眠，仓央嘉措所面临的问题给他提出了一个疑问，那就是，当一个矢志修行的人遭遇了欲望的沟坎，而他本人，还不愿意放弃佛教，那么，他究竟该怎么办？

五世班禅大师从未遇到过这类情形，抑或他的弟子从没有勇气向他提出这一疑问。然，没有问出的问题，不代表就不存在。

在经过了几个不眠之夜的思考之后，他发觉，如果以佛教的理论解释这个问题，没有对错之分，只有是否怀有一颗仁厚慈悲之心。

比如佛祖，当他面对众生，各种各样的苦难、纠结、爱而不得的痛苦，他会侧目么，会嗤之以鼻么？都不会。他只会以无限的慈悲与怜悯抚慰众生，他理解一切，原谅一切，他引以为恨的，只是无法代替众生忍受着这痛苦无望的折磨。他绝不会以高高在上的姿态指责批评甚至嘲讽这一切。

被世人尊为活佛的高僧们，为何被尊为“活佛”？只因为众生相信，他们即使没有如佛祖一样的遍知智慧，也应该拥有一颗仁慈怜悯的心，他理解、体悟众生的苦痛，恨不得以身相受。这才是真正的慈悲。让众生心甘情愿叩首伏拜的慈悲。

仓央嘉措的苦痛，也是众生的苦痛之一。应该得到怜悯慈悲，并予以抚慰，而不是冰霜雪雨。

五世班禅大师在回信中如是说：人世间任何一种经历都是我们难得的经验。比如，爱上一个人。这期间的欢愉、失落与悲伤是你在六道轮回中都难以遇见的。在天道，天人只顾享乐，醉生梦死，不理解爱为何物。在地狱，众生都在苦难中挣扎，根本无暇理解爱之可贵。只有人间，爱让人可以瞬间升入天堂，也可能时时在地狱里徘徊。在这个阶段，你无须轮回，就已尝尽六道间的各种喜乐苦痛。由此更知世事无常，人心转换，更理解在欲念中挣扎徘徊的众生的苦痛。正如你所说，身历之后，才更为彻悟，以心换心，方懂得慈悲之道。

珍惜爱你的人，是她，才更让你体悟慈悲与爱的含义。或者换言之，她就是你修行之路的菩萨。

仓央嘉措一遍又一遍地读着这封信，想微笑，但眼泪一滴滴坠下，几乎打湿了信笺。

他完全可以想象，行事一向恭谨严肃的五世班禅大师如何为他的不羁之为彻夜难眠，苦苦思索。然而，大师的思维毕竟不同常人，或者说，是慈悲的心引着他去思考这常人难以理解的不羁之行，更希望他能从欲念的困惑里早日涅槃。

这种慈悲与怜悯，让仓央嘉措慨然，却迷惘。为什么，作为雪域民众的教主，他未能视现清净法相，还要高踞宝座，接受他们的顶礼膜拜，这不能不让他感到羞愧。

二十五　存在即为意义

> 我们的佛性到底存在于何处？
> 它就存在于如天空般的自性之中，
> 全然地开放、自由和无边浩瀚。
> （佛陀）

就在此时，队伍停下来了。仓央嘉措自行从坐辇上走下来，一直走到队伍后面。桑结嘉措奇怪而警惕地看着他：他又要做什么出格的事情么？

幸亏这次没有，仓央嘉措走向的，是一个一路跟在队伍后面朝拜的老妇人。事实上，从他们离开日喀则开始，就有许多信众跟在队伍后面，一路朝拜。像这位老妇人，已经跟随两天了。

这对于信众们来说，其实是一个很平常的举动。莫说追随这位活生生的达赖喇嘛，就是为了拜一座山、一片湖，他们也情愿舍弃所有，用身体做量尺，三步一拜，直到他们觉得，已经完成心愿为止。

这个传统，沿袭至今。只要你踏上去往藏地的路，就会看到路上不少磕长头的信徒。他们大多是三五人一组，一人推着小车，上面装满给养（水，食物，帐篷等）其他人三步一拜，全心全意完成这神圣的信仰之旅。

这对于内地人来说，既神奇又不可思议。从古到今，信佛者浩若瀚海，为何要采取这般极端的方式呢？听说有的朝拜者一拜就是一年多，荒废了田地，舍弃了家园，即使到达了目的地，也变成了一无所有的乞者，这又是为何呢？

他们中有人告诉我，这是一种心愿。信者心也。朝拜并非是一种苦刑，而是一种对佛祖表达心愿的方式。为信仰，我可以舍弃一切，财物，肉体，最终找到完美的本初的内心。比起那颗心，世上的这一切，红尘，风花，雪月，又有什么值得留恋，值得可惜的呢？通通可以抛弃。

此刻，仓央嘉措就站在这位正低头伏拜的老妇人前面，他扶起她，老妇人的脸上露出惊喜万分的表情，她激动得一句话也说不出来了。仓央嘉措看着她，他忽然有一丝恍惚，眼前这个白发苍苍的老妇人，她的微笑多么像他的母亲啊。如果她还活着，可能也如这位妇人一样，被岁月染上满头银丝，但她的笑容不会变，永远是那么慈祥，永远是那么温柔。

“阿母（藏语称呼母亲）”他竟然这样称呼她。老妇人看着他，她的眼里也如母亲般全是慈祥而鼓励的微笑。

仓央嘉措凝视着她：“想必我的事情你们早有耳闻，请你告诉我，你们为什么要追随我，我还值得这样被朝拜么？”

老妇人看着他：“你是达赖喇嘛，在世人眼里，你是菩萨。所以大家敬你，爱你。然，每一个进入红尘的菩萨都要经受人生的各种苦痛。当你历经了，你才了解，才更爱世人，体恤世人，慈悲世人，这也是菩萨成佛的必经之路。但是，每一个进入红尘的菩萨也知道，这是一条异常难走的道路，甚至有的人从此堕入恶道无法回头。但慈悲还是让他们义无反顾，踏上这条荆棘之路。”

仓央嘉措细细品味老妇人的慢声细语，良久之后才发问：“如果说我是菩萨，那么，我究竟会给我的子民带来多少慈悲和爱呢？为什么我不知道自己有这个能力，相反，我觉得自己连个普通人的事情都没有做好。”

老妇人慢悠悠地回答：“这世界，总要有太阳，月亮以及满天的星辰，太阳不见得知道自己的光辉，星辰不见得知道自己的渺小，而太阳就是太阳，它的存在就是为世间万物创造勃勃生机。一位菩萨，充满慈悲和爱的菩萨，他的存在就仿佛太阳，会给他的信徒以无限的信心和勇气。换言之，你的存在就是一种力量。”

仓央嘉措忽然热泪盈眶，多少时日以来，一直隐藏在他内心的苦痛与不解居然被一个素未谋面的老妇人一语道破，老妇人教会了他桑结嘉措几年都没有完成的任务，那就是责任感。作为西藏的教主，他的责任就是应该像太阳一样，遍洒整个雪域。这是他的责任，即使牺牲生命，也不能被抛弃的责任。所有的心结，终于一节节被打开了，他抬起头，向着碧蓝的天空深深地吸了一口气。第一次他发现，山南的风光原来如此秀丽。

正在此时，一个随从怯生生地走过来："佛爷，第巴询问您，何时可以重新启程?"仓央嘉措愉快地回答："马上就可以走。"他想回头去向那位老妇人致谢，但让他惊呆的是，那个苍老的妇人连人影也看不见了。

在我们的一生中，总会遇到拐角的时刻，失望、困惑、迷茫就像一条条锁链捆住你的心，让你动弹不得。或许是旁人的一句话，不经意的一个场景，就会瞬间开解你的心，如一道阳光驱走黑暗。

仓央嘉措此刻就对着曾与老妇人交谈过的方向恭恭敬敬地磕了三个头。不管此人是偶尔路过的普通人也好，还是神明，他都认为，她就是化解自己内心烦恼的佛菩萨的化身。这番话对于他的未来有着太重要的意义。

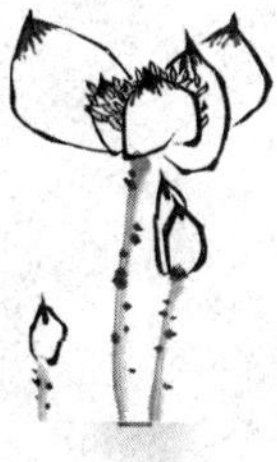

Chapter 03

罢黜

我问佛：如果遇到了可以爱的人，却又怕不能把握该怎么办？

佛曰：留人间多少爱，迎浮世千重变

和有情人，做快乐事

别问是劫是缘

Chapter 03

罢黜

一 圣者体征

源自无明的迷妄，是一个最可怕的、包藏祸心的恶魔，听瑞的人们啊，时时保持觉察和观照。

（《修行百颂》）

1702年对于第巴桑结嘉措来说，是很不好过的一年。所有的矛盾都压在了他的身上，蒙古和硕部的新任汗王拉藏汗反对他，西藏内部上层贵族之间纷争重重。在他们心里，每个人都想当这片雪域的真正统治者。五世达赖喇嘛罗桑嘉措活着的时候，他的德高望重足可以震慑住每一颗蠢蠢欲动的野心。即使他们太想得到这片雪域，即使他们对那个年轻的第巴桑结嘉措发自内心的不服气与怨恨，也只能悄悄地吞回肚里。据说，在五世达赖喇嘛晚年的时候，他的身体已经不适合管理政务，就把所有的权力全权委托给桑结嘉措。为表示威严，他特别制作了一个手模由桑结嘉措保管，意为不管任何文件还是决定，持有五世达赖喇嘛手模的人就有权利代替他处理一切事务。

可惜，这巨大的荣誉却不能给桑结嘉措带来多少威信，当五世达赖喇嘛圆寂的消息一经大白天下，所有的不满与野心也渐渐浮出水面。

蒙古汗王拉藏汗首先发难。他的第一步棋就是上报清政府，呈书怀疑第巴桑结嘉措对于朝廷的忠心程度，并怀疑桑结嘉措所立的六世达赖喇嘛是假的。

对于清政府不忠诚！这是桑结嘉措多年里心里的一块伤疤，再一次被血淋淋地剥开了。这究竟是怎么回事呢？恐怕要追溯到十多年前。

有人说，人活于世间，最艰难的就是要不断的选择。桑结嘉措就曾面临过一道道的选择题，当然，无所谓的答案对错，只看合乎世事否。

对于普通人，得之少，失之也不可惜，选错了大不了还有重来的机会。可是桑结嘉措就不同了，他曾经面临过一个改变时局的大选择。1695 年，清政府与蒙古准噶尔部首领噶尔丹在大草原展开激烈的鏖战。康熙皇帝御驾亲征，据说，那一战极为惨烈，连康熙本人也差点命陷沙场。由此可见，清朝政府对于噶尔丹的憎恨已深入骨髓。然而，桑结嘉措却在此时表现出了对噶尔丹的倾向与同情，这也并非事出无因。其实，早在五世达赖喇嘛活着的时候，噶尔丹就亲自到拉萨拜访，并拜五世达赖喇嘛为上师，虔心修学。在那一阶段，也和桑结嘉措结下了不错的交情。

清政府与噶尔丹两军交战之初，旗鼓相当，加之噶尔丹还曾是自己的熟人，桑结嘉措对他的倾向也不难理解。在这个过程中，他还曾经偷偷派人给噶尔丹送信并出谋划策。没想到，不长时间就风云变幻，在清政府的大军之下，准格尔部溃不成军，连噶尔丹本人也被处死。

慌乱之中的桑结嘉措只有毁掉一切曾与噶尔丹有关联的证据，还上书朝廷，以示修好。可惜来不及了，康熙皇帝恰恰就在这一役中，从俘虏口中得知了五世达赖喇嘛圆寂但被桑结嘉措隐匿的消息，龙颜震怒，但碍于大役刚刚结束，只有把怨怒压在了心底。

如果这一阶段，桑结嘉措小心承恩，婉转相对，且无人从中作梗，他与朝廷的关系或许会发生好的变化。只可惜，他大意了，朝廷的沉默被他看成了风平浪静，拉藏汗的挑衅被他当成了摆不上台面的微小伎俩。没想到，当拉藏汗的呈书一到达康熙皇帝的手中，马上有了反应。

康熙皇帝是圣明之主，但他一样也是人，也有自己的喜怒哀乐。作为国君，他最厌恶的，就是和他抢天下，以及帮助别人和他抢天下的人。很不幸，桑结嘉措就在这个名单里面。

在略微沉吟之后，康熙决定，派人到拉萨亲自观相这位众说纷纭的六世达赖喇嘛。

到现在为止，也很难说清康熙皇帝的这一步棋究竟是罢黜六世达赖喇嘛身份的前奏，还是真的想探清这位活佛的真实身份。一本名为《仓央嘉措秘传》的史书这样记述，当这位精于相术的人来到布达拉宫，并请仓央嘉措赤身坐于宝座上，他围绕圣体前后左右，从各个方面细细观察，之后说道："这位大德是否为五世佛祖的转世，我固然不知，但作为圣者的体征则完备无缺。”说罢，顶礼膜拜而去。

这个说法让在场的人都目瞪口呆。灰头土脸的桑结嘉措本来准备好了一堆应对非难的托词，趾高气扬的拉藏汗也备好了仓央嘉措马上就被踢下台的庆功酒宴。没想到，这位高人轻轻的一句话，就化解了所有的非难。

“圣者体征完备无缺”这句话即使在几百年之后，也引发了我无限的遐想。六世达赖喇嘛作为圣者，他究竟是何种容貌呢？《大方广庄严经》上，这样描述的他的相貌：“这位成就一切的孩子所具备的大勇者，他有三十二种吉相：肉髻突兀头闪佛光，孔雀颈羽色的长发右旋着下垂，眉宇对称，眉间白毫有如银雪，眼睫毛逼似牛王之睫，眼睛黑白分明，四十颗牙齿平滑、整齐、洁白，声具梵音，味觉最灵，舌头既长且薄……”

这真是太过形象却太难理解的描述了。不过，好在今天的布达拉宫还保留着一尊仓央嘉措的塑像。这大约也是六世达赖喇嘛留在这世间唯一的塑像。只是，这塑像只被摆在一个不起眼的角落，你若不向导游询问，他可能都不知道这尊珍贵的塑像究竟在哪。

不过，我相信，每一个喜欢仓央嘉措的游人，都不会与这世间唯一的六世达赖喇嘛的塑像擦肩而过。它就被安放布达拉宫的长寿乐集殿，在金碧辉煌的宝座上，端坐着这尊少年时仓央嘉措的塑像。我曾长时间地停驻在塑像面前，久久凝视着他的脸庞。这是一张过于清秀文雅的面容，五官的线条像流水一样从容细致，他的眼睛，没有我想象中的那样忧郁，我不知道雕塑师是否忽略了他的眼神，还是他从来就是这番沉静温和？我的活佛啊，或许，不管经历了人世间有多少苦难，你的心被痛苦分割成了多少碎片，但在你的眼里，我们都看不到悲伤，所有的，只是那亘古的宁静与悠远。

二 玉山将倾

> 当你身强体壮时，从未想到疾病将临，但它会像闪电般，出其不意地袭击你。当你在红尘中翻滚，从未想到死之将至，它快得如同雷电，把你轰得晕头转向。（佛经）

自从“认证”风波平息之后，拉藏汗与桑结嘉措的斗争似乎偃旗息鼓了。双方都安静下来了，为下一轮的战争养精蓄锐。而仓央嘉措也迎来了他作为达赖喇嘛之后最为正规，也最繁忙的一段日子。这段时间，不需要桑结嘉措的监督，他一改往日的懒散放荡，主动移驾到哲蚌寺，拜格隆江央扎巴、卓尼楚臣达杰还有阿里格烈嘉措等大师，学习各种显宗教戒，参加宗教活动。并参照《法华经》撰写了不少文章。

这段时间，是仓央嘉措生活最为恬淡的一段时光。第巴不再监督他的一举一动，他也自觉地按照一个合格活佛的方向在努力。

当然，他并不知道，桑结嘉措不是不想管他，而是已经自顾不暇了。

那一晚，正在研读经文的仓央嘉措看到了桑结嘉措正匆匆地走过他的寝宫。自从扎什伦布寺之后，桑结嘉错似乎有意避开与仓央嘉措的会面，很多重大场合都有意避开，这让仓央嘉措内心十分歉意。他知道，在扎什伦布寺时，自己强硬的拒绝让这位老人万分失望。他很想找个机会，像对班禅大师那样，开诚布公地和桑结嘉措好好谈一谈。

眼下，这个机会似乎到了。他站起来，主动向桑结嘉措打招呼：“第巴，您这是在忙什么？”桑结嘉错显然被吓了一跳，看来，他来到布达拉宫的目的绝不是和仓央嘉措会面。不过，既然对方打招呼了，他也只有勉强走过来。

三个月了，或者是更久的时间，两人第一次这样面对面地单独相处。仓央嘉措凝视着眼前的桑结嘉措。不知怎的，他的心里竟然升起了一丝怜悯。以往的第巴桑结嘉措是多么自信、意气风发啊。布达拉宫位于拉萨城最高的山上，而他，就仿佛布达拉宫最高的旗帜，他纵观整个雪域，一切尽在手中。而如今的他，须发间已夹杂了无数细碎的银丝，眼神也不复往日那番傲然自得，仿似惊弓之鸟，时时在不安之中。

仓央嘉措心里在低叹：究竟是什么让这位不可一世的贵人变得如此惶惶然，欲望！对权力的欲望！事实上，在这个世界上，任何一项事物都是无常的，今日为王，明日成寇。所以，欲望永远无法满足，然欲望永远指使迷好它的人铤而走险。

可是桑结嘉措，这位五世达赖喇嘛生前最宠爱的臣子，他追随活佛多年，深谙佛经中的各种道理。为何在世事选择上要踏入同样的歧途呢？

可见佛陀所指的欲望这个世间陷阱有多么准确，而又多么可怕啊。

他很温和地询问桑结嘉措：“第巴最近在忙什么？为何一直见不到您的身影？”桑结嘉措看看仓央嘉措，忽然重重地叹了一口气，答非所问：“我听说佛爷最近倒是很忙，非常用功。早知如此，”他喃喃自语，硬是把下面的话吞下去了。

仓央嘉措自然知道他想说什么，苦笑了一下，正想对桑结嘉措推心置腹，剖白心意，没想到，桑结嘉措居然先他一步坐下来，长吁了一口气，仿佛在自言自语：“以往，当我在伟大的五世身边，每当有困惑，有痛苦，都会仰仗他老人家的慈悲与智慧帮助我渡过难关，而今，”他盯着仓央嘉措，“他的这颗灵魂就居在您的身体里，我很想知道，现在的您，能否也像从前一样，再次帮助我，解救我呢？”仓央嘉措刚想回答，没想到，桑结嘉措并没有停，而是自顾自地说下去：“很显然不能。伟大的五世，他的光辉和灿烂只存在四十年，他的后世，不论多么高贵，永远难以复原他的，现在的我，不管多艰难，前途多险恶，也要一个人咬牙撑过去。”仓央嘉措终于忍不住问道：“您在撑什么？”桑结嘉措狠狠地回答：“那还用问，西藏的未来。”仓央嘉措很快问道：“您的未来还是西藏的未来？”桑结嘉措顿时语结，沉默不答。

仓央嘉措轻轻叹气：“任何战火都是由于欲望而引起的，而任何战争，最终受苦的都是百姓。”桑结嘉措忽然高声道：“不统一的政局只会带来纷争，这是五世达赖喇嘛沉痛的经验，他花费了很长时间才实现了雪域的统一，格鲁派齐号天下。我也在努力维护他的成果，要不是您……”他喘着粗气，再一次把要说的话咽了下去。

仓央嘉措脸色苍白：“我既如此无用，您当初为什么把我找来。我并不想过这样的生活。这对于你我都是痛苦不过的事情。”桑结嘉措有点愕然，他沉默半晌：“我不明白，为什么，我与五世达赖的心贴得那样近，而与您，就像隔着喜马拉雅山的鸿沟一样！”

仓央嘉措没有回答，他显然也没有真正理会桑结嘉措的意思。只是注视着他，等他的下文。

桑结嘉措看着他，眼神变得炽热：“但是，我有预感，我找到的灵童一定不会错，您就是伟大的五世的转世，您将秉承他的事业，他的精神，继续把他未完成的功绩继续下去，是吧？我说得没有错吧？”

仓央嘉措看着他，语气有点犹豫；“我知道，我的前一世是一位杰出的宗教领袖。”

“不止如此！”桑结嘉措打断他，“他是一位继往开来的政治家，他是自萨迦派八思巴统领了西藏之后，第二位能把雪域归于同一教派的伟大的法王。他睿智，1632 年，格鲁派在管理大昭寺的问题上发生矛盾，有人要求武力解决，有人希望借助蒙古人的力量，当时，只有 15 岁的五世达赖喇嘛却提议用宗教方式解决这一问题，多么智慧的办法啊！在无形中化解了危机。五世达赖喇嘛一生中面对最紧张而又最费脑筋的问题，就是蒙古人。他们来而不往，本来是被当成恩主请进拉萨帮助我们，没想到，他们的野心太大，还想成为领主！眼下的拉藏汗就是这样一头贪心的野狼，你觉得他是在针对我么？不是的，他在针对的，是我誓死保护雪域的这颗心！”

仓央嘉措听得入了神，良久，他才反问：“那么，当初我想和你学习政务的时候，你非常坚决地拒绝了我。”

桑结嘉措叹息：“当然要拒绝，那时的你，羽翼未丰，心高气短，怎么能担任大业呢？”

仓央嘉措有点意外：“那么现在？”

桑结嘉措深深地叹了一口气，那凄凉的声音仿佛沉沉夜幕中低沉的雷声："我无法再等待下去了，属于我的时间已经不多了，也许，很快我就将与拉藏汗短兵相接，到时，您必须承担我未做完的事业。"

仓央嘉措打了个冷噤，在他听来，这番话好像是临死前的告白一样，充满了辛酸，不舍，还有无奈。

三 徘徊的灵魂

> 花时过了，蜂儿并不悲伤；缘分尽了，我也无由怅惘。（仓央嘉措诗歌）

当桑结嘉措离去之后，本已内心平静的仓央嘉措再一次失眠了。他隐约地感觉到，一个巨大的黑影向他们，向布达拉宫越逼越近了。桑结嘉措的这番话沉痛而无奈，几近于临死前的告白。然而，中心意思只有一个，不能放弃雪域的统治，不能放弃格鲁派作为统治者的荣光。

那夜，布达拉宫之外的寒风呼啸了一整夜。仓央嘉措凝视着床边那盏始终也不会熄灭的酥油灯，他在沉思着自己的命运，雪域的命运。在之前，他从没考虑过，会有一种力量让他无法掌控生死。达赖喇嘛这个宝座并不像世人想象的那样荣耀，坐上这个位置的人不仅要放弃所有的个人喜好，更要时刻接受死亡忽然来临的厄运。

这个说法并非危言耸听。事实上，除了仓央嘉措，好几任达赖喇嘛也都是命途多舛。四世达赖喇嘛云登嘉措，二十八岁忽然圆寂，死因不明；九世达赖喇嘛隆朵嘉措 11 岁圆寂；十一世达赖喇嘛克珠嘉措 18 岁圆寂……

这些身份荣耀的达赖喇嘛，为何一个个都不幸英年早逝？据说，清朝政府曾怀疑，有人下毒暗害，但苦于无证据，只好作罢。由此可见，坐在达赖喇嘛这个位置上，就已经不由自主地被卷入了政治漩涡，想作为一名宗教导师，向信众们清净布道，已经成为奢望。这是作为法王本身的无奈，更是千万信众们的无奈。

三百多年前，当仓央嘉措终于想明白这个道理，我想，就他本身，也只有一个选择，那就是接受命运的安排，除此之外，别无他法。然而，他不想这样，他要给自己找另一条出路。

不知道从哪一天起，布达拉宫的侍从发现，他们的活佛再一次恢复了原来的样子。穿上俗人的衣服，他最喜欢丝绸的面料，而且底沿要全部以金线刺绣，颜色多为湖蓝，水绿，甚至亮紫，上面的花纹一般为祥云或者飞龙，越精致越喜欢，他像普通的藏族男人一样，非常热衷于带各种首饰，饰着松石，红珊瑚，蜜蜡的长项链，花纹繁复的戒指，耳环，他甚至还慢慢地蓄起了长发。每天天一黑，就带上随身侍从大大方方地赶往玛吉阿米的酒馆。从那时候起，整个拉萨城都知道，年轻的活佛不再喜欢待在高高的布达拉宫之上。他更喜欢在拉萨城里的大街小巷游荡，他的朋友遍及各个领域，有歌女，有平民，每当夜幕降临，这家酒馆高朋满座，身着俗衣的仓央嘉措与酒友，歌女，乐手们大声吟唱时下流行的歌曲，不知是这热烈的气氛，还是酒精的刺激，每一个晚上，仓央嘉措都兴奋得难以自持，他和歌手们一起嬉笑怒骂，用刚写出的诗句嘲讽那些装腔作势的权贵僧侣们。

仅穿上红黄袈裟
假若就成了喇嘛
那湖上的黄毛野鸭
岂不也能懂得佛法？

向别人背几句经文
就能得到“三学”佛子称号
那能说会道的鹦鹉
也该能去讲经传道

听到如此酣畅淋漓的嬉笑怒骂，整个酒馆都沸腾了，他们为六世达赖喇嘛的聪敏睿智大声叫好。然而，他们最喜欢的还是来自于仓央嘉措的情诗。拉萨城到处流传着由活佛的诗而编出的歌谣。

在法力无边的上师面前，求他收起我的凡心；
可是凡心是收不住的呀，它又使我失魂落下凡尘。

若随顺美女的心愿，今生就和佛法绝缘；
若到深山幽谷修行，又违背姑娘的心愿。

花时过了，蜂儿并不悲伤；
缘分尽了，我也无由怅惘……

我的意中人儿，如果去学佛法，
我也马上离开这儿，到山洞里去陪伴她。

凝思默想喇嘛的容颜，连个影儿也不从心头显现；
无心去想情人的丰采，却清清楚楚，如在眼前。

当这些诗歌不胫而走的时候，整个拉萨都知道了，一位叫玛吉阿米的当垆女是六世达赖喇嘛的意中人。而这家酒馆的老板娘也不知是凑趣还是怎的，竟然派人把酒馆的周遭刷成了黄色，更以此昭示天下人，这里有一位美人是现今佛爷宠爱的女人。

仓央嘉措并不避讳这一切，白天，他会带着心爱的姑娘，甚至还有达娃卓玛，在布达拉宫后面的龙王潭园林搭起帐篷，喝酒，射箭，唱歌，跳舞，不到尽兴绝不收兵。

四 我笑世人看不清

别怪活佛仓央嘉措，风流浪荡，他所寻求的，和凡人没有两样！（西藏民歌）

太奇怪了，当整个拉萨都知道，这位格鲁派的最高法王不愿意长居布达拉宫，而是和他们一样喜欢俗世生活、有心爱的女人的时候，他们不但没有丝毫的反感，反而更加热烈地爱上了这位教主。

在法力无边的上师面前，求他收起我的凡心；

可是凡心是收不住的呀，它又使我失魂落下凡尘！

不管是三百年后的今天，还是那段岁月，当藏地的人们吟唱着这极致缠绵的情歌，他们几乎为之疯狂了。我时常在想，对于偶像的崇拜其实由来已久，现在的孩子们喜欢某个歌星会千里追随，哭得涕泪交流。而那些偶像，也不过是耀眼光环下的一介凡夫。而仓央嘉措，他是来自于雪域最高的教主，这样高贵的身份！这样极致缠绵的情歌，怎么能不引得几百年来，从藏地一直到全世界无数粉丝的追随呢！每个人都在猜想，他如何能把这属于世俗的情感演绎得如此动人心魄？或许，在布达拉宫幽暗阴郁的油灯下，当他被寂寞折磨得透入骨髓，而情之所至？还是一个迷乱的夜晚，在一个有着乌黑长发、明月般双眸的女子怀里，恣意情恋之后的率性而作呢？

无论是哪一种遐想，都让人发自肺腑的荡气回肠。

也许从那时起，拉萨的民众疯狂地爱上了他们的教主。

别怪活佛仓央嘉措，风流浪荡，他所寻求的，和凡人没有两样！

这是后人对仓央嘉措的最经典的点评。不管他们了解也好，不解也罢，但是，在每一个人的心里，他们都深深地体谅这位活佛。我想，这大约也是仓央嘉措最大的宽慰。在经历了被罢黜，被追杀，被屠戮的悲惨命运之后，仓央嘉措可否想到，他的名字，已经如一个符号，代表西藏的符号，代表藏传佛教的符号，印在每一个思念着他的人的心里。几百年之后，即使是雪域之外的我们，听到他的名字，也会有发自内心的痛楚。这种痛楚，缘于一种类似爱的感情。

然而，他的存在，他的死去，他的放荡，他的悲伤，始终是一个接一个的谜。这也许是仓央嘉措永远的寂寞。从他存在于世，到默然离开，没有一个人了解他，体悟他。直到几百年之后，人们还在为这一个又一个的问题争论不休。有专家号称找到了谜的出路，却始终没有勇气确认，他们所了解的，是一个真正的仓央嘉措。

今天，当我来到藏地，拜访那些古老的寺院，一个个身着红衣的年轻僧人从我身边默然而过。蓝色的天，寺院的屋顶闪着金色的光芒，我寻到一处巨大的转经轮，待我随着转经的人们，一边喃喃自语六字真言，一边转动着巨大的经轮，却发现力不从心，经轮太重了。此时，一个年轻的红衣僧人微笑着走过来，我发誓，这是我看到的最灿烂的笑容。他说，我可以在你前面转，你跟着我就好，我会把经轮转开，你轻轻搭把手就可以。

我忙不迭地点头，紧紧跟在他身后。

年轻僧人在前面不疾不徐地转动经轮。不知怎的，在他手中，这巨大而笨重的经轮似乎变成了可以随意摇晃的玩具，只轻轻一拨，就旋转如轮。

此刻已是黄昏，年轻僧人的身影映在巨大的屋檐斜影下，红色的僧衣几乎和黑暗融在了一起。我触着由他转动的巨大经轮，不知为什么，那首诗一下子冲进脑海：

那一刻，我转动所有经筒

不为祈祷只为触摸你的指纹……

转完经轮，我试图与他聊天，他微笑着点头，我于是单刀直入：“你可知道仓央嘉措的故事？”年轻僧人的脸色有点僵：“我不知道。”我十分奇怪：“他是你们的达赖喇嘛啊！他有那么多美好的诗歌呢！”年轻僧人的眼神明显有点心不在焉：“哦，是么？可是我平时非常忙，五部大论的学习已经占用了我太多时间，我没有精力去学习其他。”我哑然，最后不甘地问：“你是什么教派？”他露齿一笑：“我是格鲁派，教规最严格的。”我彻底无语了，仓央嘉措，曾经的格鲁派最高法王，却被他的信徒遗忘了。可是，是真的遗忘了吗？还是被刻意地隐藏了？

因为他的放荡不羁违反了教规？因为他的真诚以及才华横溢打破了传统？不管是为了什么，在几百年之后，或者说是当他尚在人世的时候，他就已经被严守戒律的僧团视为了异己，也被视为了世人永远不能解开的谜。

我不知道，仓央嘉措会如何看待这一切，或许，他会微笑，尽管这微笑淡得看不出痕迹，如虚空中曾袅袅而过的一朵轻烟。因他的心，早就看透了，早就苍凉了，早就安然了，唯独，世人看不破他的心。

或许，这个世界上，最了解仓央嘉措的，只有玛吉阿米。在罗布林卡的许多个夜晚，他们的确同处一室。他喜欢拥住身边的爱人，吻她的额角，她的唇，她略微弧起的颈窝。身下的玛吉阿米犹如静夜里开放的花朵，只供他一人欣赏。

他熟悉她的身体，一次又一次的摩挲，晶莹如玉的皮肤，完美的曲线，他在一次次地恋恋不舍，一次次地惊叹，之后默默无语。

玛吉阿米奇怪于他的沉默。但是，她更习惯于由他自己说出答案。

终于，仓央嘉措开口：“佛说，摆脱女色一个最直接的方法，就是观想眼前的这位美女，尽管她如花朵般鲜艳，但试想，这不过是一具包裹着脓、血液、粪便的皮囊。而这皮囊，不会永如现在般光鲜，皱纹会爬满全身，病痛会让她抽搐，痛苦，继而难看，无法入眼，当然，到最后，再美的女人也会变成尸体，如冰一样凉，四肢僵硬……”

玛吉阿米只是微笑地着默默无语。

仓央嘉措看着她，声音忽然温柔：“我可以这样做，我能够这样做。但是，我不愿这样做。”

玛吉阿米微笑着看他：“怕我伤心？”

仓央嘉措亦微笑不语。

玛吉阿米看着他：“那你应该知道，世间的任何一种感情，都有消亡的时刻，这也是无常的印证，该来则来，该走则走，你又何苦执着于此呢？”

仓央嘉措惊喜地看着玛吉阿米，他没有想到，昔日的爱人竟获得了比他更睿深的智慧。玛吉阿米所说的，就是平常心。什么叫平常心呢？佛经中常把人心比喻为一面镜子，世人的心就如受了污染的镜子，修行的目的就是把心擦拭干净。而干净并非是镜子的另一个等级，只是它最初的状态，本初状态。这种状态就是平常心，没有受过任何污染，最原始的、最正常的状态。

不狂喜，不悲伤，不希望，不放弃，这就是平常心。这就是最平常，最本初的状态。若做到这种心，大约也就心无挂碍，无所恐惧了。

这些话，本该由仓央嘉措告诉他的爱人，没想到，竟由爱人的口来告诉他了，怎么能不让他惊喜呢！

玛吉阿米看出他的惊愕，不禁微笑：“靠近太阳的人，也会染上光辉。手持花朵的人，也会留下香味，我和您在一起这么久，怎么能不学会理解您的心呢？”

这一番赞美让仓央嘉措的脸都红了，他的心里又快乐又骄傲。长久以来，玛吉阿米是他心中最柔软而又不舍的痛。但是，这个女孩子在告诉他，在他们的爱情里，她也会成长，也会坚强。

玛吉阿米话题一转：“其实，我很想说，我觉得你现在是在逃避什么，能否告诉我？”

仓央嘉措微笑不语。其实，他亦在惊叹，事实上，不仅是现在，或许千百年后，都不会有人看出他内心的端倪，他的放浪，注定将以一种屈辱的方式，被写进历史。然而，他不准备争辩，世间人猜疑也好，倾慕也好，都只如浮云过眼。只是，再多的隐秘也逃不过爱人的眼睛，这种关切才是最温柔的痛楚。

玛吉阿米猜得没有错，仓央嘉措的确是在逃避一项他不愿意承担的使命，那就是答应桑结嘉措的请求，与拉藏汗交锋。1704 年，桑结嘉措与拉藏汗的矛盾已经到了白热化的程度。两人的侍卫在大昭寺发生争端，发生巨大的骚乱，数百名进香的信徒因此丧命。后来，经过各大寺院堪布以及西藏上层贵族的协调，桑结嘉措答应辞去第巴职务，由儿子继任，而拉藏汗退到青海。表面上两人的战争已经偃旗息鼓。但所有人都清楚，更大的劫难一触即发。

桑结嘉措虽然已经退职，但仍然在幕后指挥儿子的行动，他更直接地请求六世达赖喇嘛，要他以自己的威信联系各大教派以及多方权贵，集中力量彻底把拉藏汗的势力清出西藏。

仓央嘉措不置可否，也就从那时起，他再次恢复了夜出布达拉宫，寻访当垆女的习惯。世人皆云达赖喇嘛不好经书，钟情美女，却无人能看出他无限痛楚而慈悲的心。或许他早就看透，无论是蒙古人也好，西藏上层贵族也好，都不见得会给百姓一个更好的未来，权势交迭，朝代变换，百姓们一样要生活，要吃饭，只是为了个人无尽的贪心欲念，百姓就要付出失去平静生活乃至性命的惨痛代价。

所有的当权者都号称能给世人一个安详太平世界，纵观历史，又有几人能做到呢？

当权之初，或许会施舍点滴利益，但时机成熟，便忙不迭地压榨民脂民膏，世皆如此啊！自己明明已经看透这一切，又何苦在短暂的生命中再造罪孽呢？

而这一切，只有如你一样慈悲纯净的心才可以体会得到。世人大多看到你的浮华放浪，却鲜有人知道，你那颗敏感多情的心。你爱你的子民，如同爱你的爱人，因为，你曾在爱中深深知道，失去是一件多么痛苦的事情。

我透过三百年的迷雾烟尘在关注着你，当你不被世人理解，当你只被笑谈为一情天喇嘛，我的心亦在悲伤，亦在流泪。只有真正爱你的人，才能看清你的内心。六世达赖喇嘛仓央嘉措，观世音菩萨的转世，我膜拜在你的脚下，因为，我真正地清楚了你慈悲怜悯的内心。

五 乌云袭来

> 我们只是一个旅者，短暂地寄居在这个肉身。（西藏谚语）

命运首先扼住了桑结嘉措的脖子。时至今日，我始终为这位杰出的政治家的命运唏嘘不已。他生于贵族之家，长于当世最尊贵人物之畔。耳濡目染，接受他的教育，蒙受他的信任与恩宠。除去这些，单单就论他个人的能力才华，也算是西藏史上相当杰出的人物之一。

只可惜时运不济。上天给了他太多的恩厚，却没有给他一个善始善终的好运气。五世达赖喇嘛在位时，他荣耀一时，一人之下，万人之上。及至五世达赖喇嘛圆寂，他依然借其威名，一手掌控西藏政权二十几年。直至1704年，桑结嘉措与拉藏汗之间的斗争已经到了白热化的程度。为了避免两人纷争太多，西藏上层僧俗做了大量的调解，才使得俩人勉强做出下面的决定：拉藏汗退回青海，桑结嘉措辞去第巴的位置，让位给自己的儿子。

然而，即使这样也没能阻止灾难的发生。在桑结嘉措退位后的第二年，他竟然买通拉藏汗的内侍，企图下毒毒死拉藏汗。这是一个太孤注一掷的主意，成功了，西藏的历史或许会因此改写，若失败了，带来的后果不言而喻，它将带来一场殊死的断杀。当然，纵观历史，的确有不少权贵人物最终死于莫名其妙的毒杀。但拉藏汗显然不是这样的倒霉蛋。桑结嘉措的阴谋并没有得逞，反而给拉藏汗带来了战争的理由。很快，蒙古人纠集军队从青海一路过来，而没有做好准备的桑结嘉措仓促应战，不管怎样，藏军的力量终究不敌蒙古军队的铁骑，就在战争的当年，桑结嘉措被俘虏，最终被杀害。

关于桑结嘉措被杀还有一个非常耐人寻味的细节，他是被拉藏汗的一个妃子所杀！一代西藏之王，居然死于妇人之手！有史书说，这个妃子曾经是桑结嘉措当年的一个情人，因不满被抛弃而嫁于蒙古王子拉藏汗，数年之后，当旧情人以俘虏的身份出现在蒙古大营，她不仅没有说情，反而亲自手刃情人。理由就是旧情已经变成了新恨。

可悲的桑结嘉措，临死之时，还被冠以了一个桃色的理由。聪明的拉藏汗，狠毒的拉藏汗，把这一场政敌之争变成了情杀的结局。

桑结嘉措死了，据说死得很惨，被砍掉头颅。

我不知道当这个消息传到布达拉宫，传到仓央嘉措的耳朵里，他会是怎样的反应。事实上，战争刚刚发生，他就没有停止过对桑结嘉措的营救。他太清楚了，以桑结嘉措的实力对抗拉藏汗的蒙古铁骑，凶多吉少。在桑结嘉措与拉藏汗交锋之初，他就修书一封，请求五世班禅喇嘛从中调停。仓央嘉措的这个想法不错。五世班禅大师的名望在西藏数一数二，而且，他一生致力于佛学修行，并不过问政事，所以与桑结嘉措和拉藏汗都没有任何冲突。由他去做这个调停人，无论是资历还是能力都是非常合适的。

事实上，五世班禅大师的确尽心尽责，在接到仓央嘉措的书信之后，马上从扎什伦布寺动身，前往两军战场，可惜，一切都太晚了，他还没等到地方，又接到仓央嘉措的第二封信：不要去了，桑结嘉措已经被杀。

桑结嘉措被杀死了！当这个消息如晴天霹雳一样在布达拉宫炸开，我无法想象，这会对当时的人们带来多大的冲击。有人在唇亡齿寒地哀号，有人在战战兢兢地惧怕未来的命运。

仓央嘉措，他在做什么呢？他身边的侍从悄悄告诉来访的人们，佛爷从知道消息之后，就把自己关在寝宫里，不再见人了。

是的，这个时候，年轻的活佛只是端坐在法座之上，他的表情陷入沉思，而他的心，却沉浸在了哀伤的过往之中。

桑结嘉措，这个与他命运息息相关的人。从自己降生到这个世界上，就与他产生了千丝万缕的联系，前一世，他是自己的弟子。这一世，他是自己的恩师。尽管两人此生的关系总在摩擦中徘徊。但他无可否认，桑结嘉措对他深切的关怀与保护。即使是最后这一战，难道说与仓央嘉措一点关系都没有么？或许，他的背水一搏，无非是想用自己最后的力量再给活佛争取最大的权力空间。

只可惜，一棋落错，满盘皆输。或者说，这盘棋早就输赢已定。不甘心的只是棋子自己。

我的恩师啊！仓央嘉措在心里低低叹息，你把自己的命运葬送在了冰凉的刀锋之下，紧接着，我也要走入黑暗的时期了。

一连数天时间，仓央嘉措把自己关在寝宫里，默默地祈祷，桑结嘉措的亡魂能够平安度过中阴。

巨大的布达拉宫，看起来仿佛没有受到这场战争的任何纷扰，然而，所有人都能看到，在拉萨的上空，早已阴云密布。

六 温柔的悲伤

我们一生的所作所为，造就我们死时的景况。每件事，绝对是每件事，都和它有关联。（《佛经》）

桑结嘉措这颗眼中钉已经被拔去了。所有人都在猜测，拉藏汗的下一步棋该怎么下呢？他该不会是对尊贵的活佛直接下手吧？没错。拉藏汗不是一个很有耐心的人，事实上，这一天他已经等了十几年。他想马上就把仓央嘉措从达赖喇嘛的宝座上推下去。

那一日，大昭寺附近的这家酒馆忽然一阵骚乱，一整队的蒙古军队包围了这里，带头的蒙古军官直冲入酒馆，冲着喝酒的人群厉声说道："哪一个女人，是那个仓央嘉措的情人！"

所有人都注意到，他说到仓央嘉措的时候，没有提及他是达赖喇嘛，而是直呼其名。所有人都沉默，死一样的沉默。不管他们的达赖喇嘛做了什么，藏人是决不允许外族如此轻蔑地称呼他的，沉默，也代表了抗议和愤怒。

玛吉阿米和达娃卓玛都站在大堂上，蒙古军官的眼睛扫过人群，在她们脸上逗留，似乎拿不准主意该抓哪一个。

就在此时，达娃卓玛一下子站出来了："带我走吧，我就是他的情人。"

她说的是"他"，而没有提及仓央嘉措的名字。

这一夜，拉萨城狂风大作，乌云笼罩了整个夜空，午夜时分，密集的雨点像鞭子一样抽打着整个城市，雷声滚滚，闪电几乎要把地面的一切都整个劈开。很多人回忆，这是拉萨最大的一场雷雨，很多孩子都被隆隆的雷雨声惊醒并哭泣。上了年纪的老人喃喃地念着经文祈求保护。所有人心里都明白，将会有一场比暴风雨还要可怕的事情即将发生了。

此刻，仓央嘉措就跪在布达拉宫五世达赖喇嘛的灵塔前。他端详着眼前这尊巨大的灵塔，据说，这是历代达赖喇嘛灵塔中最大的一尊，除了因为纪念他的丰功伟业之外，也足见他的继承人桑结嘉措对他的尊敬和爱戴，为了修筑灵塔，布达拉宫几乎花尽了所有的黄金。

这就是他的前一世。眼下，他的灵魂居住在自己的体内。不知怎的，仓央嘉措的内心有一阵疑惑，这是真的么？还是他们搞错了？都说灵魂的重生带有习气，也就是说，上一世的人如果勤奋好学，那他的下一世也会带有这种习惯。那么，伟大的五世如此热衷政务，并在宗教领域也建树颇多，为什么自己一点也没有相关的特长呢？

我的心是什么样子的呢？他在扪心自问，哦，在我胸膛里的这颗心格外的柔软，我看不得人世间的任何苦难，母亲的忧郁，情人的悲伤，乃至普通人的痛苦，都如一颗颗滚烫的泪水，把我的心烧得炙热而疼痛。我就是这样地在爱着他们，我就是这样的法王。

“可是……”他自言自语，“布达拉宫不需要这样的法王，而我，也只是一个短暂的住客，不久之后，我就会离开这里，怀念我的人，忘记我的人，都不会在这里找到我的任何踪迹。”

此时，一个侍卫慌乱地跑过来：“佛爷，拉藏汗来了。”

眼下，在布达拉宫，这个名字就好像瘟神一样可怕，却让人无可奈何，连尊贵无比的第巴桑结嘉措都成了他的刀下鬼，还有谁敢对他的造访说个不字呢！

此刻，拉藏汗就守在仓央嘉措的寝宫——德丹吉殿等候。他在观看着寝宫的豪华布置，四周的墙壁都装饰着红木，挂满各种唐卡，台几上摆放着珍贵的佛像，仅仅从它们所安放的位置来看，这些物品的价值就无法以金钱来计算。当然，这个屋子最珍贵之处在于，住在里面的人是整个雪域信众的教主，他的一个手势，就可以让成千上万的人们抛洒生命在所不惜。只有住进了这个房子，才可以算得上是真正的王者。拉藏汗的嘴角露出一丝微笑，他已经为此谋划了太久，没理由不是最后的胜者。不需多久，这里的一切将变成他的天下了。当然，不光是这座宫殿，整个藏地，都要听令于拉藏汗的统治了。

仓央嘉措已经到了，他就站在门外，沉默地打量着这位不速之客，拉藏汗脸上的每一丝变化都落入了他的眼底。其实，如果没有达赖喇嘛的允许，任何人都没有资格进入这座寝宫。拉藏汗显然已经把这里当成自己的地盘了。

宫里的铁棒喇嘛也来了，他在仓央嘉措的耳边轻轻说了几个字，便匆匆退下了。仓央嘉措的脸色大变。

寝宫内，拉藏汗目不转睛地看着他，好像一只发现了兔子的兀鹰，眼睛一眨不眨。

七 另一种永生

我的忧伤像雪山上的雪，雪永远不会融化，即使融化了，还会有冰，冰雪总是在雪山上。哎，别人的情人走向他方，爱我的人却永别了这世上，别人的忧伤啊，怎么会和我一样！(西藏民歌)

仓央嘉措的情人被抓住了，作为法王，居然还蓄养女人，这显然是这位佛爷长期以来“耽于酒色，不守戒规”的有利实据，他根本就是“假达赖”。1705年，拉藏汗在召集了西藏上层贵族，以及各大教派活佛的会议上，对众人宣布了上面的控词。

一语既出满座皆惊。心怀叵测的贵族们默默无语，不附和也不反对。然而，各大活佛们反应却非常激烈。特别是曾经与五世达赖喇嘛关系密切的敏珠活佛表示，六世达赖喇嘛的反常行为事出有因，只不过是“迷失菩提”。

菩提，在佛经中意为人的“本心自性”，众僧人称他“迷失菩提”，即是暂时失去了本心，但并不代表他是假的达赖喇嘛。这是无可争议的。

迷失菩提！这大约也是日后史书对于仓央嘉措最宽厚的定义。我无法想象，在这场由拉藏汗发起的宗教审判上，仓央嘉措是以何种心态对待这一切，他或许一直在沉默，无论周围此起彼伏的争执声是维护他还是抨击他。

和他一起沉默的还有拉藏汗，他一直冷笑着看着这一切，待到众人的争论声渐渐平息，他才不紧不慢地拿出最后一手杀手锏。他要侍从把活佛的“情人”带上来。

所有的人都沉默了，所有的人都看向门口，仓央嘉措也不例外，他忽然感觉手脚发软，嗓子发干，眼睛不由自主地望向门口。

一个女人慢慢地走进来了。

仓央嘉措看着她，眼神由悲戚变得越来越错愕，怎么，她竟然是达娃卓玛。

没错，她的确就是达娃卓玛。此刻，她的眼神正热切地望着仓央嘉措，那份真挚，那份火热，既有情人的热烈，又有信徒般的挚诚。

仓央嘉措睁大眼睛看着她，人的思维真的很奇怪，即使在这样紧张的氛围里，回忆还是如闪电般在脑海里一一划过，这个美丽的女子，他不是没有动心过。曾经，在他第一次踏入那家酒馆，遇到的第一个人就是她，她那流转的眼波如夜空闪烁的星光，让人怦然心动。他曾经为她写过诗歌，和她一起在拉萨城内游玩，如果没有玛吉阿米，这个女孩子或许会成为他的爱人。

然而，他不是不知道，他辜负了她的深情。在他与玛吉阿米紧紧相拥的时刻，他不是没有看到她幽怨而凄凉的眼神。没做过一天情人，却枉担了情人的名字，他的心里一阵痛楚，他不能给她深情，但是，绝不可以再让她受尽苦难。就在他想张口说什么的时候，拉藏汗先开口了。

这位蒙古王子首先微笑地环顾一下四周，接着高声朗诵起那首诗歌：

夜里去会情人，
破晓时大雪纷纷；
保密还有何用？
雪地上留下了脚印。

人家说我的闲话，
我自认为说得不错；
我那轻盈的脚步，
到女店主家去过。

住在布达拉宫，
是日僧仓央嘉措；
住在宫下面时，

是浪子宕桑汪波。

他戏谑地瞟了一眼达娃卓玛：“这里说的可是你？他整夜未归，寻找的情人就是你吧？”

整个大厅都默默无语。这几首诗一下子让众人回想起了那段让人难堪的时刻。那个冬天，几乎每个夜晚，拉萨都要被大雪覆盖。在布达拉宫角门处，铁棒喇嘛发现，一行迤逦的脚印一直延伸出去。他顺着脚印走过去，发现脚印在大昭寺边上的一家酒馆处停下了。从那之后，六世达赖喇嘛夜夜出游，寻访酒家女的秘密也就大白于天下了。

只是，当时正是桑结嘉措当政的时候，没有人敢就此事大做文章。眼下，斯人已成刀下鬼，也无人再敢对仓央嘉措进行庇护了。

在死一样的沉寂里，达娃卓玛忽然说话了。

藏地的女孩子，会走路的就会跳舞，会说话的就会唱歌。我猜想，她此刻一定是用歌声一样优美的语言在为心爱的人辩护。她这样讲述与仓央嘉措相聚的时刻：

天天有人做伴，
从来未曾独眠；
虽有女子在旁，
从来没有沾染。

所有的人，都在惊异地看着她，包括仓央嘉措。他几乎要倒抽一口冷气：是的，他曾夜夜与玛吉阿米为伴，可是，为什么有人知道，他从未失去童身？许多个夜晚，他与玛吉阿米抵死缠绵，却总在最后一刹止住，虽然他并未接受比丘戒，然，对佛法的尊敬使他不愿玷污清白。达娃卓玛不过是一个普通的女子，她又怎知这两个人之外的秘密呢？

仓央嘉措啊，你还不过是一个男人，你还未学会最深刻地探究一个女人的心。因为爱一个男人，女人可以把自己的心变成雷达，触摸到连他自己都不了解的最深的角落。或者，达娃卓玛并不了解他的秘密。但是，为了保护心爱的人，她情愿撒下这个弥天大谎。

此言一出，刚才还死寂的空气一下子活跃起来，一些倾向于仓央嘉措的大活佛纷纷表示：他们相信六世达赖不过是迷失菩提，游戏三昧而已。他作为最高的法王的身份是毫无疑义的。

拉藏汗的脸色变得铁青，他没想到，一个作为他人证的女人居然会转头保护起仓央嘉措。不过，这样不奇怪，他们是情人么，这点私心还是有的。想到此处，他冷笑一下，转头问达娃卓玛："你敢对着佛祖发誓，如果你说的是假话，死后就会堕入地狱么？"

对于虔诚的佛教徒来说，这是一个再恶毒不过的誓言。所有人都打了一个激灵，达娃卓玛也不例外。她的脸色变得苍白，眼睛直盯着脚尖的方向，慢慢地，她把眼睛移到仓央嘉措的脸上，在这张脸上，她看到的满是为她担心的焦虑与悲伤，这个男人在示意自己，不要继续说下去了，不要再为他牺牲。

女孩子笑了。这也许是仓央嘉措看到她的最后一个笑容，那么美丽，而又那么凄凉。像静夜开放的昙花，只怒放一刹那，就陷入黑暗。

之后，她几乎是带着欢快的声音对拉藏汗说："是的，我可以以生命做保证。"

说完这句话，她就纵身跳下窗户，只留下屋内一片惊呼。有的人甚至冲到窗边，却只能眼睁睁地看着那个女孩子像朵花一样，绽放，最终坠落。

那一刻，这个女孩子从他的眼前如流星般陨落。她坠落时展开的裙袍犹如盛开的花朵，向他展示了生命最瑰丽的颜色，而后消失，再也不见踪迹。

那一刻，仓央嘉措的心痛成了碎屑，达娃卓玛最后的微笑凝固成了他心中永不会干涸的一滴眼泪。

也是从那时起，所有参加过那场宗教审判的人，都记住了这个女孩子的名字，她叫达娃卓玛。整个拉萨的人都说，那是一个美丽得惊人的女孩子，来自琼结一个叫雪的村庄。据说，那里是一个盛产美女的地方。而达娃卓玛，是美女中的美女，仓央嘉措最爱的情人。

八 勘破、放下、自在

我问佛：如果遇到了可以爱的人，却又怕不能把握该怎么办？

佛曰：留人间多少爱，迎浮世千重变/和有情人，做快乐事

我问佛：为何不给所有女子羞花闭月的容颜？

佛曰：那只是昙花的一现，用来蒙蔽世俗的眼，没有什么美可以抵过一颗纯净仁爱的心/我把它赐给每一个女子/可有人让它蒙上了灰

我问佛：世间为何有那么多遗憾？

佛曰：这是一个婆娑世界，婆娑即遗憾/没有遗憾，给你再多幸福也不会体会快乐

我问佛：如何让人们的心不再感到孤单？

佛曰：每一颗心生来就是孤单而残缺的/多数带着这种残缺度过一生/只因能使它与圆满的另一半相遇时/不是疏忽错过，就是已失去了拥有它的资格

我问佛：如果遇到了可以爱的人，却又怕不能把握该怎么办？

佛曰：留人间多少爱，迎浮世千重变/和有情人，做快乐事

我问佛：如何才能如你般睿智？

佛曰：佛是过来人，人是未来佛。佛把世间万物分为十界：佛，菩萨，声闻，缘觉，天，阿修罗，人，畜生，饿鬼，地狱；

天，阿修罗，人，畜生，饿鬼，地狱，为六道众生；

六道众生要经历因果轮回，从中体验痛苦。

在体验痛苦的过程中，只有参透生命的真谛，才能得到永生。

凤凰，涅槃。

佛曰，人生有八苦：生，老，病，死，爱别离，怨憎会，求不得，放不下。

佛曰：命由己造，相由心生，世间万物皆是化相，心不动，万物皆不动，心不变，万物皆不变。

佛曰：坐亦禅，行亦禅，一花一世界，一叶一如来，春来花自青，秋至叶飘零，无穷般若心自在，语默动静体自然。

佛说：万法皆生，皆系缘分，偶然的相遇，蓦然的回首，注定彼此的一生，只为眼光交汇的刹那。

缘起即灭，缘生已空。

我也曾如你般天真

佛门中说一个人悟道有三阶段："勘破、放下、自在。"

关于这首诗，后人的争议颇大，有人不相信他出自仓央嘉措的亲作。而我，宁愿相信这是来自他大恸之后的彻悟。达娃卓玛，这实在是个奇异的女孩子。如果她很平静地度过人生中的几十年，那么，可能在仓央嘉措一生的记忆里，也不会有一点关于她的位置。或者，他会模糊地记起，曾经，仿佛，年轻的时候，认识过一个叫这个名字的女人。但是，已经丝毫记不住她的容颜。但现在不同了，当她如一朵花一样在仓央嘉措眼前坠落，她的影像就如刀刻一样，留在了爱人的心里。事实上，他对她的感情，永远并非情爱那样简单。她可以说，是他的菩萨，是他的明灯。

这个女孩子，生前并未获得过他的爱，却情愿以生命向他开示，在这世间，有一种可以照亮六道的感情，那就是慈悲与付出。

这就是菩萨的境界呀。

他将永远感谢这个女孩子，也将永远记住她，她为他的下一部人生篇章打下了慈悲与普度的基调。

九 只有等待

在极短的今生之中，获得了如此多的爱恋，如若有来生，希望相逢的时候，我依旧是当年的翩翩少年。（仓央嘉措诗歌）

写到这里，我真想让时间停顿。1706 年，藏历火狗年，这是一个让所有藏族人刻骨铭心的悲伤年头。在这一年，他们无可奈何地失去了最心爱的法王。

在达赖喇嘛的历史上，曾有过许多优秀的教主，三世索南嘉措，把佛教延伸到蒙古，被当时的蒙古王爷俺答汗奉为上师，并赐予“达赖喇嘛”称号，五世达赖喇嘛，不仅学识丰富，更完成了统一雪域的艰巨任务，被后人奉为“伟大的五世”。在他们中，六世达赖喇嘛可能是最“学无所成”“放浪不羁”的一位，然而，他却也成了西藏人最心爱的教主。

不被历史承认，却成了人们永不会忘记的传奇。仓央嘉措的魅力在哪呢?如果从人性的角度分析，他真实，热情，善良，他让法王的概念不仅仅在宝座上，而且走进人间，让信众们触摸到了他的温度，他的真心，他是一个纯粹的来到世间并经历苦难的“佛”。这是一个奇迹，自从佛陀出世之后的第一个奇迹。以往，对于佛、菩萨的概念，我们只能从书本里，传说里去领会。而这位“佛”，他真实地生活在人们身边，他在经历人生的各种荣耀与苦难，他从不逃避，从不否认。然，这正是一个普通人的成道之路，其间充满艰辛与荆棘。他用带血的脚步验证了所有的一切。

1706年，距离拉藏汗召集那场“审判大会”已经过去一年，仓央嘉措的位置暂时保住了。但所有人都知道，风雨不会停止，暂时的歇息只是因为将有更大的暴风雨即将来临。

5月，拉萨已经是草长莺飞的季节。但因为地处高原，每到早晚，依旧有穿透衣衫的寒冷。或许在这样一个清晨，当仓央嘉措被穿透被衾的寒冷惊醒，他披上袈裟，惊觉已经数月未与玛吉阿米见面，然而，这痛苦已不再折磨他的心。他不清楚，是最近发生了太多的事情，以至于他已经忘记了世间还有儿女情长这份悠长，抑或他已经在百转千回的情爱魔咒中轻松转身，他似已放下了在这个雪域中所有让人感念的牵挂。于是，在这样一个清晨，他或许是对自己的命运已有了一种模糊的预感，于是，匆匆写下了下面的诗句。

花开的时节已过，
松石蜂并未伤心，
如果因缘尽了，
爱人哪，我们都不必再伤心。

在极短的今生之中，
获得了如此多的爱恋
如若有来生，
希望相逢的时候，
我依旧是当年的翩翩少年。

如果因缘尽了，如果有来生……这也许是仓央嘉措诗句中最为悲怆的词句。他在向属于他的一切告别。爱人，信徒，甚至整个雪域。因缘已尽，请不必悲伤，希望再相逢的时候，依旧是当年的那个翩翩少年。

噩耗很快传来了，拉藏汗再次召集会议，他声称，已经呈书给大清的康熙皇帝，要把“假达赖喇嘛”押解京师。

这是一年前拉藏汗召开宗教审判之后第一次露面。而且，他一开口就抬出了康熙皇帝这么硬的后台，西藏人都懵了。自从桑结嘉措死后，蒙古人已经盘踞在西藏，现在，他们又有了大清帝国的支持，毫无反抗之力的藏人又能说什么呢？

仓央嘉措对此倒是安之若素。当蒙古人强行闯入布达拉宫，把他像囚徒一样拖曳出去的时候，周围的侍卫都哭了，他们跪在地上，以头跄地，情愿代佛爷受罪。然而，仓央嘉措只是温和地把他们扶起来，头也不回地随着蒙古军队离开了。

整个拉萨都在哭泣。在蒙古人行走的途中，到处站满了送行的藏族人，男女老少，他们含着眼泪，一边把哈达举过头顶，供奉给仓央嘉措，一边哽咽地看着最心爱的法王一步步地走出他们的视线。

仓央嘉措慢慢地走着，他无法加快脚步，因为手脚都被带上了沉重的铁镣。这大约也是拉藏汗的阴险用心，他想要拉萨人知道，他们日夜敬崇的活佛、法王不过是一介狼狈不堪的囚徒。然而他错了，不管他如何折辱仓央嘉措，却无法抹杀一点他在人们心中的形象。他是没有坐着轿辇，没有穿着金光灿烂的法衣，然而，他的形象依旧那样高贵，神情如此悠然。受辱的法王依旧是法王，披着华美衣衫的侵略者永远是垃圾。

天空不知何时飘下了蒙蒙细雨，被称为“日光之城”的拉萨忽然陷入黑暗。有些老人恐慌地看着天空，忽然大声哭泣，他们明白，与六世达赖喇嘛的缘分已尽，他的光辉将无法再照耀这片雪域了。

人群中，有一个女人拼命地随着仓央嘉措的脚步向前挤着，她几乎疯了一样推搡着挡住路的人，艰难前行。有人善意地为她让路，有人厌恶地推开她，但是，当他们看到这个女人的脸，都沉默地自动让出道路，这是整个拉萨人都清楚但自愿保守的秘密，她才是仓央嘉措真正的情人——玛吉阿米。

在那东方的山上
升起了皎洁的月亮
玛吉阿米的脸庞
浮现在我的心上

心中爱慕的人儿
若能够百年相处
不亚于大海里面
采来奇异的珍宝

用手写下的黑字
已经被雨水浸掉
心中没有写出的情意
怎么抹也抹不掉

问问倾心爱慕的人儿：
愿否作亲密的伴侣？
答道：除非死别，
活着永不分离！

她在人群中踉跄前行，眼睛却始终没有离开他的身畔。我的爱人，你还记得往昔岁月么，多么幸运的，当你我相爱的时候，都正当少年，这一首首诗歌太美了，美得都如人世间的绝唱，美得不适于送给任何一个俗世间的女子。

仓央嘉措的爱情，是人世间最美最悲伤的爱情。

当你的笔下流淌出这样的诗句，你真的只是爱上了世间的某一个女子么？

你爱上的，是所有美丽的事物。悠扬的风，璀璨的花朵，晶莹的雪花，皎洁的明月，你爱这世间所有的一切。

而爱上你的女子，她是幸运的，还是不幸的呢？

这一刻，玛吉阿米蓦地想起 8 年前那个盛大的日子，仓央嘉措被认证为六世达赖喇嘛，整个拉萨城都在为她欢呼。那时，她也是这样在人群中紧紧追随着爱人的脚步，无论在他最荣耀，还是最凄凉的时刻，她都在他身边，用眼睛，用心告诉他，此生此世，此情不渝。

如果爱上了六世达赖喇嘛仓央嘉措，那么，她的爱情只能注定是在悠长的等待与矢志不渝中度过。

也只有这样了。

当你爱上了仓央嘉措，这世间，还有哪一个男子会获得你同样的爱情呢？不管这结局是悲伤抑或幸福。作为爱他的女子，只有等待。

她不再前行了，含着泪水的眼睛开始微笑，命运已经给了她答案。那一刻，正在慢慢行走的仓央嘉措忽然也回头了，似命中注定一样，他不会放弃她，永远不会。他在人群中张望，寻找那张熟悉的脸庞，终于，他也释然，微笑。爱人，肉体是枷锁，我们的灵魂会永远相依。

十 哲蚌之痛

眼泪掉在经书上的声音，或许这是作为忍者的无言表达。（仓央嘉措诗歌）

1706 年 5 月，对于拉萨来说，是一个沉痛的年月，信众们无可奈何地看着他们最大的活佛被异族像囚犯一样带走。这对于一个民族乃至宗教信仰都是巨大的悲痛与考验。

信仰与现实在此时发生了最剧烈的冲突。为何一个崇尚和平，安宁的民族会遭受如此巨大的心灵震荡？佛会说这也是因果。

如果说仓央嘉措不过是一普通人身。那么，他所经历的荣耀与苦难都是因缘和合的结果。

如果他是观音菩萨的化身，这亦是因果，因为，经历了苦难的菩萨才会更加慈悲。在这个婆娑世界受苦的人类，才会一次次回经尘缘，历经劫难而毫无怨言。

只可惜了这许许多多的信众，当他们真心爱上这个活佛的时候，也是不得不分离的时刻。缘分仅此而已。

队伍行至到了拉萨西郊的哲蚌寺附近。这是从拉萨经青海到北京的必经之路。它沿着拉萨西北郊连绵山岭的南侧向前延伸，哲蚌寺就在山腰之处，居高临下，气势宏伟。当押解仓央嘉措的队伍行至哲蚌寺的时候，哲蚌寺，色拉寺，以及甘丹寺全体僧众全部在山下恭候。

在布达拉宫修成之前，哲蚌寺一度是达赖喇嘛办公休息的场所，至今，这里仍保留着他的宝座以及寝宫。由此可见，哲蚌寺僧众与达赖喇嘛的亲厚更异于其他格鲁寺院。三百多年前，哲蚌寺正是最为兴盛，僧团最为庞大的时候，据说僧众最多达到了一万人。即使时间过去了三百年，我依然可以想象，当这万余名僧众齐齐等待达赖喇嘛的时候，那将是怎样一副凄然而沉静的景象。远远望去，他们绛红色的僧袍仿佛一片火焰，从山腰到山脚，寂静而愤怒地燃烧。

蒙古军队无法不注意到这份被压抑的愤怒，即使这愤怒无声，无形，依然让他们有汗水从后背溢出的寒冷。

哲蚌寺的最大堪布恭敬地上前，要求最后一次恭请六世达赖喇嘛到哲蚌寺一叙，以慰藉万余僧众的惜别心情。

领头军官颇为踌躇，但他也明白，如果不允许这个请求，他的队伍也别想轻易走过哲蚌寺的门口。现在，他只剩下点头应允的份了。

仓央嘉措立刻被哲蚌寺僧人恭敬地请到坐辇上，几乎是一会工夫，一万多名僧人全部回到寺院，直到最后一个僧人走进山门，并紧紧地锁上大门的时候，那名头领才发觉大事不妙，一队蒙古军人猛力大捶寺院大门，却只得到这样的回答：达赖喇嘛是我们的法王，他在，我们就在，他如果不在，我们全体僧众将以性命相陪！

这大约是哲蚌寺自建寺以来最豪壮的一次宣言，史书是这样记载这个时刻的：康熙帝命将仓央嘉措“执献京师”。在哲蚌寺前举行的送行仪式上，三大寺院的僧人强行把六世达赖抢入寺中隐藏。拉藏汗派兵包围了哲蚌寺，众僧亦准备武力抵抗。

这是一个让人热血沸腾的时刻。做出决定的僧众不可能不知道，一旦刀锋相见，在蒙古铁骑的杀戮下，他们的鲜血可能会将整个山谷染红。

然而，这是一个信仰决定一切的时刻。僧众们如是说：乃穷护法神已经宣示，仓央嘉措就是真的六世达赖喇嘛，他们绝不可以眼睁睁地看着自己的佛爷送死，宁可失去生命也要保护他的安全。

乃穷护法神，是藏人最重视的护法之一。这座护法神殿就位于哲蚌寺的下面。据说，乃穷护法神保护佛教的方法是预示达赖喇嘛或者班禅的转世，使藏族人可以准确找到他们的教主；而历代达赖喇嘛每当要做出重大决策的时候，也会请示乃穷护法神的帮助。护法神他显示神谕的方式很特殊，他会附体到一个凡人身上，当然，此人不是普通人，被称为乃穷护法神汉。曾经有人拍过护法神汉被附体时的照片，降神时神汉左右有人搀扶，头上戴着一顶重达七十公斤的护法神帽，双目紧锁。很难想象，如果没有某种神秘力量的支撑，一个人的颈项怎么能承受七十公斤的重量呢！

而这一次，能让僧人们舍命护主的原因也正来源于此。乃穷护法神已经明示，仓央嘉措是不折不扣的达赖喇嘛。藏人不可以失去他。

万众僧人与蒙古的铁骑在山谷中对峙。

已经是第三天了，离拉藏汗的最后通牒或许就剩下几个时辰了。

太阳慢吞吞地移过山谷，巨大的影子在山间缓缓移动。每个人都在紧张地等待着最后一丝光线在山谷间消失。当那个时刻来临，这个山谷将充满杀戮。

几百年后，当我行走在通往哲蚌寺的山路上，此时，去往寺院已经不需要爬山了，有一辆专列的小巴，会把你送到离寺院门口不到200米的地方。站在这片山谷，我在努力想象，三百年前，就在这里，曾经风声肃杀，空气紧张得稍微一触碰，就会迸发出骇人的火花。

那个时候，仓央嘉措在做什么呢？所有的僧众都被通知拿起武器，去保护他们的法王。那一刻，甘丹颇章里大约只有他一个人。

这里，空气出奇的宁静。仿佛万物虚空。

他坐在属于自己的法座上，眼睛凝视着前方，那里有一副四臂观音的巨幅唐卡，菩萨端坐于莲花宝座之上，洁白如玉的脸庞上，双目似乎在微垂，似乎又在关注着他，充满悲悯。

观音菩萨，可能是藏地以及汉地佛教徒最为熟悉的菩萨，事实上，他的真正名称应为正法明如来，因为，在久远劫之前，他就已成正等正觉的古佛。而菩萨的形象是他为了度化世人而显现的一个形象。

观音菩萨还有一个形象，即为千手千眼观音。来源于这样一个慈悲动人的故事。据说，观音菩萨曾发愿，愿度尽婆娑世界之众生，如果不成功，愿粉身碎骨，在所不惜。可惜，众生刚强难驯。菩萨在悲痛之余，身体尽数碎裂。但感念于她慈悲普度的本心，释迦牟尼佛与诸佛菩萨使用神力使得她已经碎裂的身体又归为一处，化为千手千眼形象，即我们所见的千手千眼观音。

由此，观音菩萨又成了慈悲普度的代名词。一声“嗡嘛呢叭咪吽”诉尽了无限的慈悲与普度众生的深刻含义。

仓央嘉措看着眼前的观音，忽然热泪盈眶。藏人皆云，达赖喇嘛即为观音菩萨的转世，他是带着一颗无限慈悲的心，乘愿来到这个婆娑世界，普度众生。而如今，他为众生作了什么，他不清楚。但屋外的众生，马上就要为他而流血牺牲了。

念及此处，当他再抬头的时候，竟然惊觉，唐卡中的观音，似乎也泪水盈盈。他一下子伏倒在地，重重磕下了三个头。转身走出了甘丹颇章的房间。

那个黄昏，大约是仓央嘉措最后一次看到拉萨的落日。可惜，他无暇再看了，他急急地走着，似乎已经嗅到空气中的血腥味。他几乎是小跑着向寺院门口奔去。

也是一个黄昏，我一个人站在哲蚌寺错钦大殿空旷的广场上，似乎看到一个红色的身影急急地从我眼前掠过，他可否想到，当他走出这重重的山门，就再也没有回头的时刻?

在那一刻，我多想拉住他，告诉他，此别即是经年，从此山高路远，永不再见!

我拉不住他，我眼睁睁地看着这抹红色的身影像一朵云一样飘出视线。从此，这告别的一刻成了心中一块不可触摸的记忆之痛。

当仓央嘉措奔到山门的时候，正是千军万马即将展开厮杀的最后一刻。领头的拉藏汗眼里布满血丝，那是他即将大开杀戒的信号。忽然，他紧皱的双眉忽然打开了，换之的是一副惊奇的表情，他的部下顺着他的眼神望去，他们看见，一个身着黄色僧衣的年轻喇嘛，缓缓地走到了军队中央。之后，他站定，静静地只说了一句话:“我与他们走，你们且回去吧!”

空气静得仿佛全部都抽走。大家目瞪口呆地看着法王一步步地走到敌军中央，默默地重新被带上刑具。

有些性子暴躁的僧人按捺不住，几乎想冲进蒙古阵营，重新把法王抢回来，却被大活佛们拦住。

太阳已经完全走下山谷，黑暗还是拥抱这片大地。山风轻轻地在山谷间吟唱，似乎在唱诵一首哀婉的离别之曲。

哦，不应该是悲伤的曲调。因为，很多活佛在最后一刻看到了法王的眼神，那不是悲伤的眼神，那是充满慈悲与怜悯的眼神。那眼神告诉他们：不要为我牺牲，你们的牺牲就是断送了诸佛菩萨慈悲的含义。

所以，他们什么也不能做，他们唯一能做的，就是忍住眼泪，目送心爱的法王越走越远，直至远山流云遮住视线。

嗡嘛呢叭咪吽！嗡嘛呢叭咪吽！

当夕阳将整座山谷都染成红色，万众僧人同时吟诵那句著名的六字大明咒，声音响彻云霄，这是他们在为六世达赖喇嘛仓央嘉措做最后的送行。

十一 青海湖边

雪山高处雪狮子，终年常住雪山巅，非由畏惧诸群兽，雪狮之道本如是。（密勒日巴尊者）

那是一个春末，我和朋友开着一辆二手吉普车沿着青藏线继续进藏。出发的那天正好是我的生日，朋友买来一块小小的蛋糕以示庆祝。

这大约是我旅途中最后一块精致的甜点。

我从没想到，自驾游是如此艰辛。日夜开车行过滔滔黄河，悠悠秦岭，苍茫的黄土高坡，函谷关，华山，直至一片地域辽远但荒芜的土地。朋友说，这里就是“天苍苍，野茫茫，风吹草低见牛羊”的祁连山脉。

当时已近黄昏。这大片空旷的荒原啊，远处草连天，近处但见戈壁重现。一望无际的公路上，偶尔有悠闲的羊群慢慢踱过。

我急急问道：“那么，离青海湖还有多远？”朋友笑笑，没日没夜的司机生涯让他的笑容也掩饰不住疲惫，他指着前方：“看到那日月山没有，我们到那停一下，再过去不远，就是青海湖了。”

我很不以为然：“为什么要在日月山停，我不觉得这里有什么特别。”

朋友没说话，只是费力地把他的吉普车开到我看来就是一座大一点的土包的山边，停下：“这里就是文成公主西北望长安，可怜无数山的地方。”

听到此处，我有些动容：“难道，这里就是她最后告别家乡的地方么？”

史书记载，文成公主从长安去往西藏的地上，整整走了三年。

当时读历史的时候，并无特别的感觉。只想大约因为路途遥远，加之皇室的仪仗队伍行进缓慢。事实上，唐时的长安即今天的西安。从西安火车入藏，只需要24小时。就算过去没有这种发达的交通工具。我有一些骑摩托车从西安入藏的朋友，也不过走了一个星期。而文成公主，为何走了如此长的时间，整整三年呢？我在世达赖喇嘛所著诗歌体长文《西藏王臣记》里找到一点隐晦的线索。

事实上，虽然大唐王朝兵强马壮，但文成公主依旧是作为和亲的牺牲品被送入藏的。唐时的吐蕃，其繁华与文明恐怕怎么也无法与繁华兴盛的大唐相比较。更何况，人生地陌，从此与故乡告别，这对于一个女子来说，是无法诉说的心痛和无奈。她只有走走停停，停停走走，一步三顾，舍不得离开心爱的故乡。然而，再长久的告别也终究有结束的时刻。当他们直到青海湟源县，据说，这里是内地赶赴藏地的咽喉地带，因山色赤红色，且寸草不生，被称为赤岭。再往前走，就已经进入藏地。文成公主只有接受这个事实，当走入这里，就没有回头的理由了，故乡的山水怕是只能在梦中相见了。那一刻，泪水如注，竟流转成了著名的倒淌河，由东向西，注入青海湖。

这是一个悲伤的故事，或者，从那个时候开始，青海湖就成了一片承载悲伤的湖水。

那晚，当我们赶到青海湖，天色已经太晚。我只依稀感觉到眼前黑魆魆的一片。青海湖如此寂静，只有当你专注倾听，才能听到它细微的喘息。

朋友说这里有一道出名的大菜——黄河鲤鱼，问我要不要品尝，我拒绝。这一夜，我只想停留在青海湖边，如若有缘，我的心或许会穿越三百年的尘雾迷光，与仓央嘉措的梦魂再度相见。

我们已经错过了好多时间，在布达拉宫，我看到你频频回首时不舍的眼神。在那家小酒店，你一次次流连忘返，我的脚步一直追随到你最后离开拉萨的身影。那样苍茫落寞，然，终究与我失之交臂，让多年之后的我依然扼腕叹息。

那个风雪之夜，你可否如我一样，静静地坐在湖边，思忖往事，似梦里，泪暗滴。

哦，我的活佛。你或许不会流泪。你这一生，经历了太多超越悲伤与泪水的传奇。一生，请原谅我用这个词汇。按照史书记载，青海湖是你生命中最后停驻的地方。他们说在这里，你就已经羽化而去。我暂且将青海湖作为你生命的一个界点。或许，从那之后，你的肉身真的从这个婆娑世界消失了，或者，你带着一颗忘却了前尘往事的心，在这个风雪之夜，遁化而去。

然，不管哪一种结果，我知道，在青海湖边的某处，你一定曾如我一样长久的停驻。这样痴痴地凝望眼前的湖水。

如果不知道它的名字是“湖”，我一定以为，我走到了某个海边，我甚至可以听见海鸥在头顶盘旋嘶叫的声音。

那一刻，我的活佛，你的思绪飘向了哪里，可是那山高路远的拉萨，还是未来不可知的命运呢？

这一夜，我直等到更深露重，也未感受到一丝他的气息。

第二天一大早，我就跟着当地人一起，在青海湖边徜徉。清晨的青海湖如一大块凝碧的宝石，镶嵌在天地之间，太阳缓缓升起，金黄的光芒投射在湖面上，与玉色的湖水更迭交替着碎彩般的光亮。这美景让我呆住了，我迅速退到后面，想用相机捕捉到这让人屏住呼吸的美景。然，急促的脚步让我一下子尝到了高原反应的厉害。我弯下腰，大口大口地喘着粗气。一个转湖的年轻喇嘛从我身边走过，他回头冲我微微而笑。眼神里似乎是调皮的，又似乎蕴含着关切。我笑着摆摆手，他才施施然地继续自己的转湖路程。

他红色的身影消失在耀眼的阳光下，只是，这一抹红色忽然给了我无数的灵感。为了这灵感，我已等待了太多的时间。

十二 那一夜，那湖水

看看老鹰吧，它高高地翱翔天际，了无踪影，但一旦它侦测到地上的猎物，就会突然从高空俯冲袭击。当它降落时，它威吓的身影就出现了，因果即是如此，总有出现的一天。（西藏谚语）

曾经，在那个夏日即将到来的时刻，青海湖却扬起漫天的大雪。

押送仓央嘉措的队伍到这里停滞不前。仓央嘉措发现，看管他的卫兵不再像以前那样颐指气使，反而都躲得远远的。第三天，他发现，他的大帐里竟然只剩下他一个人。

这情形让人吃惊，他索性漫步走出军帐，在青海湖边徜徉。期间，他甚至看到了行色匆匆的拉藏汗，让人奇怪的是，这位傲慢的蒙古王爷看到他独自出来，不仅没有发火，反而只是长叹一声，便匆匆离去。

仓央嘉措带着些许的疑惑继续散步,他当然不知道,让所有官员愁眉不展的,是来自北京康熙皇帝的一封信。这封信与别信不同,措辞严厉尖锐,意向清晰“尔等……”

康熙不愧是一代明主，他虽然从没来过西藏，但却深深了解藏人与达赖喇嘛之间的深厚关系。之前，他或许迁怒于桑结嘉措的藏匿不报。所以，默许了拉藏汗罢黜仓央嘉措的六世达赖喇嘛称号。但他很快想清楚，如果真把仓央嘉措押送到北京，就等于自己接手了这个烫手山芋，杀是绝对不能杀的，留下，以何种名义留下？为何留下？这一连串的问题让康熙皇帝迅速做出选择，他不承认自己下过允许六世达赖喇嘛进京的诏书，这一切都是拉藏汗等人的臆想。

这道诏令把拉藏汗以及支持他的满族大臣席柱等人吓坏了，这是什么意思？看来，康熙皇帝已经不支持他独霸西藏的意图了，不仅不支持，仿佛还有隐隐的不满，龙颜大怒啊！大怒的后果不堪设想。拉藏汗或许敢在西藏兴武弄兵，但是，对于康熙他敢么？他连大气也不敢出。噶尔丹比他强不止百倍吧？还不是落得个身首异处的下场么！

怎么办呢？如果把仓央嘉措送给拉萨显然也不妥，等于在自己脸上扇耳光，承认自己胡说八道一样，往前走更不行了，康熙已经把路堵死了。青海湖啊，他该何去何从呢？

此刻，正在湖边散步的仓央嘉措却有难得的清净。傍晚，落日的余晖染遍了整个天空，漫天的火烧云仿佛要将天庭燃透，青海湖的湖水宁静得犹如一块巨大的宝石，连飞鸟也悄悄离去，给远道而来的活佛留下一片冥想的天地。

过去的已经过去，未来在远方，值得珍惜的只有当下。

仓央嘉措席地而坐，静静地陷入禅定状态。那一瞬间，他忽然有预感，眼前的这片湖水也是一片记忆的深湖，从这之后，他或许会走出去，或许，这里将成为最后的定格。

当思绪至于此处，所有的记忆如潮水般涌来，童年，巴桑寺，布达拉宫，酒馆，每一片记忆之地，都有一个女人的影子流连不去，这个名字即使他失去记忆也会很快在舌尖泛起，玛吉阿米！她是他的欢乐之源，更是他的痛苦之地。可是，明明是相爱的他们，为什么会痛苦呢？因为畏惧，因为怕失去。如果是这样，爱着的人终究会失去，即使没有活着的分离，也会死去，握得再紧的双手也终会松开，那个时候，该如何排遣心伤呢？

没有办法，当我们的心始终为“怕失去”控制，那我们就无法获得最终的解脱。因为，我们终究失去。只有“无挂碍故，无有恐怖”。也就是说，当不再执着于得到或者失去，才会真的握住幸福。

爱着的人，可以将爱永远持续，那就是不再执着。

仓央嘉措忽然记起，童年时，他也曾有一个名叫玛吉阿米的朋友，她难道就是之后的恋人么？如果真是那样，那么，从他懂事起，玛吉阿米就从未离开他的身旁，难怪他从未觉得孤单，从未觉得失望。因为，玛吉阿米就像他灵魂的守护者，不管何时何地，从不放手，不离不弃。

他还记得最后离别时她含泪的双眼，那是不舍的泪水。然而，他清晰地记得，她的泪水里有坚定与欣慰，这是一种无言的表达：不管何时何地，我都努力地守在你的身边，爱人，我的心不会放弃。

一滴眼泪垂落在仓央嘉措的手心上，这是一滴欣喜的眼泪。因为他发现，他找到了爱的真谛：那就是不执着，不放弃。仓央嘉措长吁了一口气，他感谢他的爱人，原来，一个男人的成长，圣人的悟道，都离不开一个睿智而伟大的女人，我们来到这人世间，感悟最多的就是一个爱字。爱与修行并非无关，如果没有爱，我们怎么可能体会人世间最喜悦与最悲伤的情感呢？深沉而真挚的情感让我们感谢爱，痛苦悲伤的爱情让我们彻悟爱，爱是修行最好的老师。

一只白色的鹤悄悄地在他身边落下，它收起翅膀，昂起优雅的颈部，直视着眼前的活佛。仓央嘉措怜惜地抚摸着它的头，曼声吟起那句著名的诗句：

洁白的仙鹤
请把双翅借我一飞
不会远走高飞
只到理塘一转就回

活佛的声音刚落，白鹤低下头，再次展开翅膀，如美丽的弧线，在他的眼前划过一个圈，便展翅而去。

这一刻的短暂相遇也是几世前曾经相约的承诺，从那之后，青海湖的白鹤成了几世以来人们颂咏的神物。因为他们相信，仓央嘉措的灵魂也搭着白鹤的翅膀飞回了理塘。

可是，为什么仓央嘉措的魂灵会飞往理塘呢？后来读这首诗的人们相信，这就是仓央嘉措为自己转世留下的线索。因为，七世达赖喇嘛真的就出生在理塘，据说是世界最高城的地方。

也是这个夜晚，满天的火烧云渐渐隐去，只留下繁星点点，照耀着这片荒漠的戈壁，也照耀着澄蓝色的青海湖。当我坐在这片广袤无际的湖水边，湖面上星光闪烁，美得令人心悸。我完全可以想象，在那个夜晚，也如是满天繁星，仓央嘉措打开了所有的心结。他仰望夜空，浩渺的宇宙不再神秘，它存在于我们的心里，不再觉得生命漫长或者短暂，时间空间都是心之概念。即使此刻失去生命也无所畏惧。大约圣人所指的“朝闻道，夕可死”也是这个含义吧。

十三 梦魂俱远

这边的水，那边的水，两边的水彼此看不见。姑娘啊，只要咱俩的心连在一起，总会有见面的一天。（西藏民歌）

在青海湖边的逗留，一住就是10天，结果，关于达赖喇嘛已经到达青海的消息不胫而走，每天，都有数百信徒聚集在仓央嘉措的大帐外，等候朝拜法王以及供奉给法王礼物，这让拉藏汗等人无可奈何，前路不可进，后路不可退，而前来朝拜的信徒还越来越多，他们必须及早地想措施了。

拉藏汗的意图很明显，他早就不想让仓央嘉措再活在这个世上了，既然如此，不如早做了断。席柱等满族官员不赞同这个意见，他们还没完全弄清楚康熙皇帝的意思。但是，处死这两个字既然没有从皇帝口中吐出，他们就不能擅自做决定，眼下虽然可以瞒过，谁知日后康熙想起这个事情，忽然觉得不爽，他们哪有办法让死人复生呢？

死一个两个别人不要紧，最要紧的是，不能让自己做了糊里糊涂的陪葬。

双方的意见就纠结在了这里。最后，席柱提出一个折中方案：就让仓央嘉措自己走吧。但是有一个条件，不可以去西藏，不可以去北京，除此之外，尽可浪迹天涯。

拉藏汗阴郁着脸对这个决定一言不发，依他看来，斩草就要除根，如果仓央嘉措继续活在这个世界上，就难保他没有重新起势的那一天。如果是那样，他苦心经营了多年的计划会再次毁于一旦，胜利已经在手边了，他不能够再次失去。

仓央嘉措并不知道，一场围绕着他是死还是活的阴谋正在如火如荼地进行。此刻，已经获得心性圆满的他，正心情平静地接受各地信徒的朝拜，为他们摩顶并祝福平安圆满。

一个女信徒一路匍匐着从帐外来到他的脚下，她蓬乱的头发和脏得出奇的袍裙显示她已经走了非常远的路程，而这一路，她大约吃尽了苦头。这一切，并不会让周围的人们对她鄙弃，相反，他们都赞叹着，把最好的位置让给了这个年轻的女人。

仓央嘉措很自然地为她摩顶，说些祝福的话，然而，当他把手放在女人的头上，那女人抬起双眼的时候，那一刻，他整个人都呆住了，眼睛再也无法从她的脸庞上移开。女人在向他微笑，虽然，她的脸上满是灰尘，脸颊处晒成了黑红色，然而她的眼睛不会变，那是一双如月亮般温柔的双眼，是他的玛吉阿米，她跨过了千山万水，沧海桑田，风尘仆仆地一路来到了这里。

仓央嘉措怔怔地看着她，本已平静的内心如大海一样渐渐泛起波潮。很快，这波潮幻化成了泪水，就要夺眶而出。而眼前的玛吉阿米微笑着看他，笑容在嘴角化成了一朵莲花……

很奇怪，那一天，所有的信徒在玛吉阿米到达之后都自动地告辞而去。整个大帐，整个黄昏都留给了仓央嘉措与玛吉阿米。

仓央嘉措和玛吉阿米，他们的名字流传了几个世纪。然而，属于他们生命中的相聚时刻大约只剩下这样一个黄昏。

他们会握住对方的手么？他们会紧紧相拥不再分离么？

我想，他们在精神上的依恋大约早就超越了这个形式。那个傍晚，玛吉阿米坐在仓央嘉措的脚边，这是他请求她这样做的，不然的话，玛吉阿米还是像刚来时一样匍匐在他的脚下。

“你是我今生的爱人，更是我的度化者。”他这样称呼她，“你让我体会了最甜美的情爱，并在爱情里悟到爱的真谛。”整个黄昏，他像一个很久没见到老师的学生一样，迫不及待地向她诉说了所有的心得。

玛吉阿米用心听着，她看着眼前的仓央嘉措，他是活佛，也是最心爱的情人。隐秘的爱情在此刻已经化成了信徒般的仰慕，她是如此了解他，所以如此爱他，反之亦然。她的心里快乐而骄傲，当整个藏区都崇拜最尊贵的达赖喇嘛的时候，她曾经为自己只能作为一个情人而怅然若失。然而此刻，情人不再只是情人，他的心性已经历练到圆满，他在成长，抑或说，他终于摆脱了痛苦与困惑，达到了修行的彼岸。她终于可以把他作为上师，作为喇嘛来尊敬与仰慕了。

仓央嘉措看着玛吉阿米的眼睛，忽然不说话了，他也微笑，因为他明白，不需多言，眼前的女人已经完全懂得了他的心。

“我只想知道，”玛吉阿米轻轻地问他，“此后的人生，抑或无穷尽的转世轮回中，你是否还会记得我?”

仓央嘉措看着他，他的眼睛如海一样深沉：“我永远会记得你，即使我成佛了，这记忆也永不会磨灭。每一个修道成功的人，他的经历不是一张白纸，而是带着累世的快乐，痛苦，悲伤，幸福，最终，他跳出这感情的烦扰和疼痛，挥一挥袖，不带走一片云彩。然而，这不代表云彩从此消失，云彩始终是云彩，他永远无法否认，这云彩曾经是他生活的全部。”

玛吉阿米轻轻点头，眼光流转到他的脸上，一动不动。

仓央嘉措微笑着说：“你为什么这样看我?”

玛吉阿米也微笑，但是，她的眼里有摇摇欲坠的泪珠：“我很想说，愿我的心也可以不再为离开你而伤痛，而我，无法跳出这樊笼。我这样看着你，只因我知道，这一别，我们大约是永别了，我，不想忘记你。即使，来世知转生成你身边的一只猫儿，一只小羊我也要追随着你，不要分离。”

此别即是永别了，不知怎的，这话像触电一样让仓央嘉措的心一下子疼得抽动起来，他看着眼前的玛吉阿米，不明白这聪慧的女孩子如何也猜到了他的心意。是的，他早有预感，青海湖即将是他前半生最后一块停驻地。此别后，他或许无缘此生，或许会流落他地。然，再返藏地恐怕就只有梦里了。那么，与玛吉阿米的缘分，真要就此休止了。

玛吉阿米低下头，泪水一滴滴滴落在他们紧握住不放的手上。空气中静得出奇，似乎能听到泪水飞溅的响声。

仓央嘉措闭上眼睛，强抑住内心的悲痛。我们身为凡人，再高的修行也无法完全止住凡人与生俱来的折磨与痛苦，就连最尊贵的宗喀巴大师，他是格鲁派的开创者，曾在甘丹寺的山洞里修行多年。一年春天到来的时候，洞外的杜鹃开始歌唱，这声音让他想起了远在家乡的阿妈。那一刻，他是多么思念啊！于是，他用手指在甘丹寺的山石上，写了一个藏文的“阿”字，意为对母亲深深的思念。之后，他送了一副自己的画像给母亲，当母亲打开的时候，画面中的他竟然动情地喊了一声：阿妈！从那之后，甘丹寺的山上再无杜鹃的身影，大约这鸟儿也知道，不能因为自己的叫声而影响大师的修行。

太阳即将落山了，玛吉阿米准备告辞，仓央嘉措默默地把她送出帐外，夜深路远，客宿谁家？他有一千个问题要问，一千个不舍在心。然而，他什么都没有说，只是看着她瘦弱的身影，在祁连山脉脚下渐行渐远。

衰草连天，眼看玛吉阿米的身影已经快消失在草原深处，却听到她的声音被风儿吹来：“下一世，我还会在你身边。”

仓央嘉措立即答道：“好啊！做我同修行的朋友吧！”

玛吉阿米站定，声音遥遥而来：“不管怎样，永生永世，我也不要与你分离。”

永生永世也不要分离，这大约是玛吉阿米对仓央嘉措最后的告别了。这甜蜜而忧伤的誓言让他的心再一次为之疼痛。

再见了，我的玛吉阿米，再见了，我今生最爱的人。

关于玛吉阿米的传说就此戛然而止。民间传说，玛吉阿米回到了故乡，嫁人生子，终老一生。也有人说，当仓央嘉措在青海湖边消失，玛吉阿米也不知所踪，有人认为，她也因此结束了自己的生命。

我倒觉得，对于仓央嘉措来说，他更希望心爱的情人能够忘记爱他的痛苦，平静的生活，虔心修行，实现下一世能够与他再次相遇的缘分。

永生永世也不要分离，佛经中认为，只有上师和弟子才可以结成如此深厚的缘分。玛吉阿米已经许下诺言，那么，是否能够与仓央嘉措相遇，就要看她努力的结果了。

所以，我认定，不管玛吉阿米去了哪里，她的心一定都指向一个方向，那就是仓央嘉措走过的地方。

从那东山上，
升起皎洁的月亮
玛吉阿米的脸庞
浮现在我的心上

哦，玛吉阿米啊，我最心爱的姑娘！

十四 别了，青海湖

我们今生此刻所做的每件事都存在着一种危险：未来可能要替现在的所作所为付出代价。（佛经）

那是仓央嘉措待在青海湖边最后的一个夜晚。当玛吉阿米最后离去的时候，仓央嘉措真的感到，他与西藏的缘分就此终结。没有死亡，即没有重生。当过去的一切都过去了，未来将渐渐开始。

那个夜晚，拉藏汗亲自来到他的营帐。很长时间，这位蒙古王爷凝视着他。他们没有交流，却电光火石般瞬时通晓对方的心意。

——你是我的俘虏，是我轻易就可以杀死的人，然而，我却不能杀你。这是我平生最遗憾的事。

——你是不可一世的王爷，然而，你的要求却和普通俗人没有什么区别，不过是贪婪，欲望，更大的欲望。最后，终将被你的欲望吞没。你可以获得这片土地，财富，却永远无法征服人心。

——未来不可知，现在才在我的手里，能够抓住更多是我最终的愿望。

——你带着佛珠，口中吟诵着六字真言，而你不是一个佛教徒，因为你不信因果，不信轮回。我怜悯你，虽说未来不可知，但你现时的所做已经注定你悲惨的未来。

拉藏汗还是一言不发，他最后深望了一眼仓央嘉措。这个在他看来近乎瘦弱的年轻人，不知怎的，这一刻，他在他脸上看到那样深沉而坚定的表情，那是属于圣者的表情，这是他从未见过的仓央嘉措，而这一眼，忽然烦乱了他的内心。他有点疑惑，自己一直在执着的计划是否真的是一个错误。

“听说佛爷非常喜欢在月色下欣赏青海湖的美景。”拉藏汗忽然没头没脑地说了这样一句话。不顾仓央嘉措回答，他又自顾自地说下去，“我听说青海湖夜晚的景色变幻莫测，有时如处子般静谧温柔，有时又如猛狮般狂躁粗犷，如果在这样一个夜晚欣赏它的美景，也不枉此生的神湖之行。”说罢，拉藏汗头也不回地走出营帐。但是，在他撩开大帐的时候，他挥手招来两个守卫的军士，对他们耳语几句，便匆匆离开了。

营帐内，仓央嘉措细细咀嚼拉藏汗最后这几句话，一丝苦笑浮上他清秀的面庞。该来的躲不去，不管如何，这一夜，终究要有不平凡的事情发生了。

夜，如是的静。

仓央嘉措在两名军士的陪伴，或者说是押送下再一次来到了青海湖边，这或许是他最后一次欣赏青海湖的景色。

青海湖犹如一块巨大的墨玉宝石，在月光的映照下泛出青冽的光，湖水在微微地泛动，仿佛情人的呼吸，若有若无，勾人心魄。

几只鸟儿以极快的速度掠过湖面，仿佛一道黑色的剪影，霎时消失在黑暗里。

仓央嘉措坐在湖边，一动不动，这样也不知道几个时辰了。甚至有愚笨的鸟儿把他当成了固定的雕像，试图怯生生地落在他的膝盖上。但不知为什么，鸟儿刚飞到他身边又打着旋悄悄离开了。

“大师！您该决定自己的出路了！”身后一个低沉的声音响起来了。

仓央嘉措依然一动不动，他凝视着湖面，那仿佛是一块巨大的屏幕，所有的记忆画面一一上演。在那里，他看到了自己的童年，疼爱他的父母，他成为活佛之后的荣耀与凄凉，他的百万信众，因为不舍他的离去，每一张脸都泪流满面，最难忘的，当然还是他心爱的姑娘，她的笑靥如花，她离别时哭泣的眼，都成了他最清晰而又最心痛的记忆。

“当一个人死去的时候，留有记忆是多么痛苦的事情，”他在喃喃自语，“因为，这代表你不想遗忘，不愿遗忘，而这不愿，亦会成为你转世的因缘。”

“大师，您想最后说什么？”身后的声音有点不安。他似乎不明白，为什么一个人死的时候居然如此宁静，如此从容。

仓央嘉措抬起头，黑夜里，一只白鹤冲霄而上，它的长鸣使得湖水也为之震动。

他回头微笑："这也是你我的因缘，你就记好这首诗吧。"

洁白的仙鹤
请把双翅借我一飞
不会远走高飞
只到理塘一转就回

吟罢，他撩起袍襟，从容地走向了湖水深处……

忽然，一名军士冲进湖中，将正一步步走向湖心的仓央嘉措拼死力拽回了岸边。仓央嘉措吃惊地看着眼前的这个陌生的军士，他只伏在地下，不愿抬头："佛爷不必知道我是谁，凡事必有因果，我今日救佛爷，既是我们之间的好因缘，也是您的善业。我听到王爷说青海湖景色变幻莫测，一个人从这里消失并且走得无边无际是件很容易的事，但请您移驾尊步，从此海阔天空，不要再涉足藏地险境了。"

仓央嘉措细细品味这位军士的话，似乎大有深意，但总的意思不外乎一个：从这个夜晚开始，仓央嘉措的名字应该从雪域消失了，他可以作为一个普通人活着，但是，六世达赖喇嘛的名字只能成为绝响了。

他望望天空，很奇怪，这个夜晚居然无星无辰，广袤的天空如墨玉一样深黯寂静，要走出去了，自由地走出去了。这曾经是他的梦想啊。当他端坐在广博幽深的布达拉宫，在寂静无声的巨大宫室，他多想走出去，像鸟一样飞翔，那是他多年的梦想，而今，当自由就在眼前，只要他迈出脚，就可以随意在这片天地里徜徉，可是他却胆怯了，从 16 岁被送入布达拉宫，他已经有 8 年未曾单独接触外面的世界，他能应付得来么？

就在这犹豫的一瞬间，后面的军士已经等不及了，他低声催促仓央嘉措："请佛爷尽早动身，如果拉藏汗王爷不放心，亲自来查看，那就什么都来不及了。"

似乎为了迎合这句话，三人同时听到，身后的夜幕里传来急促的马蹄声，两个军士的脸都白了，他们互相对望，似乎在考虑要不要立刻动手，以免被拉藏汗起疑心。

就在这个时候，青海湖忽然下起了大雪，虽然时至夏季，然而，这纷纷扬扬的雪花却从天而降，瞬间就淹没了人们的视线。

一个无星无辰的黑夜。

一场莫名而来的大雪。

仓央嘉措惊奇地看着与他不到两米之外的军士，他能清晰地看到这两个人。而他们，却在风雪中费力去寻找他的踪迹。仓央嘉措忽然明白了，这是天意，要他立即离去。可是，这越来越厚的雪花阻断了所有的视线与道路，他该如何离开呢。

静默了一会，他闭上双眼，观想中，通身莹碧的绿度母出现在他的面前，在这团光束的指引下，他一步步走出了大雪纷飞的青海湖。

所有的历史都这样记载，1706 年，六世达赖喇嘛仓央嘉措从此不知所踪。

十五 无常如梦幻泡影

> 了知万物就如：缥缈幻影，浮云城堡；如梦，如魂，可见却无实体存在。了知万物就如：朗空明月照映清湖，而却未存在湖中。了知万物就如：音乐、声响或哭泣的回音，但回音中却无旋律回绕。了知万物就如：魔术师的幻术，变出马、牛、车子等东西，其中却空无一有。（佛陀）

第二年，也就是藏历火猪年，回到拉萨之后的拉藏汗迫不及待地找到了一个叫阿旺益西嘉措的年轻喇嘛，立为六世达赖喇嘛，并上奏到清政府，请求康熙皇帝准奏。

在当时，有一个很盛行的传说，有人指证，这个所谓的新达赖喇嘛，其实是拉藏汗的私生子。然而，即使是这样，也没有人敢对此提出异议。这位年轻人顺理成章地进入布达拉宫，成为雪域教主。不仅如此，他还得到了康熙皇帝的册封，拉藏汗的目的全部实现了。

当年，当他坐在仓央嘉措寝宫的时候，就贪婪地想象，如果这一切都属于他该有多好。经过无数的计谋和杀戮，桑结嘉措死了，仓央嘉措不知所踪，他的对手全部倒下了，他笑到了最后。

然而，事实真是这样么？在他的强权之下，没有人敢对他所立的新教主提出异议。但是，他们却在称呼上清晰地分出了这位益西嘉措与仓央嘉措的区别。对于前者，他们只恭敬地称呼为“古学”，即先生的意思。然而，称呼仓央嘉措，他们称为“塔木介清巴”，这又是什么意思呢？遍知一切！

这是一个多么尊贵的称呼啊！谁敢号称遍知一切呢？在佛经中，只有佛陀才拥有遍知一切的智慧。据说佛陀的智慧也并非神赐，而是多世学习大小“五明学”的结果。

当藏民把仓央嘉措称呼为“遍知一切”的时候，他在民众心目中的地位可想而知了。

拉藏汗的命运又是怎样呢？记得《红楼梦》中，秦可卿对王熙凤说道：“月满则亏，水满则溢”，又道是“登高必跌重，一日倘或乐极悲生，若应了那句‘树倒猢狲散’的俗语。”拉藏汗肯定想不到，就在不久的未来，他也迎接到了注定的悲惨命运。

1717年，拉藏汗的势力在西藏衰微，蒙古准噶尔部的大军打着替达赖五世、六世、第巴桑结嘉措报仇的名义，攻入拉萨。这是拉藏汗花尽了毕生心血才换来的结果，他自然坚守布达拉宫不肯离开。最后，被乱军砍死在宫门前。这位不可一世的王爷用尽心机，杀死第巴桑结嘉措，赶走六世达赖喇嘛。而他最后的命运也正如仓央嘉措的预言一样，死于自己的欲望之中。人生如梦，如梦人生，你方唱罢我登场，不过在历史的洪流中只露了匆匆一面便被迅速淹没。可叹当事人看不透这缘由始末，为了这短暂的烟花般岁月，拼尽了几乎一生的力气，最后也如镜花流水，化为泡影。

一切有为法
如梦幻泡影
如雾亦如电
应作如是观。

这是《金刚经》最后的偈语，也是人生一切事物的写照。

拉藏汗死后，西藏人马上把那位阿旺益西嘉措拉下宝座，可怜这位年轻的喇嘛，虽然在布达拉宫待了十年，却连一点痕迹也没有被记录下来。仓央嘉措因为被记载“客死他乡”，所以，布达拉宫并无他的灵塔。但至少他被所有藏人记住了，至今，在布达拉宫的一座殿堂里，人们为他供奉了几百尊的长寿佛，只希望在他乡漂泊的六世法王能够身体康健，弘法利生。而那位益西嘉措，下台之后，马上被人们赶出布达拉宫。

名义上，他曾经做了十年显赫的教主，还获得了大清皇帝的金牌认可。然而，当他被赶走那一刻，他大约才明白，他在藏人心目中一文不值，甚至是被憎恶了十年。因为他待了一个不属于他的地方。或许，只有从那个宝座上下来，才是他真正获得新生的机会。

藏族的历史并没有对这位曾在座十年的喇嘛做更多的介绍，从这寥寥数语中，我们只知道，这位名义上的六世达赖喇嘛，被囚禁在了布达拉宫对面药王山中的一处密室，直到终老。

从那个时候开始，来自理塘的七世达赖喇嘛开始登上历史舞台，法名为格桑嘉措。

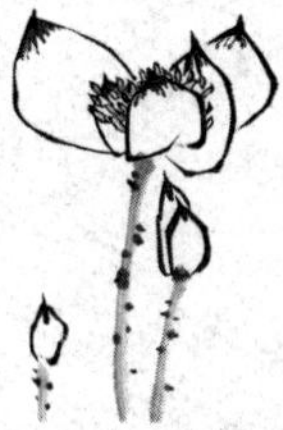

Chapter 04

远行

好多年了，你一直在我的伤口中幽居。我放下过天地，却从未放下过你。

Chapter 04

远行

一 重逢

> 我从未离弃信仰我的人，或甚至不信我的人，虽然他们看不见我。我的孩子们将会永远永远受到我慈悲心的护卫。（莲花生大士）

仓央嘉措的结局到底是怎样的呢？他究竟是只活了二十五岁，还是六十四岁，这成了一个即使三百年之后也没有被揭开的谜团。其实，在藏地，一些名人的寿命始终是一个谜，比如著名的松赞干布，史书对于他的生辰寿命讳莫如深。有的说他一直到八十几岁寿终正寝，还有史书证明，松赞干布只活了三十四岁便英年早逝。原因是他为了在当地弘扬佛教，不惜以辣手打压本土宗教，为此折损了寿命。当然，正统的史书不可能如此记述，我记得曾经看过一部西藏传奇的纪录片，在那里，松赞干布被描述成，最后一个人骑着黑马离开布达拉宫，离开拉萨，到一个山水相间的地方，不知所踪。当时看这段介绍的时候，觉得非常唯美，现在才明白，这是编者对松赞干布离开人世的最委婉的一种表达。

同样，仓央嘉措的人生结局同样不为人知。据《圣祖实录》二二七卷载，康熙四十五年（1706年）十一月，“假达赖喇嘛”仓央嘉措在押解北京途中，病殪于青海湖畔，遗体运塔尔寺焚化。此事的根据是当时的西宁喇嘛商南多尔济（此人属青海和硕特蒙古人，曾做过五世达赖的代表参与过重大活动，是西藏和硕特蒙古汗王拉藏的政敌）向清廷的奏报。

这个说法，实在让人疑窦丛生。试想：塔尔寺是正宗的黄教格鲁派寺院。仓央嘉措虽然为拉藏汗所不容，但在每一个藏人的心里，他都是正宗的教主。

由此推测，如果他的遗体在这里了，应是藏地佛界一等一的大事！至少，他的骨灰、舍利都会被寺僧悄悄留下。然而并没有，不仅如此，连记录塔尔寺历史的《塔尔寺方志》中也无一丝一毫有关记载！不仅如此，连青海湖所在地区，湟中县的《湟中县志》也没有记载有关内容。这究竟是什么缘故呢？

还有一种说法是，仓央嘉措最后在五台山圆寂。这可能是目前看来最牵强附会的一种说法。《十三世达赖喇嘛传》，称1907年十三世达赖土登嘉措进京朝觐，途径五台山时还特别拜祭了六世达赖喇嘛曾经闭关过的山洞。由此后人推测，仓央嘉措可能确实曾被带到过北京，并被康熙皇帝软禁在五台山。然而，这个说法无异于给第一个正史扇了一个耳光，也非常不合情理。有人就曾分析过，康熙皇帝是一个行事缜密，思虑全面的政治家，他怎么可能把一个风口浪尖的大活佛放在一个人来人往，香火鼎沸的大寺院里，任人往来猜测，那岂不是给自己无事找不自在么？

史书对此保持了沉默，任由几百年来不断涌现的猜测疑云，这也是作为官方最聪明的做法，不管民间对此有多少的议论，只要他们不颔首，这一切都只能归结于“猜测”两字。有关仓央嘉措的传说也只能归为野史。

在青海的那段日子，我时常坐在湖边，看着周围的游人来来往往，他们惊叹于这片湖水的美丽，也慨叹这里竟然会是那位年轻而浪漫的活佛的葬身之地。曾经，我看到一位美丽的女孩子如我一样忧伤，傍晚时分，她点燃一盏莲花型的小灯，在湖面上漂浮。

我与她攀谈：“你认为仓央嘉措真的死在这里了么？”

她睁着美丽的大眼睛，惊奇地看着我：“当然，我甚至听到在当地有一个传说。仓央嘉措走到此地，因厌世而沉湖自溺。所以每年此日，环湖的藏族同胞还要向湖中抛食物祭奠。”

我赶忙摇头：“这绝对不是真的。”

她瞪着大眼睛表示怀疑。

我向她解释，在藏地，不管是僧人还是普通民众，都无法理解自杀这一回事。因为按照佛经的说法，自杀的人是无法超度的，下场非常悲惨。还有，青海湖是藏人心目中的圣湖，不要说死在这里，就连洗澡都是大逆不道的。仓央嘉措怎么可能连这一点都不知道呢？

她看着我："那你觉得，仓央嘉措最后去了哪里呢？"

我看着湛蓝的湖水，宁静温柔："我相信仓央嘉措最后的停驻地一定不是这里，在那个风雪之夜，他已经借雪遁离了。"

是的，这就是我感念中的仓央嘉措，在他深悟了世事无常以及真爱的含义之后，必不会带着彻悟匆匆离开人世，他的慈悲，他的命运都注定，经过长时间的流浪之后，必会停驻在婆娑世界的某个地区，为那里的人讲经传法，完成他的人世间的使命。

那么，仓央嘉措究竟去了哪里呢？或许有这样的人物，当他辉煌显赫之后，情愿隐于山林，再也不在世间流露半点消息。然而，仓央嘉措应该不是这样的人。他怀着无比的慈悲与彻悟，不管到了哪里，都会为人追随仰慕。就好像日月星辰，不管在宇宙的任何一个角落出现，都会放射出耀眼的光芒。

有人告诉我，如果你想知道仓央嘉措的后半生，去读一本叫《六世达赖喇嘛传》的书吧。它会告诉你一切。

仿佛预定好的约会一样，那个春天，我也与这本《六世达赖喇嘛传》不期而遇。

拉萨的春天，早晚十分寒冷，我披着一条新买不久的印度花纹的披肩，穿着深褐色的藏服，在大昭寺前的八角街附近游荡。我认为，自己这套装束，实在应该搭配一身来自尼泊尔的首饰，比如那种镶着925纯银边的松石耳坠，颜色暗淡然而不掩贵气的珊瑚刻面项坠。在这种无止休的搜罗中，一本土黄色封面的旧书，《六世达赖喇嘛传》居然被我翻到了手里。

我看着封皮上斑驳的画面，一位年轻的喇嘛面色沉静，眼睛微微地看着手指的方向，这一熟悉的形象让我有泪盈于睫的冲动。在迷失了三百多年之后，我的活佛，我终于找到了你的归所。

那个上午，我抛开了一切购物计划，带着书匆匆地走进最近的一家藏式茶馆，找了一个靠窗的位置坐下，它的面前就是大昭寺的正门，这个时节，游人很少，只有朝拜的人们，还在坚持不懈地磕头，转寺。

太阳已经全出来了，日光温暖地照在我的身上，我小心地翻开这本古旧的书籍，它的纸张已经发黄发脆，仿佛带着久远的记忆疲惫而来。

二 不要问我从哪里来

从布达拉山的顶峰上，圣心所化光辉照四方，我身所化一贤者，离开藏北赴北方，为度无怙苍生离孽障。（问造语录）

1706 年 5 月的某个夜晚，青海湖突降大雪，六世达赖喇嘛仓央嘉措忽然明白，这是上天的一个预示，他应该就此离去了。预示他借雪隐遁，开始了长达十年的漂泊……

书的作者就这样缓缓地揭开了仓央嘉措离开青海湖之后经历的序幕。这是一位名叫阿旺多尔济的喇嘛。据传，他曾是仓央嘉措流落人间之后的第一位大弟子。从幼年时期，他就一直追随在仓央嘉措的左右，尽管那个时候这位大活佛已经隐姓埋名，换上了另外一个身份。但是，有关他的身世之谜，这位首席大弟子自称了解得最为详细。

他带着这份自信，详尽地描述了这部传奇的始末。这也是迄今为止，唯一一部完整地，以书写形式记录下来的有关仓央嘉措的传说。

很多人都在问，这是真的么？

无法完全证实。然而，这的确比很多个传说，比如病死，自溺，闭关坐化都要真实，强有力得多。

首先，是作者的誓言。作为一名佛教徒，他坚称自己绝不打诳语，每一句话都是真实的。其次，是他对于每个细节的表述都可以找到事实依据。据说，有很多仓央迷真的按照书中所给出的地图，沿着当年仓央嘉措流浪的足迹一路追寻，一直到他的最后停驻之处，那里的喇嘛实心实意地捧出了当年仓央嘉措曾经穿过的袈裟，他写过的字迹等等。甚至，连仓央嘉措的肉身灵塔都留在了寺院里，让人不得不信服，三百多年前，年轻的法王的确曾走过那样一条充满艰辛的流浪之旅。

我曾经与友人开车沿着川藏线一路入藏，车外的风景美妙如画，或有山林丛密，雪峰直插云霄；或有连天戈壁，草木不生，道阻且长。有时，开着车一天都绕不过一座大山，走不过一片草场。那时，车上所有人都在心惊胆战，如果车子坏在当路，我们就只有步行爬雪山的份了。

回忆起行路的艰难，我不禁想起年轻的仓央嘉措，那个风雪夜后，他衣着单薄，踉踉跄跄地逃出青海这片是非之地。然而，当他走出祁连山路，却不禁一声长叹。眼前，除了草原依旧是草原，远处雪山林立，白日尚好，有日光暖身，遇到善良的牧人，还可请他饱餐一顿，送他继续上路。到了晚上，夜寒透骨，远近皆有豺狼虎豹的低嚎，冷风吹过，似乎听见孤魂野鬼的低低泣诉……

一个在华贵的布达拉宫里享尽了福气的年轻人，一下子被抛到了命运的最底端。而这种折磨并非数日，而是漫长的十年！

这些苦痛都被法王深藏在了心底，直到他在漠北已经居住快三十年的时候，或许知道自己离世的日子不远，才对最心爱的弟子断断续续讲述了当时的艰辛。

> 那时的我，如丧家之犬一样，在草原，荒漠里流浪。足足走了一日，才发觉腹中饥饿，幸而遇到一批青海果洛的商人。而我从记事起就生活在养尊处优的环境里，根本不懂得如何乞讨，虽然饥饿难忍，却也不肯发一言。一位老者看出我的窘迫，主动倒茶给我喝，又牵来一头牦牛让我做充作行脚。怎奈我刚坐上牛背上的木鞍，就因为股痛，被磨得急急跳下来，惹得同行之人大笑不已。他们都在窃窃私语，看这位白净的和尚，好像从来都没有吃过任何苦头，他到底是什么人呢？最后，还是那位老者心善，他脱下一件厚衣，替我做成坐垫，我才勉强重新坐上去。

而这份艰辛，只不过是漫长十年苦痛的一个开头。然而，也许是仓央嘉措的福德深厚，他不论走到哪里，历经怎样的苦难，比如得瘟疫，遇强盗，遭恶犬，他总能逢凶化吉，并为当地的人们带来福祉以及无尽的怀念。

在藏地的任何地方都流传着这样的故事，那就是仓央嘉措的足迹曾经来到过他们生活的土地。不管是真是假，每一个传说都被虔诚地相信着，每一片被他踏足过的土地，都会洒满哈达，被虔诚地祭拜。

在四川藏区旅游的时候，我还听到一位老人如是说，仓央嘉措来过我们这里。我不相信，他非常认真地反驳："是真的，就在前面那个山口，我们都知道，那里野狼遍及，而且岔口极多，连猎人都不愿过去。然而，在某一个冬夜，仓央嘉措被拉藏汗的军队追赶，不小心走入这个山谷，当时大雪皑皑，却找不到出口，如果再停留多时，他就一定会冻死在山谷里。这个时候，出现了几头野狼，它们不仅没有伤害仓央嘉措，反而在前面带路，指引他走出了这个迷谷，并逃脱了拉藏汗的追逐。"

我宽容地微笑，为这个近乎神话一样的传说。但是，老人的表情却告诉我，无论是他，还是当地藏人，绝对相信，这是一个真实的传奇。

在这十年里，他都有过哪些奇遇呢？他的弟子在他断续的叙述中得知，他曾经重返西藏，只为到色拉寺、哲蚌寺重新拜佛。然而，当他来到甘丹寺，希望拜会甘丹金身大宝的时候，却遭到了一个执事僧的阻拦，那一刻的悲戚和感慨无以言状。回想当年，如果有消息称，达赖喇嘛会驾临甘丹寺，恐怕整个寺院会倾巢出动，列队迎接。而眼下，一个小小的执事僧就能够高傲地把他拒之门外，此情此景，怎能不让他顿生对人事无常的厌离心呢？

当然，并非所有人都像这个执事僧一样肉眼无珠。在仓央嘉措游历拉萨的日子里，一日，他以乞丐装扮，在哲蚌寺大堂外观看金刚舞表演，虽然他远远地站在人群之外，然而，一位舞者却一路过来，来到他面前，跳起了"稽首舞"，即一种拜见诸佛菩萨时才有的舞蹈姿势。显然，这位舞者已经看出了仓央嘉措的身份，他只能以这种方式表达自己的激动与尊敬。然而，他的鲁莽也给仓央嘉措带来了巨大的麻烦。在众人惊诧的眼光里，他只有一路逃走，不知所踪。

三 因缘不虚

我们有缘在这里相会，真是吉祥喜悦，不要忘了这一缘一会，在法界中将会呈现光辉，不曾忘了你的恩，永远记得你的德，如同长江黄河的源头，都是由心所滴下的水流。（法王如意宝）

1706年至1716年。

从青海到甘肃，到康巴，四川，卫藏，尼泊尔，印度…… 这一路，仓央嘉措都用自己的脚步一步步丈量而来。

天地之大，几近无容身之所。他的脚步渐渐走出了草原，进入腾格里大漠的领域。或许有那样一个晚上，他累极了，还来不及冷却的沙丘如温暖的大床，把他包裹其中，他很快沉沉入睡。他不知道，自己已经走入了蒙古阿拉善旗的领域。

那时的他，衣衫褴褛，如乞丐一样狼狈。这一觉又沉又甜，直到日升中空，他才不情愿地睁开眼睛。

眼前，一个蒙族打扮的男孩子正瞪着眼睛看着他。

仓央嘉措没有起身，他也瞪着眼睛看着这个看来至多七八岁的男孩子。一种奇异的感觉忽然涌上他的心。他一下子站起来，握住孩子的手："你叫什么名字？"

男孩子瞪着黑亮的眼睛看着他，不情愿地甩着手：我叫阿旺多尔济。

仓央嘉措看着他的眼睛，虽然那只是一个男童的眼神，却有着那么一抹熟悉的神色，坚定，执着。而这种眼神只属于他曾经的老师，第巴桑结嘉措。

世间事，再一次轮回流转。他曾经的恩师，转世成了一个蒙族男孩子，而今，他历经十年的沧桑挫折，与这个男孩子终于再度相遇了。这已是十年之后。

佛经中说，佛教中师徒的关系永远不会断截，除非当事人情愿放开自己的手。

一种说不清的情愫涌上了仓央嘉措的心，他的眼睛湿润了，这是他十年来第一次流泪，为不变的轮回，浮浮沉沉却依旧连接的因缘。

佛所说，不虚。因果，不虚。

这就是后来的阿旺多尔济，他也成为一代著名的大活佛，是仓央嘉措首席且最宠爱的弟子，他熟悉他的身世，他的一言一行，并在他圆寂后，将这一切记录下来，1757年成书以后首先在阿拉善南寺（即广宗寺）刊刻印行，后来在各寺庙间流传开来。二十世纪前半叶的某一时候，这部书甚至流转到了十三世达赖喇嘛土登嘉措的手中，这位达赖喇嘛看了以后赞不绝口，下令立刻在拉萨刻版刊印。由此，仓央嘉措的后半生才真正地为藏地了解。

说到这里，有人可能会奇怪有关达赖喇嘛的转世。按照格鲁派的活佛转世制度，上一任的活佛圆寂之后，下一任的转世灵童才会出生。眼下，已经有一位活生生的七世达赖喇嘛端坐于布达拉宫的宝座之上，那么，六世达赖喇嘛仓央嘉措是绝不会存在于这个世上了。

事实上，我说的并不准确。六世达赖喇嘛的确已经圆寂了。但是，仓央嘉措依然活在这个世界上。

这又是什么道理呢？我记得我曾经看过一部《小活佛》的电影。讲述一些喇嘛在寻找他们上师的转世。他们分别找到了一个美国男孩、印度女孩子和一个男孩子。经过辨认，这三个孩子都能准确地指出那位上师生前的物品。而且，根据种种征兆，他们三人都有可能是上师的转世。那么，究竟哪一个才是真的呢？喇嘛们最后请求了护法神的明示。最后被告之，这三个孩子都是上师的转世，他们分别是上师身、口、意的转世。这个结局让我对转世有了新的认识。后来，又在一个有关佛身的介绍中看到，具有圆满善行功德和智慧功德的佛会拥有无数化身。那我们可不可以这样理解，达赖喇嘛即是观音菩萨的化身之一，所以，六世达赖喇嘛仓央嘉措也好，七世达赖喇嘛格桑嘉措也好，都只是观音菩萨无数化身之一。如果用这种说法来解释，或许能够说明为什么仓央嘉措还活着的时候，就已经有另一位灵童降生到这个世上了。

我情愿相信这个结局是真的。所有的仓央迷也希望这个结局是真的。

1716 年，告别了小阿旺多尔济之后，仓央嘉措继续北行。他要去哪里，脚步在哪里停驻。大约他自己也不知道，流浪了许多年，如果是普通人，恐怕早就颜面憔悴，不类往昔。然而，岁月与风尘似乎特别优待仓央嘉措。不管他历经了多少苦难，遭遇了多少折磨，却容颜不改。书中说道，据说，不管什么人，即使从没见过他，也不知道他的身份，那些倨傲的达官贵人，只要一见了他，都变得卑微顺从。有人疑惑他的身份，低声询问，他只微笑："我流浪已久，不要说你，连我自己都不清楚故乡应在何方。"一句"忘记了"推开所有好奇的目光。

但 1716 年的这个午后，注定将是不平凡的一天，不管如何掩饰，仓央嘉措将面临那生命中的一段奇缘。也是这段缘分，使得他停下了流浪的脚步，真正以另一个名字开始了一段人生。

那大约是一个阳光耀眼的午后，仓央嘉措的打扮与所有流浪的人无异，他衣着褴褛，正静静地在离王府不远的地方打坐。然而他那出众的仪表以及高贵的姿容却让他无法融入俗人之列。一位智者，独具慧眼的智者，或许，他也根本就不知晓仓央嘉措的真实身份，却被他的仪容深深打动了，他尊谨上前，与仓央嘉措探讨了一些佛教理论。寥寥数语，就被对方的广博见识所折服，他立即拜倒，诚切请求他进入王府做客。

仓央嘉措此时才知道，他已流浪到了内蒙古阿拉善旗，执掌这里军政的，是阿拉善王爷阿宝，他的王妃道格其公主也是一位虔诚的佛教徒。

命运似乎也默许，这位活佛应该在这里停驻脚步了，他流浪了太久，也疲惫了太久。最关键的是，他应该实现自己弘法利生的夙愿了。

四　悲伤都一样

感官知觉如同在水上作画，不会留下任何痕迹，不要沉溺于迷茫的外相。（《修行百颂》）

道格其公主，应该是仓央嘉措生命中最后一位重要的女人。如此说，或许会给读者造成一种误解。1716 年，当仓央嘉措邂逅这位身份尊贵的王妃，他也不过三十五岁。据史书记载，仓央嘉措的容貌无论在何时何地，都没有任何变化，或许这只是一种夸张的赞叹，他的徒弟称赞他，即使年逾花甲，仍面如冠玉，皮肤细腻柔和，让人叹为观止。

当他遇到道格其公主的时候，正是一生中最风华正茂的时刻，他的外表如年轻人，修行已经突飞猛进，十年的流浪时光让他对人生、对佛法更多了许多感悟与理解。那时的仓央嘉措，不仅是世间最美的男子，更是最睿智的活佛。

他与道格其公主的情分又会是怎样呢？这也是研究仓央嘉措的史学者争论不休的一个话题。在今天的阿拉善左旗广宗寺，当寺院的喇嘛们向你呈上仓央嘉措的遗物的时候，你都会看到一副由女人头发做成的发冠。就是这件遗物，让人大大的惊诧了。据说，这是道格其公主用自己的头发为仓央嘉措奉上的供养。

这种供养放在如今，并不算什么，现世的我们，可以抛弃很多属于身体上的东西，比如，把头发剪短到让自己都惊诧，可以在皮肤上刻上不知所云的图画与文字，然后，再洗刷掉。

古人不行。身体发肤，受之父母。特别是女人，青丝的去留，在家时从父母的意愿，嫁人后从夫愿。而这位高傲的公主，竟情愿舍了一头青丝，只为为景仰的活佛做一顶发冠。

这份景仰，这份情意，让人想起来便荡气回肠。

让我们把目光流转回三百年前，1716 年，当仓央嘉措被引进王府的那个午后，对于一个尊贵的王妃来说，那是一个没有任何区别的百无聊赖的午后。王妃大约午睡刚起，她正接过侍女端来的奶子茶，细斟慢饮。有人禀报，说一位尊贵的人被引进王府，王爷请王妃一同会见。

王妃轻微地皱着眉头："是怎么样的人？"

奴仆略微一迟疑："好像走过很远的路，风尘仆仆。"

王妃的表情更加嫌恶了，她放下奶子茶，略一沉吟，还是随着奴仆一同走进了花厅。

她有点惊诧，一般来说，王爷都是会见非常知己的好友，才选择这里。而这个陌生人刚一进王府，就获得了这般信任。

看到她款款而来，王爷马上起身介绍："格格请看，这就是我刚刚认识的一位大德。"听到王爷都如此赞誉，道格其王妃一扬眉头："是么？请问尊者尊姓大名呢？"

眼前那位衣衫褴褛的陌生人忽然身子一震，仿佛这个问题就是一团火，一下子烧到了他的痛处，沉默半晌，他才回答："我叫曲扎嘉措。"

没错，他眼下就叫这个名字，自从青海湖一别，这个名字他已经叫了十年了。"仓央嘉措"也好，"六世达赖喇嘛"也罢，这些名号与称谓，于他而言，都已经是前尘往事了。

道格其王妃默默想了一会，实在想不出有什么高僧大德叫这个名字，便不再言语，只坐在一边，听王爷与这位曲扎嘉措谈笑风生。

说实话，这一次见面并没有给道格其王妃留下太深的印象。诚然，她承认这位陌生人谈吐风趣，学识渊博。然而，作为王妃的她，自认为阅人无数，就算他是一位大德，也看不出让人佩服得五体投地的能耐。

那一天，仓央嘉措很晚才从王府告别。这位和硕部的阿宝王爷对他一见如故，一定要请他用过晚膳，并派人把他安置好住处，才依依惜别。

不过，在晚膳时，有一个小插曲，王妃并没有露面，侍女说她头痛，就不陪贵客了。王爷面露不悦，而仓央嘉措却只是微笑，他劝慰王爷："我早就看出，王妃是一位虔心志诚的佛家子弟，她早晚会倾心佛教，请王爷不必挂怀。"这一席话才打消了王爷的不悦。

从王爷府中出来后，仓央嘉措辞退了身边的王爷侍卫，独自悠闲地在月夜下散步。

那夜，是大漠中最美的一夜，天如墨玉，月如银盘，一泻清辉，将整个大漠映得绝美无伦。

经过十年的漂泊，他终于可以停驻脚步了。不再担心饥饿冷冻，不再担心追兵猛兽，王爷已经诚心宣示，将成为他的施主，并助他修筑当地最大的格鲁派寺院。此刻，他的心是安定的，当他在月夜下缓缓而行，天边的明月让他不由得想起那首似在前尘时曾一次又一次吟诵的诗句。

在那东方山顶，
升起皎洁月亮。
玛吉阿米的脸庞，
浮现在我心上。

十年了，不论是在密林夜宿，还是大漠逃亡，当我在阿坝，因为身患疫病，几近奄奄一息，还是遥远的印度，在那茫茫无垠的荒野上，亲眼看见通体雪白的宝象，我都时时在想起你。玛吉阿米啊，悠悠十载的岁月风霜，多少人出生，多少人亡故。来不及悼念逝去的众生，唯一让我挂怀的，依旧是你的容颜。

天边的明月有多远，你就离我有多远。而天边的明月有多近，你就离我有多近。

咫尺天涯，须臾不忘。

然而，念及此处，另一个女人的脸庞也冲入他的脑海，那就是那位尊贵的道格其王妃。诚然，她的身份如此高贵，她的表情如此淡然，然而，在仓央嘉措看来，她的眼里却有惶然和悲伤。

这份无助，让人深深地怜悯。

你曾经在自己的眼里看到过悲伤与无助么？我想，很多人都没有如此关心过自己。然而，我就曾经被人这样指出过。那是第一次西藏之行，我曾经邂逅了一个年轻的格鲁派喇嘛。他当时正与同伴们在布达拉宫拜佛，看到他虔诚的样子，我不禁一次又一次举起相机。最后一次，被他发现了，然而他没有生气，而是冲着我的镜头做出各种鬼脸。

我被逗笑了。于是，我们成了朋友。

我喜欢看他的眼睛，沉默时如拉萨的天空一样安静澄澈。开心时更如一锅煮沸的开水，所有的快乐几乎都要溢出来。我指出这一点，他耸耸肩：“我们都是这样，因为我们没有心事。”

我努力地笑给他看：“我们也一样，我们也是无忧无虑的。”

他摇头，表情严肃：“你不是，你们很多人都不是。我观察过你们的眼睛，几乎所有的人，眼里都有悲伤。”

我有悲伤？我被这个结论吓了一跳？难道他看到了我的心里？

从那之后，我时常会照镜子，不看别的，只看我的眼睛。我终于慢慢发现，他说的没有错，这双眼睛承载了太多的悲哀，几乎要有眼泪流出来。不仅是我，我身边的朋友、同事，当你观察他们的眼睛，你就会发现，一样的，大家都被生活或者痛苦承压得不堪重负。

每个人的眼里都有数不尽的悲哀与无奈。

这就是我们作为富足的都市人的悲剧。

而这种悲剧，承压在每一个人的身上。不论贫富、高贵或者卑微。

三百多年前，当仓央嘉措第一次看到道格其王妃，他同样在她眼里看到了悲伤。

这悲伤使得他怜悯。不管她是身处高位的王爵，抑或是贫苦百姓。他们一样需要慈悲与佛祖的光辉。

五 世间事莫不是苦

万物本质皆为虚幻短暂，有分别心的人，如舔刀锋之蜜，以苦为乐。坚持万物实有的人，多么可悲啊！精神之友们，往内观照吧！（纽舒仁波切）

王府一别后，仓央嘉措并没有再看到道格其王妃，因为王爷的资助，他开始四处选址，准备建立寺院。然而，这一工程还没有开始，他就接到王爷的邀请，希望他能够陪同道格其王妃一起去北京。

仓央嘉措有点愕然："我去北京做什么呢？"

王爷有点歉意："这是王妃的要求，本来我应该陪她去，但是我脱不开身，她要求一个我最信任的人陪同，我就想到了您。"

仓央嘉措默然不语，这就是与人结成布施关系的尴尬。只要施主一个命令，受施的人就要马上从命。不过，对于王爷曾经的盛情来讲，他的要求并不过分，自己也无理由拒绝。

但是，北京啊，北京。

这是一个让仓央嘉措不寒而栗的地方。当初，拉藏汗与清朝大臣就是要把他押解送京。然而，在青海湖却莫名其妙地把他放走了。这究竟是何人的意思，这是他一直怀疑不解的地方。他真希望自己有机会进入皇宫，面见那位非同一般的清朝皇帝。想及此处，他点头："我马上准备。"

根据书中记载，1716 年 3 月，仓央嘉措随道格其王妃入京。

也就是那一行之后，道格其王妃对仓央嘉措的态度来了一百八十度的大转弯。从不信任到崇拜得五体投地，回到阿拉善后，还用自己的头发做成一尊精致的顶簪，供养给仓央嘉措。

其间发生了什么？仓央嘉措对她说了些什么。书中并无过多介绍。只能容我们这些读者慢慢地想象了。

早春3月，春寒料峭。而大漠的天气更是要低出中原许多。一路上，天高云淡，极目远望，依旧是黄沙漫天。于是，王妃请“曲扎嘉措”喇嘛进入她的马车，两人共论佛法。

事实上，王妃是一个傲慢的人，但并非一个无知的人。甚至可以说，在佛教领域，她是一个女中丈夫。

仓央嘉措进来后，安静地施礼，并不多言。王妃点起一只长长的烟筒，这也是当时王孙贵族的习惯，即使是女人，也喜好抽水烟以打发闲散的日子。

——听说你是一位大喇嘛，恕我眼拙，我看不出您有什么高深的本事，不晓得你今天能显示出什么神通呢？

王妃一开口就咄咄逼人。

仓央嘉措亦微笑：“我不会为您示现神通。佛经中说，只有俗人才会有一种神通变幻的奇术让人俯首帖耳。只有真正修行佛法，并求得解脱的人，才会关注心的修行。”

王妃身子一震，放下水烟筒：“你如何证明你修行的成就呢？”

仓央嘉措应道：“我的修为，不需要向任何人证实。能观者，即是缘分，也是福分。对于那些福薄缘浅的人，多说无益。”

王妃有点恼怒：“你此番话是瞧不起我么？”

仓央嘉措微微一笑：“王妃金枝玉叶，此番福分岂是普通人能及？但世事无常，人事变迁，一旦福分用尽，锦罗换布衣，玉食代以粗饭，也是常有的事啊。”

王妃不答言，她的眼里流露出恐惧，的确，在她心里有一个只有她自己才知道的隐忧，因为无子嗣，有传言王爷将另娶福晋，尽管她现在与王爷情意甚笃，万一新妃受宠，她处境如何就很难说了。

她半晌才说：“你怎知我现在的困境？”

仓央嘉措还是微笑：“王妃的眼睛早就说明了一切，你的眼里满是忧郁和悲伤，何须多言？”

王妃情不自禁看了一眼身边的铜镜，镜子里的自己，全身绮罗，遍头珠花，连她自己都无法只从表面看出自己的心。而眼前的这个僧人却能看透自己的心，这不能不让她另眼相待了。

终于，她忍不住：“我无子嗣已成定局，然我之后的命运会如我所想般悲惨么?”

仓央嘉措看着她：“不会的。然而王妃须知福德不是海洋，只如这碗中茶，喝一点，少一点，终有水尽杯空的一天，想安度此生无恙，需笃信三宝，多做善事，积累福德。然，最重要的是，也是修习佛法最终的目标，就是厌离这个无常多变的婆娑世界，世间事，莫不是苦，跳出六道，摆脱轮回。”

王妃仔细听着，咀嚼着最后一句话：世间事，莫不是苦。不禁连连点头称是：“大师教诲得极是。”不知不觉间，连她自己都不知道，她已经把对仓央嘉措的称呼全都变了。

仓央嘉措只微微一笑，便恳请退下，回到自己的坐骑去了。

从那之后，所有的随从都发现，王妃对于随行“曲扎嘉措”喇嘛的态度完全变了，不管有何命令，安营或者开拔，都要说一句：“询问一下曲扎喇嘛的意见。”

人人都在低声说，对于这位高傲得不可一世的王妃来讲，她的变化简直太让人惊叹了。

只有仓央嘉措，对这一切变化毫不在意，不管是这位王妃曾经对他冷眼相待，还是如今的恭敬随和，于他而言，都如清风浮云，没有发生一丝变化。

六 北京诀别

> 故乡和土地如同牧民的放牧地，切勿深深执着。（《修行百颂》）

这是仓央嘉措第一次，也是最后一次来北京。这块地处中原的都城啊，应该是当时规模最大、最豪华的都城。在这里的皇城中，有一位冷静睿智，胸怀广博的大清皇帝。事实上，大清政府从来与西藏的关系都非常和睦。当初，顺治皇帝的一道诏令加邀请，使得五世达赖喇嘛不辞辛劳，忍着风湿病痛的折磨，千里赴京。由此奠定了清朝政府与西藏黄教的亲密关系。由此可见，五世达赖喇嘛不仅是一位宗教领袖，更是一位高瞻远瞩的政治家。他清醒地知道，西藏只有依靠住这些恩主的支持，才可能平稳安定。然而，他的继承者桑结嘉措却没能像他一样，理顺西藏各个阶层纷繁复杂的矛盾与斗争，以至于在最后的刀戈相见中，落得个身首异处的悲惨下场。而仓央嘉措也因此大受牵累，被赶下宝座，并被剥夺了六世达赖喇嘛的称号。

黄昏时分，仓央嘉措站在皇宫护城河边上，凝视着这座巨大的宫殿。忽然明白了一个他从未想过的道理。事实上，一个优秀的从政者也如菩萨一样，可以造福天下子民的。这与慈悲的含义并不矛盾。试想，如果当政者有能力，并心怀百姓，在他的统领期间，天下太平，国泰民安，百姓安居乐业，这不就是人们磕头烧香祈求的福运么？而这位当政者所行的，不也是慈悲么？

所以，一位高僧，如果真的怀有慈悲，不是把自己闭关在深山里，而是应该运用自己的力量，来辅佐和影响当政者，使得他可以施仁政，行善业，这也是慈悲的一种运用啊！

他仰望天空，此时已渐渐沉暗，可是，他的心却从没有像现在这样开阔明亮，他终于找到了以后的修行之路。三十五岁了，已过而立之年，还不算晚，未来，还有很长一段路要他艰难跋涉。不过没关系，只要找到了目标，再远的路，也在脚下。

道格其王妃的进京使命结束了，大队人马就要离京返乡了。这对于从小到大都在大漠里生活的随从来说，相当不舍。京城的繁华让他们仿佛来到了另外一个世界。于是，王妃开恩，所有人可以在北京城里玩乐一天，之后开拔。

得到这个命令后，几乎所有人都乐不可支，他们怀揣着大批银两冲向商铺酒肆，大肆挥霍。只有仓央嘉措，一人在德胜门附近缓缓而行。街上人头攒动。虽然他穿着藏红色的僧衣。却没有人对他过多的关注。从顺治年间开始，藏传佛教就已经在北京流传，皇家如此崇信，使得喇嘛身份高贵而引人关注。因此，在街面上看到喇嘛已经不是什么稀奇事了。

仓央嘉措心里有一丝感喟，他曾经在渺无人烟的雪山沙漠还时时恐惧拉藏汗的死亡追踪，然而，到了这人烟密集的街市，却没有一丝担心，真是让人惊奇的变化啊。

一只脏兮兮的黑犬逡巡到他的脚边，不知怎的，竟然低头不再游走。仓央嘉措惊讶地看着他，他的心猛烈地跳动起来，这是一个只有他才知道的秘密。因为，这是一只藏獒，也正是第巴桑结嘉措的家犬，与他非常相好。然而，这只藏獒是如何跨越千山万水，来到了北京呢？他举目四望，一下子就明白了答案。

不远处，一对官兵押解着一列犯人正穿过街市。周围的百姓奇怪地指指点点，却不明白他们的身份，因为这些人所着并非满族人的旗装。然而，仓央嘉措却知道，他太熟悉了，以至于当他看到他们的面庞，险些有泪水冲出眼眶。

他们分别是第巴桑结嘉措的儿子、儿媳、女儿等等。虽然他们的父亲已做了刀下鬼，他的家眷们还是受到了牵累，被一一抓到，并押解到京城，听候大清皇帝的发落。

他们，都曾是仓央嘉措的挚友，甚至是至亲。然而，他却只能无助地看着他们，作为囚犯被拖曳离开。

他们也看到仓央嘉措了，所有人的眼里都闪过一丝惊喜，然而，却如流星，瞬间黯淡。他们不能说话，连告别都不会被允许。因为他们，一个眼神的表达都可能带给仓央嘉措杀身之祸。

他们只能低着头，沉默地在他的红衣前踯躅离开。

而这一别，也许就是今生的永别了。

还是有泪水涌出了眼眶，然而，悲伤又如何！仓央嘉措悲痛地看着挚友缓缓离开，那只藏獒最后一次在他脚边反复嗅了几次，似在作最后的告别，也终于随着队伍慢慢离开了。

仓央嘉措忽然明白了此行北京的意义。这是命运给他的机会，让他与往昔做彻底的诀别。

七 一叶一菩提

高贵的终将衰微，聚集的终将离分，积攒的终将枯竭。（佛经）

史书记载，当仓央嘉措回到蒙古之后，以他高深的修行以及高超的各种法术赢得了阿拉善地区和硕特蒙古部王公贵族与平民百姓的诚心崇拜。

从那时开始，仓央嘉措的另一半人生被开启了。尽管，从那之后，他不再是尊贵的达赖喇嘛，不再生活在华美的布达拉宫。他只是偏远大漠的一位喇嘛。这样的身份和地位与他昔日相比，当然不可同日而语。然而，他终于不再流浪了。这十年，他经历了多少苦难，忍受了多少折磨，大约只有他自己清楚，多少次午夜梦回，他会忆起前尘往事，对他而言，十年之前真就如前生一样遥远，那时的他，虽有达赖喇嘛的尊贵，在内心却不过是一青葱少年。眼下，他不过是遥远大漠中一个寺院的堪布，而他的内心，由于历经苦难与深刻修行，已如星河般浩远深沉。

他依稀记得，当他刚刚从青海湖畔借着风雪脱身，一口气逃亡了十几公里才敢渐渐歇住脚步，那一刻已是皓月当空，他身置一片山林之中，万物寂籁，昔日的法王，如今却像囚徒一样狼狈，他不禁一声长叹：“此刻我才懂得佛经中所云：高贵的终将衰微，聚集的终将离分，积攒的终将枯竭，今日果真如此。”那一刻，仓央嘉措忽然心有所感，或许，这就是佛祖的慈悲，他以一种独特的方式向他开示：人事无常，留恋不舍世间任何一件人事都是多么愚蠢的行为啊。在这个流亡的路途上，仓央嘉措泪流满面，尽管在青葱年少时，他任性地拒绝了班禅大师为他所授的比丘戒，但此刻，他只想向着西方长拜不起，他在向诸佛菩萨忏悔自己的罪孽，并发誓从此皈依三宝，笃信佛教，成为一名真正的佛教徒。

有人或许会奇怪，难道仓央嘉措自小学经，精通五明，而此刻才可称为佛教徒么？我想，这个标准大约要源于个人的心性所得。仓央嘉措自己就有一首诗歌，诙谐尖刻地讽刺了某些人。

仅穿上红黄袈裟
假若就成了喇嘛
那湖上的黄毛野鸭
岂不也能懂得佛法？

穿佛衣也罢，读编经文也罢，如果不能从心底彻底地升起对世间无常的厌离，那就不能算是真正地相信佛教，并希图成为一名合格的佛教徒。

那些人，最多可以称为研究佛教的人，而并非笃信佛教的人。

怀想此刻的仓央嘉措，已经算得上是一位大师了。十年的流浪生活，他经历了许多奇遇，曾历尽艰险，到印度求经。之后，又秘密返回拉萨拜佛，并接触了许多密法大师。此时的他，不仅通晓经文与密法，更重要的是，他的心已经变化。跌宕起伏、丰富的人生阅历真正启发了仓央嘉措的心智——尘世间芸芸众生人生多艰，蒙受如此之多的苦难，何以解脱呢？孤灯下，当仓央嘉措重读佛法，这才发现，佛经上的文字是如此深刻练达，总有几劫修行智慧的佛祖真的是一位拥有遍知智慧的觉悟者，他是如此通达智慧，喻理圆通。在经历了众多人间苦难之后，仓央嘉措也终于明白，这如许多的经历仿佛就是对心智的磨炼，经历得越丰富，研佛法悟道越深。当痛苦一层又一层地席卷而来，而当事人亦如闲庭观月、落叶飞花的时候，才可算得上心的大彻大悟。苦难，亦是人生之师，佛理之师啊。从那之后，他终于成为一名诚心皈依、阐理精深的佛教大师。因为经历苦，所以更知苦之可怕，由此便更加怜悯苦难中的众生。

这真是一个崎岖的缘分，因缘竟如此妙不可言。雪域人曾把他奉为最高教主，然而，却没能有机会听到他弘法。远在大漠的人们，由于因缘和合，却与他共同度过了三十年的岁月。

传说，曾有一位来自西藏的僧人，他以前是六世达赖喇嘛的侍从，当他听说佛爷并没有死，而是转换了身份，在另一处弘法利生的时候，简直不敢相信自己的耳朵，特地风尘仆仆赶到大漠。在一次盛大的法会上，他清楚地看到，高座上端坐的，正是自己昔日的主人。那一刻，他正为信众们娓娓讲解《菩提道次第广论》，来自草原深处的牧民们虔诚地望着他，如同瞻仰日月。这一景象让这位僧人既欣慰又想哭。他的确就是自己曾经的主人，然而，他现在的学识与修行早已不能和昔日那位少年相提并论了。大漠人有福气啊，能接受他的光辉，雪域人缘浅至此，只能在心里遥遥怀念那位曾经的法王了。

听至讲法完毕，他在人群之外，冲着法王宝座的方向，重重地叩下三个等身长头，才哽咽着离开了。

仓央嘉措可知否这一切，或许知道，或许不知道。我想，在他心中早已放下雪域这个介怀了。天下万物，莫不是众生，讲法传道，何必拘泥地域？有缘者自然会相遇。

纵观史书记载，从1716年之后，仓央嘉措经历了人生最繁忙，也是最丰富的阶段，他不断地往返于青海，蒙古之间，不辞辛苦，弘扬佛法，利益众生。

雍正5年，1727年，45岁，重建塔布寺（即石门寺，因其在年羹尧平叛青海叛乱时被毁）。

1730年，在兰州，为岳钟祺征准噶尔大军祝祷，作法七日。

1733年，夏季，破土动工修蒙昭化寺（原址蒙古阿拉善，重修前已是废墟）。

1739年，昭化寺举行了规模宏大的祝愿法会，迎请仓央嘉措就座于八狮法座，主持法事五昼夜。

道格其王妃成了他最忠实的信徒。据史书记载，王妃将自己的发丝积攒下来，做成一只精美的顶簪。嵌上各种珍宝，又因缺少些发丝，遂私下把头发辫剪下来补足，与此相配套的还有五佛冠，上下衣裳全套服装。现在，如果我们到内蒙古的八大寺之首的广化寺，依旧可以看到这些珍贵的物品，也正是这些物品的存在，才使得住寺喇嘛信誓旦旦地宣称，六世达赖喇嘛的的确确在这里生活过。

一缕青丝，一身华服。赠予者是一位高贵的王妃，也是他一生的信徒。

单单是这些，足可以勾起我们联翩的浮想。有记载称，因为这些原因，有关活佛与王妃相互爱慕的传闻甚至在阿拉善旗传诵。

很多随从证实，不管曲扎嘉措活佛在何处讲法，道格其王妃必然端坐于最前端的位置，风雨不误。在王府，曲扎嘉措更是最尊贵的客人，每次来拜访，王爷亲自作陪，王妃亲为奉茶，殷勤奉候。不管活佛向王府提出的任何布施，都会很快得到答允。当然，这些随从也承认，活佛去王府的时候少而又少，几年工夫，也只得几次拜访，提出的布施要求，也远比其他高僧少得多。

那么，王妃与仓央嘉措真的有不可与人言的隐情么？这同样也成了史学家们争论的话题。对于一生不改年轻俊美容颜的仓央嘉措来说，他的风流倜傥，才华睿智，注定了他不论在什么地方，都不会是一个被忽视的人物。然而，士别不止三日，仓央嘉措已不再是昨日那风流少年，他对情字的理解更深刻、更慈悲。王妃或许是爱慕他的，不然，也不会舍了如许多的青丝做顶冠。然而，这情对于仓央嘉措而言，就如水滴入海，山鸟入林，包含却不会独占。他曾经在阿拉善长居三十年，与王爷与王妃结成了非常融洽的关系，我想，这也是一个有力的明证。历经劫难之后的仓央嘉措不会再为情所扰，也不会再为情所困。

而王妃也可以如此冷静豁达地面对这份真情流露么？其实，我个人觉得，王妃对仓央嘉措的感情是热烈而直接的，但并非是简单的男女之情。

这份感情，对于那些有上师的佛教徒来说，大约能体会得更深刻。我曾经认识过一个北京的女孩子，相当的冷静且桀骜不驯。一个偶然的机会，她遇到了现在的上师，那是一个年轻的喇嘛，虽然有着活佛的身份，却从不张扬。两人只是简单地交流了几句，女孩子脸色大变。据说她当即放弃了当晚返回北京的计划，而是随着这位喇嘛去了他的寺院，一直参加完他的法会才转回北京。她老公打电话给她。她只说了一句话，就泣不成声。她说的是，我终于找到他了。

她给我讲述这段经历的时候，我听得莫名其妙：你找到谁了？她很激动地回答："我的上师啊！我经历了那么多的兜兜转转，才终于找到了他！"我更加莫名其妙："那会让你流眼泪哭泣么？"她没回答，半晌才叹气："我现在给你讲述这种感情，你是无法理解的。因为你没有体会，终会有一天，当你也遇到了那样一个人，当你认定他就是你一直在寻觅的上师，只有他，才能带你走出永无止休的轮回，你就明白，为什么我会有那么多无法言状的感情全部涌上心头了。"

只可惜，我一直没有这样的奇缘。直到有一天，我看到一个佛教徒在博客上的留言，那一瞬间，忽然心有所感，一种奇妙的感觉涌上我的心，让我几乎有想流泪的冲动，他是这样写的：

> 佛陀对生命真谛的了悟像长夜里一盏明灯，照亮无数行者的解脱之路。两千五百多年前他在印度菩提迦耶成道时，我们不知在哪里游荡，总之是错过了跟随佛陀学习、思考、体证的机会。两千五百年，我们由于傲慢、颠倒、固执、牵挂和恐惧，一再错过机会，直到今天。尽管我们依然褊狭，依然不知珍惜，却有人依然持佛陀的智慧明灯，在无尽的夜里等待为我们照亮前路。如果我们还是错过，他说：他会停留，他会再来，直到我们不再错过。这就是上师的慈悲。

佛说，婆娑世界，诸法无常，诸漏皆苦。意为这个世界是无常的，任何一种情都是痛苦。六道中的众生无不在苦难中流转，却找不到出口。只有当你找到你的上师，他就如一盏指路明灯，指引你走出苦难的轮回。事实上，这位上师早已具有成佛的资格，他只是出于无尽的慈悲，才情愿停驻于世，为有缘众生指引出路。当然，你的上师能够指引你的前提是，你认定他，与他的心是相通的，你们才会有交集。

有缘千里来相会，无缘对面不相逢。我曾经听过这样一个佛经故事，一位著名的大师无著曾在深山修行三年，希冀得到弥勒菩萨的亲传，却一点影子也没有。再三年，还是没有，这样反复了十二年，一次，他在路边看到一只受伤的野狗，腿部全烂掉了，上面爬满了蛆虫。他当时想帮助野狗摘掉蛆虫，忽然想到，蛆虫也是生命，如果这样摘掉，会马上死掉。于是，他俯下身，用舌头帮助野狗把身上的蛆虫舔掉，这时，野狗忽然现身为了弥勒菩萨。他震惊之余，埋怨菩萨出现得太晚了，弥勒菩萨也很委屈："我一直在你身边，可惜你无明心业太重，你根本看不到我。"不管怎样，已经见到了菩萨，无著非常开心，他把菩萨举在肩膀，跑到山下的村子，冲着众人大喊："弥勒菩萨现身了，大家赶快拜啊！"可惜，整个村子，没有人看见他肩膀上的菩萨。只有两个人说："你好像举着两只狗腿啊！"

后来有人评论此事，说其实看到狗腿的那两位村民，也算是有福根的人，毕竟，他们比什么都看不到的村民要强许多，至少，他们看到了弥勒菩萨的化身。

这个故事，多么像现实的我们呀，即使菩萨就出现在了我们眼前，因为无缘，恐怕也会失之交臂，视而不见啊。

八 爱过的终究失去

望而生畏裸露无遗的真理，决不使用自欺外衣作掩饰，此乃学者至高坚贞的誓言，豁出性命亦将奋力信守之。（西藏奇僧更顿群培）

四十岁，五十岁，六十岁，时光倏忽而过。这个时期，在蒙古的阿拉善旗，到处流传着关于这位阿旺曲扎嘉措活佛的故事。他的密法精深，德行高尚。不管到哪里传法布道，都有成千上万的信众追随。

“他拥有俊美的相貌和非凡的气度，最让人不能忽略的，是他优美的唇形和整齐洁白的牙齿，其中下边的右门齿仿佛一颗尖端折断的松耳宝石，呈碧绿颜色，他在年纪很高时，手脚上也没有暴起的青筋，更奇异的地方在于，他的左掌中发现目形纹，右手食指稍偏左方有一金刚手佛像，清晰地凸现，无名指尖右侧则有唵阿吽字，不仅指验舍利子神效无比，摁在石头上，还可以现出清晰的指纹……那些从未与他谋面的达官贵人，无论怎样倨傲不恭，一旦见到仓央嘉措，都显得卑微和顺从——即使他们并不知道他曾经作为最高法王的真实身份。”

仓央嘉措的首席弟子阿旺多尔济如是在书中记述。他像一位画师一样，恭谨地用文字勾勒出了恩师的容颜。他是幸运的，自他儿时在沙漠里遇到了流浪中的仓央嘉措之后，就被后者认定为第巴桑结嘉措的转世。等他稍稍长大，仓央嘉措就央人把他带到自己身边，亲自抚育，教授他各种佛教知识。在他成年之后，仓央嘉措自筹白银一万两，送他到拉萨大寺院学习佛法。你不得不承认轮回的神奇与可怕。从小，阿旺多尔济就对仓央嘉措表现出了无尽的依恋和崇拜。众人都称，若没有前世的关联，不会有今世如此深刻的师徒缘分。

那是一个午后，仓央嘉措瞑目打坐，过了半晌，却微笑地对身边的阿旺多尔济说：“你一直在盯着我看？”

阿旺多尔济早已习惯师傅这种不睁眼也可以看透别人内心的神奇。他亦微笑：“我在观察您那颗如松耳石一般的断牙……”仓央嘉措睁开眼，凝神思索，微笑：“你这个问题倒是勾起了我的回忆。我原本以为，那些岁月，那些记忆都已经被遗忘成灰了。其实不然，一个细微的回忆都让往事从脑海中涌起。”

阿旺多尔济明白，这是师父对于悠长往事回忆的一个序幕。他并不打断，只是安静地听他继续说下去，“当我年幼时，逢大愿法会。有一夜戏做跳神舞，从高屋顶上坠下，摔到石板上面，将这牙磕断。当时颊颐皆肿，疼痛难忍，向三宝奋力祈祷之后，到了天明，肿胀全消，居然痊愈。”

阿旺多尔济点头称是，不禁回言：“这正是某种具有神力的证明呀，可是我注意到，你从不将这颗断牙让别人看到，甚至故意隐藏。”

仓央嘉措轻叹道：“这就是作为修行之人必须谨记的，即使你通晓密法，也绝不要轻易示人。佛法让众生传达的，是心的解脱，而并非神通示人。神通，只是为了调服的一个手段，且不可让众生以为神通变化奇妙，而被之吸引，以至忘了修行的中心含义。”

阿旺多尔济点头不语，若有所思。过一会，他又忽然想起似的对仓央嘉措禀告：“我听说布达拉宫的格桑嘉措达赖喇嘛非常关心您的名誉。他已经向康熙皇帝呈禀，希望恢复您六世达赖喇嘛的称号。”

仓央嘉措一怔，旋即恢复平静：“这都是前尘往事，更何况，名利即是虚空，何必在意呢？他的好心，我感念就是了。”

阿旺多尔济赶忙俯身，表示遵从上师的意愿。但在他内心深处，恐怕并不以为然。经历了人生惊涛骇浪，对佛法的感悟早已超异常人的仓央嘉措，自然不再对这些名利之事挂心。而阿旺多尔济不同，或许是年轻气盛，或许是对恩师遭遇的不平，从他到拉萨那一天起，他就一直处心积虑地想为仓央嘉措恢复正名。他与当时的七世达赖喇嘛格桑嘉措结成了非常亲密的关系。在仓央嘉措圆寂之后，他曾亲自赶往拉萨，向达赖喇嘛、班禅博格多以及乃穹护法献上祈寿礼，祷告圣者灵童早日转世，并请求明示。七世达赖喇嘛为阿旺多尔济授给灌顶，还册封他“阿里路克散额尔德尼诺门汗”的名号、赠送佛像灵物、全套堪布器具等赏物。此后，阿旺多尔济常常给格桑嘉措写信请安，而格桑嘉措对他也非常亲切友好，有信必回。有史学家推测，这是七世达赖以这一独特的方式，承认了六世达赖仓央嘉措的真实身份。

事实也的确如此，那阿旺多尔济虽然被认定是第巴桑结嘉措的转世，然而现世的他，不过是偏远大漠的一介穷僧。当时，在拉萨学经的喇嘛何止千万，为何唯独他得到了七世达赖喇嘛的青睐，自然是源于他那与众不同的上师。

然而，阿旺多尔济大约也没有想到，或许，他的一切所为都是为给恩师重新找回一个名分，然，这其实正是仓央嘉措最不在惜，甚至迫不及待想逃离的东西。世间名利，最终皆为虚空。《世间苦恼经》中佛陀指出：“八法推转着世间，世间随着八法转。”何为世间八法呢？得、失、苦、乐、称、讥、誉、毁。凡夫感受到得、失时，他们不去观照得、失的生起，无常、苦和它的变易性，整颗心都被得、失所占有。对于生起的利得，他们感到欢欣；对于遭受的损失，他们感到不喜。而苦、乐、称、讥、誉、毁的反应也一样。他们就这样地一直感受欢欣和不喜，因而不能从苦难中解脱。

善于修行的人则不同，当他们获得利得，他们观照利得的生起，利得的无常、苦和它的变易性，他们于当下就观照它的本质。他们不会对利得感受欢欣，也不会对损失感到不喜，当一个人的心不再为这世间八法所苦恼，控制的时候，就是从苦难中解脱的时候了。

这大约是仓央嘉措几十年才修为到的心性。而他最心爱的弟子，阿旺多尔济却并不了解他的心，而他的做法，也终究把自己推向死亡的境地。

他的前世，曾因此葬送性命，今世的他，依旧无法摆脱早就写好的命运血书。当后世的我，读到这一段让人惊心动魄的史实，依旧有发自内心的寒意。

在这个世间，有什么是真正属于我们自己的？财富，美貌，名利？无一不是虚空。遑论非到死之时，尚且在世间的时候，也如雪花一般，当你费劲心神抓到手里，只留下点滴寒意。

积累的终究消散，高贵的终将寒微。

所有爱过的，终会失去……

九 你一直在我的伤口幽居

好多年了，你一直在我的伤口中幽居。我放下过天地，却从未放下过你。（仓央嘉措诗歌）

“尊者最喜好的是金刚舞，一个冬日，天降瑞雪，尊者步出庭院，看到众僧正在演习先前的金刚舞，便上前认真指导‘一楞金刚’‘三楞金刚’‘五楞金刚’等各种舞蹈步伐，舞姿。并让大家照他在雪地上的步痕演习。”阿旺多尔济满怀惆怅地在书中记述着，这大约也是仓央嘉措最后一次跳金刚舞。

漠北的那场大雪，让整个黄沙之地变成了雪国般美丽，气温出奇的低。阿旺多尔济为师父送来一件大氅，以免他着凉。而仓央嘉措摇头，他的全身心都投入到了金刚舞的神幻中了。

那时的他，已经六十五岁。在今日，对于老人来说，这是一个稀疏平常的年纪。而三百多年前，“七十古来稀”是不争的事实。何况，仓央嘉措一生坎坷，年轻时，养尊处优十几年，之后便流离失所，最后落脚在大漠苦寒之地，兼且日夜奔波，从无休息，这个时候的他，已经相当疲累了。

然，阿旺多尔济如是说，即使进入老年的仓央嘉措，依旧有着如年轻时般的容颜，腰身挺拔，毫无龙钟之态。

那一刻，当他在雪地上缓缓地跳起金刚之舞，我不知道，他的心绪是否回到了从前？也许，那是太久远的事了，仿佛前尘，却历历在目，无法忘记。曾经，有一个女孩子，她有着月亮般美丽的脸庞，月光般温柔的眼波，在熙攘的人群里，你曾经一眼就找到了她的踪迹。

或许，已经忘记了当时的情形，但相逢那狂喜的心情，却印在记忆里挥之不去。

在最后离别的时刻，你曾经告诉她，即使成佛了，与她的过往，对她的爱也不会是虚空，将永远铭记在心底，不会忘记。

此时此刻，不知怎的，那个几乎已经在记忆中消失的形象如此真切地浮现在眼前，他似乎能看到她正叹息着冲他微笑。这是她最习惯的表情。因着他们的每一次见面，都是如此的不易。以至她每一次看到他的脸，都要先深深地叹息，之后才展露出温柔的笑脸。

少年事，如梦里；不思量，亦难忘。

仓央嘉措忽然觉得有泪盈于睫的冲动。他停下舞步，漫步出人群，众僧都惊异地看着他，却不敢相问，包括阿旺多尔济。他只在书中这样表述：尊者忽觉疲乏，便提早结束舞蹈，回室休息。众僧少了一次亲观尊者跳完全舞的机会，十分遗憾。

他自然不知，事实上，作为仓央嘉措的弟子，他大概也不敢揣测上师的心意。所以，他永远无法知道。在那一刻，他的上师，忆起了一位故人。

那一年，漠北的大雪格外密集。直到来年三月，才冰融雪化。据说，有一个来自西藏的女信徒，一路寻来，只为寻找一个叫阿旺嘉措的僧人。没有人知道这个名字。她就一间寺院，一间寺院的寻找，足足找了三个月，才在一个阳光刺眼的午后，看到了一位身形高大的尊者，在僧人的簇拥下，走出寺院。她立即向前，讲明来意。只说给一位叫阿旺嘉措的僧人带口信，他的一位故人已经在年前去世，叮嘱他，不要忘记来世之约。

这位尊者凝视着眼前的女信徒。那是一个十分年轻的女孩子，她蓬乱的头发，褴褛的衣衫也掩饰不住她如月亮一样明媚的容颜。

据阿旺多尔济回忆，当尊者看到这女子的眉眼，竟然止不住手指微微发颤，良久，他才开口询问："她去世时可有其他留言？"

女子低头恭谨回答："没有，祖母一生虔心修佛，从没提及大师的名讳。只在临终前，默默无语，似心有所感。其他人问及，她都闭口不言。只是单独对我叮嘱，一定要找到大师，告诉他，这三十年，她始终记得对他的承诺，但愿来世会成为您一同修行的金刚兄弟，只希望您能发菩提心，还愿常驻于世，不要抛弃她的真心。”

尊者凝神细听她的话，久久没有回答。他仰望天空，向着西南方向，长长地叹息一口气，才回答：“我记得了。我不会让她失望的。只是，”他凝视着眼前的女孩子，流露出无限的关切，“想必你这一路吃了很多苦头，我会安排人找个地方让你好好休息的。”

那女孩子并不起身，依然恭谨地回答：“劳累不算什么，完成了祖母的心愿，我终于心安了，祝您安好，我这就告辞了。”说罢，竟起身头也不回地离开了。

好多年了
你一直在我的伤口中幽居
我放下过天地
却从未放下过你
我生命中的千山万水
任你一一告别
世间事
除了生死
哪一件事不是闲事

这一夜，漠北再降大雪。雪花几乎要将寺院的金顶全部掩藏。阿旺多尔济因日间见师父心绪不佳，便特地留下陪伴。

屋内的炉中火弱了，他一根根地劈木柴，将炉火烧得通红。等他忙活完一切，回眼再看师父，却见他已经从榻上坐起，冥神打坐。阿旺多尔济不敢惊扰，便坐于一旁陪伴。

良久，他看到师父睁开双眼，凝视着眼前小桌上的绿度母佛像，深深地叹息。他似乎并没有看到阿旺多尔济就在身旁，竟然自顾自地说起来：“一别经年，何况已三十载，你我皆流落异乡，苦不堪言。然当日之誓约犹在，我不负卿，卿不负我，再见时必然两不相忘！”

说完这番话，不知怎的，阿旺多尔济惊奇地看到，佛像边的酥油灯竟然黯了一阵子，接着重新复于明亮。仿佛一个人，端坐于上师面前，听懂了他的话，又悄然离去一样。

他多想问一问师傅，让他如此惦念的人是哪一位。然而，从上师凄然的表情中，他明白了，那个人一定始终在他心里。而他也早已决定，这个秘密将伴随他一生，直至最后带进坟墓。

两不相忘！我的活佛，请允许我此刻还在揣度你的心意。我知，当历经了这无数的人生苦难，少年时的相恋经历，不过是人生经历中再平凡不过的一只花朵。然，它尽管微小，却蕴含了你一生最挚诚的爱与沉痛。这朵花开也匆匆，谢也匆匆，然，它留给你的记忆，却矢志不渝。这一生，她是玛吉阿米，前一世，她或者就是高阳或者叫不出名字的痴情女子。她对你如此的依恋与不舍。这爱，已经穿透轮回时空，成为你即使舍弃也会痛得撕心裂肺的回忆。你不能忘记，不能舍弃，你唯一的选择就是，两不相忘，相约再世。

十 从此关山梦远

这么静，比诵经声还静，我骑上我的白鹿，白鹿踏着尚未落地的雪花。轻如幻影，本来是去远山拾梦，却惊醒了梦中的你。（仓央嘉措诗歌）

1745年，早春。

阿旺多尔济在书中记述，“尊者的身体越来越差，却坚持做完了许多场法事。四月初七那天，尊者摒走了屋里的随从，只有我一人陪伴。我为他按摩腿部，他才稍觉舒适。尊者抚摸着我的头：‘先前我对你的恩深，如今你对我的恩重，真是舍不得啊’我觉得此话大有深意，几乎有泪水要涌出来，赶忙急急忍住……”

1745年藏历四月初八，仓央嘉措在内蒙古阿拉善旗圆寂。

那个清晨，或许周围侍从还在疲累中打盹，而仓央嘉措的灵魂已经飞升，《度亡经》中曾说过，众生在死亡而未进入重新投胎的时候，会经历最长达49天的中阴阶段。那时，灵魂会将他生前曾走过的地方全部重新经历一遭。

从家乡门隅到巴桑寺，苯日神山，浪卡子，布达拉宫……所有的地方，灵魂都带着不舍一一游历。或许，还有那曾经与心爱的玛吉阿米相会的酒馆，他会长时间地驻足，叹息，今生所经历的，无一不在记忆里深深铭记。然而，被铭记的记忆，也只如枯萎的花朵，不再有往日的鲜活，它的存在只是一个经历过的证明。作为一个修行者，绝不可能带着对往昔的留恋而步入轮回。因为，不舍即为贪，贪即为跳出轮回的大敌。

这世间，他还是会来，然而，是因为慈悲，而并非不舍。

那一日，当阿旺多尔济等众多弟子忽然从梦中惊醒，才发现上师已经打坐成菩萨跏趺状，灵魂早已脱离了躯壳。

那一刻，道格其王妃恰好带着随从前来为尊者请安，却猛然获悉，尊者已经圆寂。王妃登时愣住，欲疾步上前探视，却一个踉跄，一下子晕倒在地上了。

阿旺多尔济的记述到此结束了。

几年之后，他也成了阿拉善旗最著名的大活佛。并在十年后写下了这部《秘传》。应该说，这是世上仅有的一部记述仓央嘉措从青海湖遁离之后的隐秘生活。然而，从这部书问世那天起，就有无数人提出怀疑。没有人能够确认它的真实性，因为那些见证者，也需要被见证，而新一轮的见证者，又同样需要有人对他们的存在提供证明。这是一个永远无法终止的游戏。

是耶非耶？已无从计较了。

仓央嘉措不会在惜这些，生前尚且不计名利，何况已成身后事！

阿旺多尔济也无法计较了。此僧的命运让人最为感慨。在拉萨学经多年之后，他在佛经方面不知长进如何，倒是对当地政教统一的政权格局非常感兴趣，并向当地的蒙古王爷提出这一建议。没想到由此引来杀身之祸，他首先被投入牢狱，之后被砍头。头颅被埋在定远营南门的石坎下，从那之后，广宗寺的喇嘛进出城门时都不敢跨迈石阶，宁可从两边绕行。

一代大喇嘛，居然落得个身首异处的下场，让人唏嘘，让人嗟叹。然而，这似乎也注定就是他的命运。他的前生，因为政治事件招来杀身之祸，后世依然如此，都是被砍头的厄运。

这位仓央嘉措的首席大弟子，在他临死的那一刹，是否回想起了上师生前那慈悲不舍的眼神，他早已看透他的未来，忧心而充满怜悯。

十一 不是结局

告诉我，你藏在落叶下的那些脚印，暗示着多少祭日，专供我在法外逍遥。（仓央嘉措诗歌）

时光倏忽，流转三百余年。

当我的脚步跟随着他的足迹，走过门隅，巴桑寺，青海湖，最后来到内蒙古的阿拉善旗，当我来到这里，也是一个初春的季节。在内地或许早已草长莺飞，这里仍是冰天寒地。从阿拉善旗的首府定远营出发，也就是今天的巴彦浩特镇南行三十公里来到贺兰山脚下，这里奇峰峭立，林壑优美，山上层峦叠嶂，云雾飘缈，山下流水汩汩，松涛阵阵。三百年前，当仓央嘉措独自骑马进入贺兰山，就发发现了这处风景奇佳的宝地。然，我们只看到的是俗世风景，圣人看到的确实风景中的佛意。他后来对阿旺多尔济说，这个叫“赛尹西日格”的地方，和西藏故乡的环境特别相似，周围的几座山峰呈五瓣莲花状把“赛尹西日格”围在中间，是佛家修行的好地方，将来一定要在这里建一座寺庙。

可惜，直到仓央嘉措圆寂，他的梦想也未变成现实。然而，他的徒弟却牢记这个嘱托，在这里建立了一座庞大的藏传佛教寺院——广宗寺，据说是内蒙古地区最大的藏传佛教寺院。

那是一个下午，整个广宗寺几乎没有游人。大殿里僧俗众人好像在做什么法事，我祈求一个年长的喇嘛，允许我单独在大殿里观礼。他看着我，神色很不情愿。

我轻轻说道："我从他的家乡来，一路走来，沿着他的足迹，希望这里成为我打开心结的最后一个处所。"

他悚然问我："你相信，六世达赖喇嘛的确曾在这里生活，并且最后圆寂在这里？"

我看着他的脸，思索半刻，很认真地点头。

他也思索片刻："我带你去吧！"

于是，我紧紧跟随在那位年长喇嘛的背后，步入了这间幽暗的大殿里，摇曳昏黄的酥油灯，充满浓郁藏香味道的空间，仿佛是所有藏传佛教寺院的共同特点。老喇嘛带我行至一处灵塔前，低声道："你可以拜了！"

我站立一会，嗅着空气中的薰香味道，我知道，我眼前就是曾安放过六世达赖喇嘛肉身的灵塔。据说，在"文革"期间，造反派强迫僧人自己毁掉这位法王的肉身灵塔。令人惊奇的是，已过两百多年的肉身，被针刺竟然还有血丝渗出。然而，即使这样，法王的肉身舍利还是被破坏殆尽，只有一些老僧人冒死保存了他火化后的一些骨灰。也就是说，我眼前的这座灵塔，已是一座空塔了，抚摸着冰凉的塔身，我忽然有一种奇怪的感觉，我似乎觉得，这正是仓央嘉措想要的结局。不论是他的身或者心，都不会被某一具体物皿所拘住，他要的是永恒的自由。那天，我在那座黄色的荼毗塔前坐了许久，晚霞把广宗寺变得温柔迷幻，望着东面贺兰山巴彦笋布日峰，我想起了他的那首《在那东山顶上》。

在那东山顶上，
升起了皎洁的月亮
玛吉阿米的面庞
浮现在我的心上……

这首诗在我的心底，我一直不想读，因为我怕我永远不能理解当你书写下它时，那深刻的含义。但此时此刻，我在你居留过三十载的异乡，多少个夜晚，当明月升起在天边，我的活佛啊，三百年前，当你独自在山林里停驻，你望着眼前的山峰，那似曾相识的景色，有没有让你想起那永远也不会忘怀的故人呢？

这一刻，当明月映在山林，我热泪盈眶，我思忆着你，思忆着你的故人，思忆着这首亘古不衰的诗歌，我想替你大声地吟唱：

在那东山顶上，
升起了皎洁的月亮
玛吉阿米的面庞
浮现在我的心上……

后记

仓央嘉措在阿拉善盟生活了整整三十年，在广袤的阿拉善高原上广传佛法，弘法利生。他在世的时候，人们并不知道他六世达赖的身份，被人们尊称为“德顶格根”，意思是“最高贵的佛”。而仓央嘉措圆寂之后，大漠信徒惊悉他们信奉的大活佛原来还有一个更高贵的身份，不禁忏悔痛哭，后悔没能在尊者活着的时候，更多的听他讲经说法。也是从那时开始，阿拉善旗每年向布达拉宫供奉白银一万两，作为不知情而怠慢六世达赖喇嘛的忏悔之资。

仓央嘉措的转世灵童已历六世，每一世都经清廷承认或金瓶掣签认定，一直延续到第六世。第六世阿旺丹增成列嘉措 1901 年出生在阿拉善一户牧民家里，由十三世达赖选立并经金瓶掣签认定，1932 年外出至蒙古国，1958 年圆寂。至此，再无转世灵童下文。

附录　仓央嘉措诗歌

（于道泉译本）

1

从东边的山尖上
白亮的月儿出来了。
“未生娘”的脸儿，
在心中已渐渐地显现。

2

去年种下的幼苗
今岁已成禾束；
青年老后的体躯，
比南方的弓还要弯。

3

自己的意中人儿，
若能成终身的伴侣，

犹如从大海底中，
得到一件珍宝。

4

邂逅相遇的情人
是肌肤皆香的女子，
犹如拾了一块白光的松石，
却又随手抛弃了。

5

伟人大官的女儿，
若打量伊美丽的面貌，
就如同高树的尖儿，
有一个熟透的果儿。

6

自从看上了那人，
夜间睡思断了。
因日间未得到手，
想得精神累了吧！

7

花开的时节已过，
“松石蜂儿”并未伤心，
同爱人的因缘尽时，
我也不必伤心。

8

草头上严霜的任务

是作寒风的使者。
鲜花和蜂儿拆散的，
一定就是“它”啊。

9

野鹅同芦苇发生了感情，
虽想少住一会儿。
湖面被冰层盖了以后，
自己的心中乃失望。

10

渡船虽没有心，
马头却向后看我；
没有信义的爱人，
已不回头看我。

11

我和市上的女子
用三字作的同心结儿，
没用解锥去解，
在地上自己开了。

12

从小爱人的“福幡”
竖在柳树的一边，
看柳树的阿哥自己，
请不要“向上”抛石头。

13

写成的黑色字迹，

已被水和“雨”滴消灭；
未曾写出的心迹，
虽要拭去也无从。

14

嵌的黑色的印章，
话是不会说的。
请将信义的印儿，
嵌在各人的心上。

15

有力的蜀葵花儿，
“你”若去作供佛的物品，
也将我年幼的松石峰儿，
带到佛堂里去。

16

我的意中人儿，
若是要去学佛，
我少年也不留在这里，
要到山洞中去了。

17

我往有道的喇嘛面前，
求他指我一条明路。
只因不能回心转意，
又失足到爱人那里去了。

18

我默想喇嘛底脸儿，

心中却不能显现；
我不想爱人底脸儿，
心中却清楚地看见。

19

若以这样的“精诚”，
用在无上的佛法，
即在今生今世，
便可肉身成佛。

20

洁净的水晶山上的雪水，
铃荡子上的露水，
加上甘露药的酵“所酿成的美酒”，
智慧天女当垆。
若用圣洁的誓约去喝，
即可不遭灾难。

21

当时来运转的机会
我竖上了祈福的宝幡。
就有一位名门的才女。
请我到伊家去赴宴。

22

我向露了白齿微笑的女子们的
座位间普遍地看了一眼，
一人羞涩的目光流转时，
从眼角间射到我少年的脸上。

23

因为心中热烈的爱慕，
问伊是否愿作我的亲密的伴侣？
伊说：若非死别，
决不生离。

24

若要随彼女的心意，
今生与佛法的缘分断绝了；
若要往空寂的山岭间去云游，
就把彼女的心愿违背了。

25

公〔工〕布少年的心情，
好似拿在网里的蜂儿。
同我作了三日的宿伴，
又想起未来与佛法了。

26

终身伴侣啊，我一想到你，
若没有信义和羞耻，
头髻上带的松石，
是不会说话的啊！

27

你露出白齿儿微笑，
是正在诱惑我呀？
心中是否有热情，

请发一个誓儿！

28

情人邂逅相遇，
被当垆的女子撮合。
若出了是非或债务，
你须担负他们的生活费啊！

29

心腹话不向父母说，
却在爱人面前说了。
从爱人的许多牡鹿之间，
秘密的话被仇人听去了。

30

情人艺桌拉茉，
虽是被我猎人捉住的。
却被大力的长官
讷桑嘉鲁夺去了。

31

宝贝在手里的时候，
不拿它当宝贝看；
宝贝丢了的时候，
却又急的心气上涌。

32

爱我的爱人儿，
被别人娶去了。

心中积思成痨，
身上的肉都消瘦了。

33

情人被人偷去了，
我须求签问卜去罢。
那天真烂漫的女子，
使我梦寐不忘。

34

若当垆的女子不死，
酒是喝不尽的。
我少年寄身之所，
的确可以在这里。

35

彼女不是母亲生的，
是桃树上长的罢！
伊对一人的爱情，
比桃花凋谢得还快呢！

36

我自小相识的爱人，
莫非是与狼同类？
狼虽有成堆的肉和皮给它，
还是预备住在上面。

37

野马往山上跑，

可用陷阱或绳索捉住；
爱人起了反抗，
用神通力也捉拿不住。

38

躁急和暴怒联合，
将鹰的羽毛弄乱了；
诡诈和忧虑的心思，
将我弄憔悴了。

39

黄边黑心的浓云，
是严霜和灾雹的张本；
非僧非俗的班第，
是我佛教法的仇敌。

40

表面化水的冰地，
不是骑牡马的地方；
秘密爱人的面前，
不是谈心的地方。

41

初六和十五日的明月，
倒是有些相似；
明月中的兔儿，
寿命却消磨尽了。

42

这月去了，

下月来了。
等到吉祥白月的月初，
我们即可会面。

43

中间的弥卢山王，
请牢稳地站着不动。
日月旋转的方向，
并没有想要走错。

44

初三的明月发白，
它已尽了发白的能事，
请你对我发一个
和十五日的夜色一样的誓约。

45

住在十地界中的，
有誓约的金刚护法，
若有神通的威力，
请将佛法的冤家驱逐。

46

杜鹃从寞地来时，
适时的地气也来了；
我同爱人相会后，
身心都舒畅了。

47

若不常想到无常和死。

虽有绝顶的聪明，
照理说也和呆子一样。

48

不论虎狗豹狗，
用香美的食物喂它就熟了；
家中多毛的母老虎，
熟了以后却变的更要凶恶。

49

虽软玉似的身儿已抱惯，
却不能测知爱人心情的深浅。
只在地上画几个图形，
天上的星度却已算准。

50

我同爱人相会的地方，
是在南方山峡黑林中，
除去会说话的鹦鹉以外，
不论谁都不知道。
会说话的鹦鹉请了，
请不要到十字路上去多话！

51

在拉萨拥挤的人群中，
琼结人的模样俊秀。
要来我这里的爱人，
是一位琼结人哪！

52

有腮胡的老黄狗，
心比人都伶俐。
不要告诉人我薄暮出去
不要告诉人我破晓回来。

53

薄暮出去寻找爱人，
破晓下了雪了。
住在布达拉时，
是瑞晋仓央嘉措。

54

在拉萨下面住时，
是浪子宕桑汪波，
秘密也无用了，
足迹已印在了雪上。

55

被中软玉似的人儿，
是我天真烂熳的情人。
你是否用假情假意，
要骗我少年财宝？

56

将帽子戴在头上，
将发辫抛在背后。
他说：“请慢慢地走！”

他说：“请慢慢地住。”
他问：“你心中是否悲伤？”
他说：“不久就要相会！”

57

白色的野鹤啊，
请将飞的本领借我一用。
我不到远处去耽搁，
到理塘去一遭就回来。

58

死后地狱界中的，
法王有善恶业的镜子，
在这里虽没有准则，
在那里须要报应不爽，
让他们得胜啊！

59

卦箭中鹄的以后，
箭头钻到地里去了；
我同爱人相会以后，
心又跟着伊去了。

60

印度东方的孔雀，
公［工］布谷底的鹦鹉，
生地各各不同，
聚处在法轮拉萨。

61

人们说我的话，
我心中承认是对的。
我少年琐碎的脚步，
曾到女店东家里去过。

62

柳树爱上了小鸟，
小鸟爱上了柳树。
若两人爱情和谐，
鹰即无隙可乘。

63

在极短的今生之中，
邀得了这些宠幸；
在来生童年的时候，
看是否能再相逢。

64

会说话的鹦鹉儿，
请你不要作声。
柳林里的画眉姐姐，
要唱一曲好听的调儿。

65

后面凶恶的龙魔，
不论怎样厉害；
前面树上的苹果，

我必须摘一个吃。

66

第一最好是不相见，
如此便可不至相恋；
第二最好是不相识，
如此便可不用相思。

图书在版编目（CIP）数据

仓央嘉措诗传：我就在这里 / 马宁川著. -- 武汉：长江文艺出版社，2017.3(2024.7 重印)
（浪漫古典行. 人物卷）
ISBN 978-7-5354-8964-7

Ⅰ. ①仓… Ⅱ. ①马… Ⅲ. ①仓央嘉措（1683-1706）—传记 Ⅳ. ①B949.92

中国版本图书馆 CIP 数据核字(2016)第 160652 号

责任编辑：张远林　　责任校对：毛季慧
封面设计：博悦阁　　责任印制：邱　莉　胡丽平

出版：长江出版传媒　长江文艺出版社
地址：武汉市雄楚大街 268 号　　邮编：430070
发行：长江文艺出版社
电话：027—87679360
http://www.cjlap.com
印刷：湖北新华印务有限公司

开本：640 毫米×970 毫米　1/16　印张：18
版次：2017 年 3 月第 1 版　　2024 年 7 月第 3 次印刷
字数：240 千字

定价：69.80 元